船机制造工艺学教程

严志军　于　静　王静思　编

大连海事大学出版社

图书在版编目(CIP)数据

船机制造工艺学教程 / 严志军, 于静, 王静思编
. — 大连 : 大连海事大学出版社, 2019. 3
ISBN 978-7-5632-3774-6

Ⅰ. ①船… Ⅱ. ①严… ②于… ③王… Ⅲ. ①船舶机械—机械制造工艺—高等学校—教材 Ⅳ. ①U664

中国版本图书馆 CIP 数据核字(2019)第 028411 号

大连海事大学出版社出版

地址:大连市凌海路1号 邮编:116026 电话:0411-84728394 传真:0411-84727996

http://www. dmupress. com E-mail:cbs@ dmupress. com

大连华伟印刷有限公司印装 大连海事大学出版社发行

2019 年 3 月第 1 版 2019 年 3 月第 1 次印刷

幅面尺寸:184 mm × 260 mm 印张:12

字数:298 千 印数:1 ~ 1000 册

出版人:徐华东

责任编辑:苏炳魁 责任校对:刘长影

封面设计:张爱妮 版式设计:张爱妮

ISBN 978-7-5632-3774-6 定价:27.00 元

前 言

本书面向船机制造领域工程技术人员及高等学校相关专业本科生，主要阐述船机制造工艺方面的系统知识。具体涉及零件加工精度和表面质量、零件的定位原理和机床夹具、工艺规程设计等内容。在此基础上，结合船用机械制造过程，重点介绍了柴油机典型零件活塞、连杆、曲轴、活塞环的制造工艺以及柴油机的装配工艺等内容，此外也对现代制造新技术、新工艺进行了概要的介绍。

本书是在2011年版《船机制造工艺学教程》基础上，依据大连海事大学船机制造工艺学课程教学大纲，结合本书编者教学实践经验编写而成的。全书编写中尽量做到结构合理，重点突出，精练清楚。本书主要作为高等学校相关专业的本科教材，也可作为相关工程技术人员的参考资料。

本书由大连海事大学严志军、于静、王静思编写。具体编写分工如下：绪论，第四章第二、三节，第五章，第七章第三节由严志军编写；第三章，第四章第四节，第六章，第七章第一、二节由于静编写；第一章，第二章，第四章第一节由王静思编写。全书由于静统稿。

由于编者水平所限，书中难免存在错误和不当之处，恳请读者批评指正。

编 者

2018年12月

目 录

绪 论

机械制造工艺学是研究机械加工及装配过程中涉及的基本理论、规律及其应用技术的科学。机械制造工艺包括机械加工工艺和机械装配工艺。一个产品良好的制造工艺性能需要满足质量(包括尺寸、形状、表面质量、物理机械性能)、经济(包括物资消耗量、劳动量、生产效率)和环保等多项要求。

一、机械制造技术发展

制造技术的发展和人类的文明发展密切相关。制造业对国家综合实力和科技发展水平的提升具有不可替代的重要地位和作用。制造业是国民经济的支柱产业和经济增长的发动机,是高技术产业化的载体,是国家安全的重要保障,是国家生存和繁荣的重要基石。高度发达的制造技术已成为产品革新、全球生产、国际竞争的一种关键手段,是现代保障国家在经济上获得成功的关键因素。

科学技术在自身快速发展的同时,也推动着机械加工制造工艺技术的不断完善。现代机械制造工艺呈现出特种化、精密化、自动化、系统化、信息化、智能化、网络化、绿色化的发展特征。现代制造技术与自动化技术、网络和信息技术、新型材料技术等多学科交叉融合,已成为综合和系统性的学科。

(1)特种化方面:在传统加工方法不断发展完善的基础上,针对高硬度、高脆性等难切削材料,以及精密细小和形状复杂的零件,各种特种化加工装配技术应运而生,并得到越来越多的应用,如电解加工、放电加工、超声波加工、激光加工、激光表面热处理、3D 打印、粉末冶金、机器人和机械手加工与装配等。

(2)精密化方面:出现精密铸造、精密锻造、精密冲裁、精密焊接、超精密切削和磨削、激光刻(蚀)等精密加工和纳米加工技术,很多精密零件的加工误差甚至可以被控制到纳米级别。微型机械、微传感器、微型机电系统得到越来越多的应用。

(3)自动化方面:制造领域广泛采用虚拟建模、加工仿真、数控加工 DNC 技术;大量应用各类在线及高精度定位测量仪;广泛采用虚拟建模、加工仿真技术;出现大量自动化加工生产线、自动化制造工厂。

(4)系统化方面:广泛应用成组技术、集成制造系统、柔性制造系统、虚拟制造与装配等现代制造系统和模式。例如,计算机辅助设计、工艺设计与制造(CAD/CAPP/CAM)新技术使设计与工艺一体化。

(5)信息化方面:制造领域广泛采用虚拟建模、加工仿真、计算机辅助技术。计算机集成制造技术是制造技术与信息技术相结合的产物,计算机集成制造系统(CIMS)已经得到广泛的应用。

(6)智能化方面:智能制造可以模拟人类智能,从而取代制造工程中人的部分脑力劳动。例如,一些智能工业机器人具有多种感知功能,可在作业环境中进行复杂的逻辑思维、判断和决策,独立行动;智能制造系统(IMS)已成为现代制造系统发展的主要方向。

(7)网络化方面:网络技术的飞速发展对现代制造有重大影响,使其朝着网络化方向发展。由于网络的普及,基于网络的各种远程控制和监视技术方兴未艾,基于网络的制造模式正得到迅速发展。

(8)绿色化方面:为减小并解决制造业对生态环境带来的破坏,绿色制造理念和技术应运而生,例如出现无污染制造、报废产品的可拆卸重组技术等。绿色制造是一个综合考虑环境影响和资源效率的现代制造模式,应用绿色制造原理,能够有效地实现经济效益跟生态效益的有机结合,是机械制造业的主要发展方向。

二、主要工业国家制造业发展现状和前景

2013 年 4 月,全球国际工业博览会上,德国公布了“保障德国制造业的未来:关于实施‘工业 4.0’战略的建议”(简称“德国工业 4.0”,后文简称“工业 4.0”)。“工业 4.0”设计了具体的制造业生产模式,即将资源、信息、物品和人进行互联,从而造就物联网和服务网,而后将信息物理系统技术一体化应用于制造业和物流行业。在这种模式下,制造企业将建立一个全球网络,信息物理系统(Cyber-Physical System,简称 CPS)将集合全部企业的生产设施、机械设备和存储系统等信息,企业能够相互独立地交换信息、触发动作和联动控制。这是一种与现时生产模式完全不同的全新生产模式,是革命性、颠覆性的生产模式,与第一、第二、第三次工业革命一样,具有划时代的意义。“工业 4.0”激起了制造领域技术革命、技术竞争的新一轮浪潮,引起世界各国的高度重视。

过分偏向虚拟经济的“去工业化”曾导致美国经济发展滞缓。美国政府在奥巴马担任总统期间,于 2009 年 11 月提出了重新振兴制造业的再工业化战略,特朗普担任总统也延续这一政策,并推行贸易保护主义。美国再工业化希望通过对产业链进行优化和重构,构建制造业产业链新的国际分工格局和国际贸易秩序。再工业化是美国对过去工业化弊端的反思,其直接意图在于重新振兴制造业,本质在于通过重兴振兴制造业以占领产业制高点,重新塑造传统制造业竞争力以促进就业。

日本制造业的全球化经营领先世界,海外生产比重达 1/4。目前,制造业服务化、实现高附加值化目标,已经成为日本制造业摆脱传统模式、实施战略转型的最突出特征。服务化的关键就是要转变传统制造业只向客户提供“硬件”的历史,“软件”也需要成为重要目标。换言之,传统制造模式只是由企业创造价值,而如今是要企业与客户共同创造价值。制造业服务化成为日本制造业的新特征,这既是其应对物联网、人工智能、云计算、大数据等新技术浪潮的重要策略,同时也是其通过应用新技术而构筑新竞争力的重要手段。

经过长期发展,我国已造就了一个具有相当规模和水平的制造体系,使得中国成为世界瞩目的制造大国。中国制造业增加值连续多年位居世界第一,截至 2018 年,高技术制造业占规模以上工业比重超过 12%。然而,与发达国家相比,我国的制造业自主开发能力和创新能力仍然不足,经济建设和高技术产业所需的许多装备仍依赖进口,对外依存度高,整体上仍处于全球产业链和价值链的中低端。工业和信息化部对全国 30 多家大型企业的 130 多种关键基础材料调研结果显示,在装备制造领域,高档数控机床、高档装备仪器、大飞机、航空发动机、汽

车等关键件精加工生产线上超过95%的制造及检测设备依赖进口。因此,提高高技术领域装备制造技术十分重要和迫切,我们的目标不是仅仅成为全球的加工车间、一个“制造大国”,而是要成为一个真正的“制造强国”。

2015年中国政府颁布“中国制造2025”计划,有人称这是中国版的“工业4.0”规划,是中国建设世界制造强国的行动纲领。“中国制造2025”实施“三步走”战略,力争用三个十年的努力,实现制造强国的战略目标。

三、船用柴油机制造业发展现状

柴油机是船舶动力装置中应用最广的设备。80%~90%的大型民用船舶使用低速大功率柴油机作为主推进机械,其价格占到了船舶造价的10%左右。因此,建设产品能提供性能优良、质量可靠、品种齐全、数量充足的船舶柴油机制造业,对我国海上交通和船舶工业快速、持续、健康发展是不可或缺的。

目前,全球装船使用的船舶低速大功率柴油机95%以上是由丹麦曼恩B&W和瑞士瓦锡兰两家船舶柴油机公司设计的产品,这两家公司的产品设计主导了国际船用柴油机市场。各国制造企业则主要以购买生产许可证的形式进行制造。

现代柴油机设计技术对柴油机制造提出更加复杂和严格的要求。人们在追求高功率密度和低排放指标的同时,必然要求某一机型的某一特征指标即其强化系数($P_{me}\cdot C_m$)和最高燃烧压力超过市场通用值。柴油机最高燃烧压力的提高直接影响做往返运动的活塞、连杆和曲轴这些重要零件的使用可靠性,并考验轴瓦、曲轴、曲柄销和连杆的承载能力。国外大部分中高速柴油机的强化系数绝大部分超过24 MPa·m/s,有一些甚至超过30 MPa·m/s。现代先进电子技术不断在柴油机制造上得到应用,例如为了进一步降低燃油消耗,必须进一步改善和精确控制柴油机的燃烧过程,建立在电子技术、精密机械加工技术基础上的高压共轨燃油喷射系统便应运而生。而柴油机中的电子调速器也在智能控制方面提供了有利的指导和帮助。有报道称已经上市的完全由电子控制的低速柴油机可定时控制燃油喷射和排气阀排气,有效地降低了燃油消耗、NO_x排放及排烟浓度,并且还有一些机型实现了对燃油系统、增压系统等的电子控制。

我国船用柴油机制造业经历了从无到有的发展过程,自主研发和制造水平均明显提高,现已成为世界重要的船用柴油机生产国之一。通过引进外国先进技术,培养了一批具有高水平的人才队伍,形成一批船用柴油机生产制造大型企业(如中国船舶重工集团柴油机有限公司、上海中船三井造船柴油机有限公司、沪东重机股份有限公司等)和研究机构(如上海船用柴油机研究所及相关院校),具备了和世界先进水平国家在加工、配套、测试能力等方面的竞争力。但针对大型低速柴油机制造,国内很少有自己的知识产权,核心技术往往被外国掌控,因此我国正支持自主研发各种大功率低速柴油机产品。这些都为我国船舶柴油机行业的发展提供了非常好的机遇。

第一章　机械加工精度和表面质量

机械零件的加工质量和加工经济性是机械制造中的两项基本要求。机械零件的加工质量指标有两类:一是加工精度,二是表面质量。对零件加工经济性的要求包括:加工效率和加工成本。零件的加工质量是机械制造工艺学的主要研究内容,亦是保证机械产品质量合格的基础。

第一节　加工精度的基本概念

一、加工精度和误差

加工精度(Machining Accuracy)是指零件加工后的实际几何参数(尺寸、形状和位置)与理想几何参数的符合程度。加工误差(Machining Error)是指零件加工后的实际几何参数(尺寸、形状和位置)对理想几何参数的偏离程度。

显然,加工精度和加工误差是对同一个问题的两种表述,加工精度的高低是通过加工误差的大小来衡量的。实际上只要能保证零件在机器中的功用,加工时是允许零件的几何参数在规定范围内有一定的加工误差的,这个范围在图纸上被标为公差。对于机械工业,国家规定了公差等级标准。公差等级与精度等级是相对应的。

按照误差产生原因和特性,误差可以划分为系统误差和随机误差。系统误差又包括常值系统误差和变值系统误差,前者是指在顺序加工一批工件中,其加工误差的大小和方向都保持不变,而后者是指按一定规律逐渐变化的误差。随机误差是指在顺序加工的一批工件中,其加工误差的大小和方向随机变化的误差。

零件的加工精度包含三个方面的内容:

(1)尺寸精度(Dimensional Accuracy)

尺寸精度是指零件的直径、长度、表面距离等尺寸的实际数值与理想数值相接近的程度。尺寸公差是加工中零件尺寸允许的变动量。国家标准 GB/T1800.2—2009 规定:尺寸公差分为 20 个标准公差等级,即 IT01、IT0、IT1、IT2 ~ IT18。IT 表示标准公差(IT 是国际公差 ISO Tolerance 的英文缩写),公差的等级代号用阿拉伯数字表示,从 IT01 ~ IT18,精度依次降低,公差数值依次增大,零件越来越易于加工。不同的加工方法能够得到不同的尺寸公差范围,如表 1-1 所示为不同的加工方法对应的公差等级。

表 1-1　不同的加工方法对应的公差等级

加工方法	公差等级(IT)	加工方法	公差等级(IT)	加工方法	公差等级(IT)
研磨	1～5	粉末冶金成型	6～8	铣	8～11
珩磨	4～7	铰孔	6～10	刨、插	10～11
金刚石车、镗	5～7	滚压、挤压	6～10	钻孔	10～13
圆磨、平磨	5～8	粉末冶金烧结	7～10	冲压	10～14
拉削	5～8	一般车、镗	7～11	压铸	11～14

(2)形状精度(Form Accuracy)

形状精度是指加工后零件上的线、面的实际形状与理想形状的符合程度。如车削圆柱表面时,刀具运动轨迹若与工件旋转轴线不平行,会使零件表面产生圆柱度误差。评定形状精度的项目满足 GB/T1182—2008 的规定,有直线度、平面度、圆度、圆柱度、线轮廓度和面轮廓度等 6 项。形状精度是用形状公差来控制的,各项形状公差,除圆度、圆柱度分 13 个精度等级外,其余均分为 12 个精度等级。1 级最高,12 级最低。

(3)位置精度(Position Accuracy)

位置精度是指加工后零件上的点、线、面的实际位置与理想位置的符合程度。如在轴上铣键槽时,若铣刀杆轴线的运动轨迹相对于零件的轴线有偏离或不平行,则会使加工出的键槽产生对称度误差。评定位置精度的项目满足 GB/T1182—1996 的规定,有平行度、垂直度、倾斜度、同轴度、对称度、位置度、圆跳动和全跳动等 8 项。位置精度是用位置公差来控制的,各项目的位置公差分为 12 个精度等级。

在机械加工中的加工精度主要取决于工件和刀具在切削运动过程中的相互位置关系;而工件和刀具又分别安装在夹具和机床上并受其约束。因此在机械加工时,机床、夹具、刀具和工件就构成了一个完整的系统,称为工艺系统。加工精度问题也就牵涉整个工艺系统的精度问题。

在生产的过程中不一定精度越高越好,因为还需要考虑其经济性方面的要求。加工经济精度是在正常加工条件下(采用符合质量标准的设备、工艺装备和标准技术等级的工人,不延长加工时间)所能保证的加工精度(GB/T4863—2008)。机械加工精度和成本之间总是存在一定的关系,不同的加工方法有不同的加工经济精度,可根据具体情况加以比较,以便从中选出最合理的加工方法。各种加工方法经济精度的参考数据可查阅有关机械加工手册。

二、获得加工精度的方法

下面介绍获得零件加工精度的几种方法:

1. 尺寸精度的获得方法

(1)试切法

试切法加工是通过试切—测量—调整—再试切,反复进行直到被加工尺寸达到要求为止的加工方法(GB/T4863—2008)。例如在车床上加工外圆或内孔时,如图 1-1 所示,首先在工件端部的一小段上加工、测量,经多次试切,直到尺寸达到要求时再车出整个表面来。此方法加工精度取决于加工人员的技术水平和测量仪器的精度，花费的试切、测量等辅助时间较多，生产率低，通常用于零件的单件小批量生产。

(2)定尺寸刀具法

定尺寸刀具法加工是用刀具的相应尺寸来保证工件被加工部位尺寸的加工方法(GB/T4863—2008)。例如用钻头、铰刀加工孔，如图1-2所示。这种方法的加工精度主要取决于刀具的制造质量、刃磨质量及切削用量等参数的选取，生产率较高，刀具制造较复杂，常用于孔、槽和成形表面的加工。

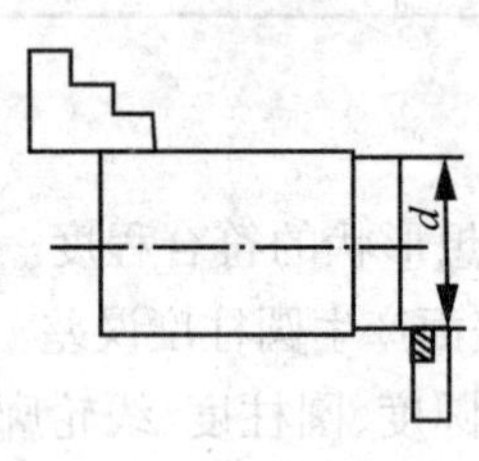

图1-1　试切法图

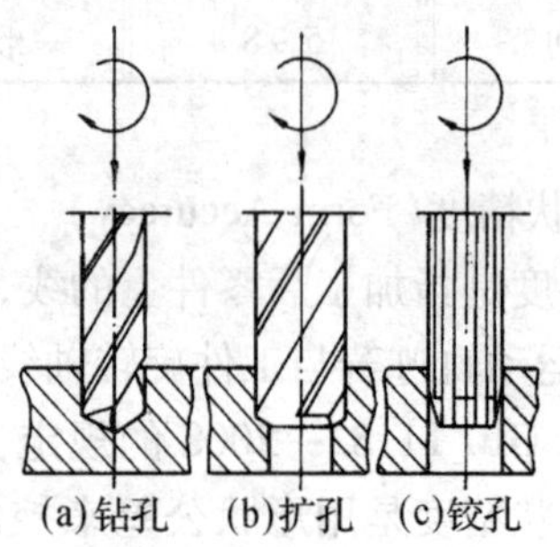

图1-2　钻床的加工方法

(3)调整法

调整法加工是指先调整好刀具和工件在机床上的相对位置，并在一批零件的加工过程中保持这个位置不变，以保证工件达到加工尺寸的方法(GB/T4863—2008)。如图1-3和图1-4所示分别为镗孔和铣削加工时所采用的调整法对刀示意图。这种方法加工效率高，加工精度稳定可靠，被广泛应用于成批、大量和自动化生产中。

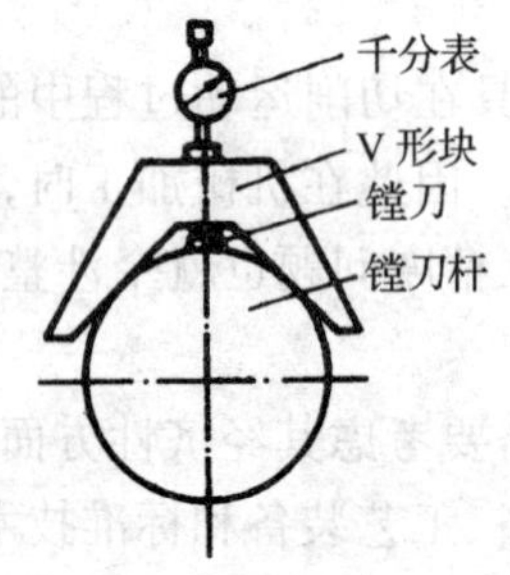

图1-3　镗孔时的调整法对刀

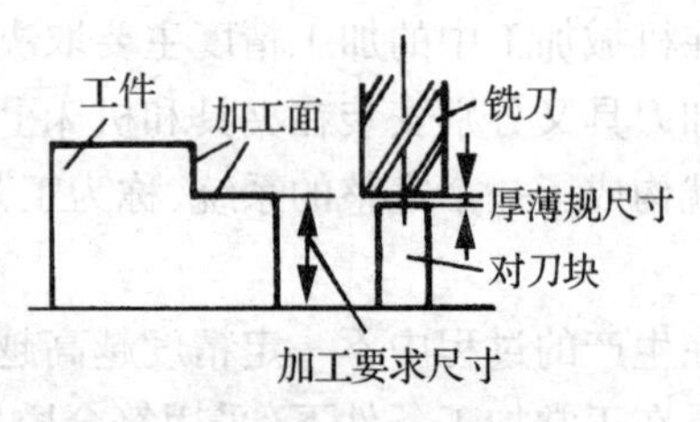

图1-4　铣削时的静调整法对刀

(4)自动控制法

这种方法是自动化的试切法或调整法。自动控制法由测量装置、进给装置和控制系统等组成，如图1-5所示为在内圆磨床上用自动控制法磨孔的示意图。

2. 形状精度的获得方法

在机械加工中，需要加工出不同的表面形状。工件的表面形状主要靠刀具和工件相对的成形运动来获得。其具体方法有：

(1)轨迹法

轨迹法是指利用刀具与工件相对运动轨迹获得加工表面形状的方法，如图1-6所示。例如车刀车外圆或内孔时，工件做旋转运动，刀具沿工件旋转轴线方向做直线运动，则刀尖在工件加工表面上形成的螺旋线运动轨迹就是外圆或内孔。用轨迹法获得的形状精度主要取决于

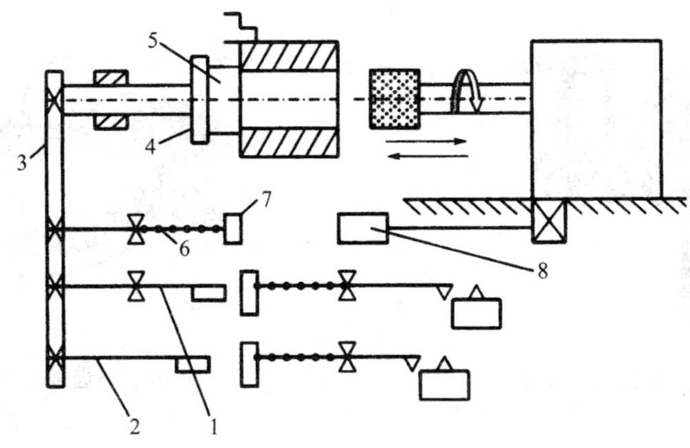

图 1-5　内圆磨床的自动控制示意图

1—启动小进给量加工信号触杆;2—加工完成信号触杆;3—连接件;4—成品尺寸塞规;5—加工中间尺寸塞规;6—弹簧;7、8——加工信号推杆

刀具与工件相对运动(成形运动)的精度。

(2)成形法

成形法是利用成形刀具对工件进行加工来获得加工表面形状的方法。例如用曲面成形车削加工回转曲面,如图 1-7 所示。用成形法加工所获得的形状精度主要取决于刀刃的形状精度和成形运动精度。

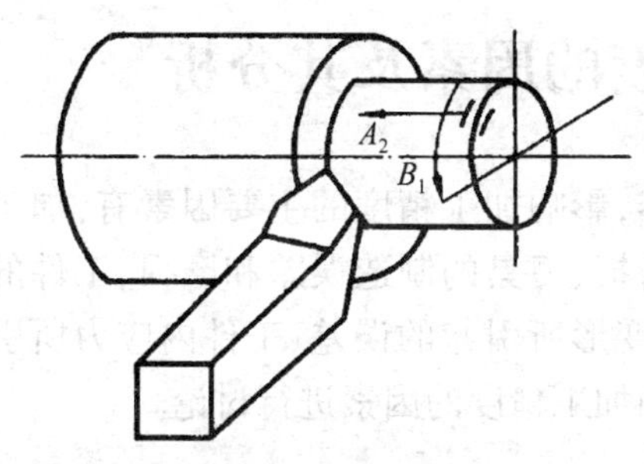

图 1-6　外圆轨迹法车削加工示意图

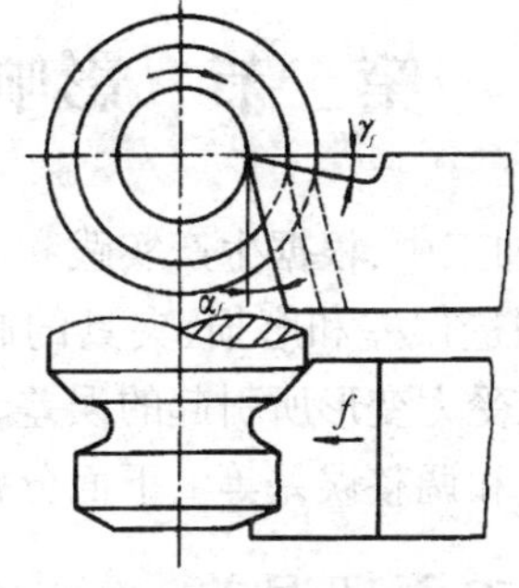

图 1-7　平体成形法车削加工示意图

(3)展成法

展成法是利用一定形状的刀具与工件按规定的运动关系获得加工表面形状的方法。例如插齿机插齿等是利用展成法加工零件的,如图 1-8 所示。滚齿机滚齿也是常用的展成法加工实例,如图 1-9 所示。在采用展成法加工时,刀具和工件必须保持确定的速比关系。

3. 位置精度的获得方法

零件的位置精度与机床的精度、夹具的精度与刚度、刀具的刚度与磨损、工件与夹具的装夹精度等有关。根据工件的装夹方式不同,获得位置精度的方法可划分为:直接装夹法、找正装夹法和夹具装夹法。

(1)直接装夹法

直接装夹法是通过在机床上直接装夹工件来保证加工表面与定位基准面之间位置精度的方法。此时影响加工表面与定位基准面之间位置精度的主要因素为机床的几何精度。

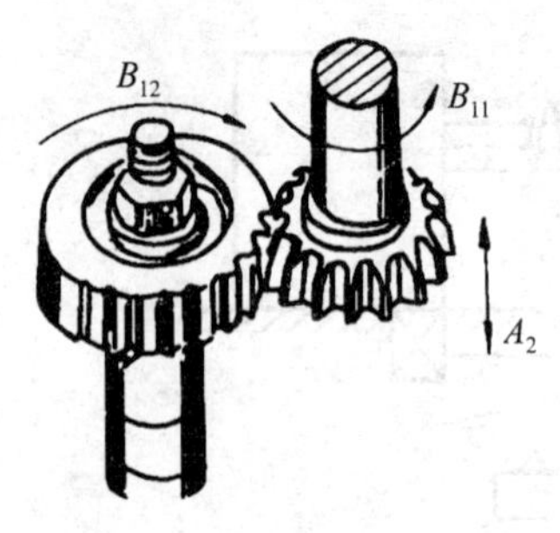

图 1-8　插齿加工原理

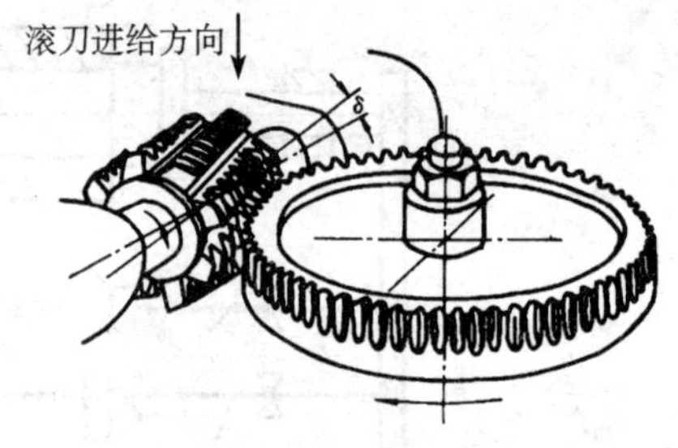

图 1-9　滚齿加工原理

(2)找正装夹法

找正装夹法是通过先在待加工处画线,找正工件相对刀具切削刃口成形运动之间的准确位置,来保证加工表面与定位基准面之间位置精度的方法。此时零件各表面之间的位置精度主要取决于工件装夹时的找正精度。

(3)夹具装夹法

夹具装夹法是通过夹具来确定工件与刀具刃口成形运动之间的准确位置,从而保证加工表面与定位基准面之间位置精度的方法。此时影响零件加工表面与定位基准面之间位置精度的主要因素,除了机床的几何精度外,还有夹具的制造和安装精度。

第二节　影响加工精度的因素及其分析

在机械加工中,根据生产实践和试验经验总结,影响加工精度的主要因素有:加工原理误差、机床的制造误差和磨损、夹具的制造误差和磨损、刀具的制造误差和磨损、工件的装夹误差、工艺系统受力变形所引起的误差、工艺系统热变形所引起的误差、工件内应力所引起的误差、测量误差和调整误差等。下面分别对以上影响加工精度的因素进行讨论。

一、加工原理误差

在加工过程中采用了近似的刀刃形状或成形运动代替理论的刀刃或成形运动而产生的误差称为加工原理误差。例如,对于数控铣削加工曲线或斜线时,一般采用空间直线插补法,即用很多短折线段去逼近弧线而加工出一条空间曲线或斜线来,如图 1-10 所示。当刀具连续地将这些小线段加工出来时,便得到所需要的曲线形状。逼近的精度可以由每条线段的长度来控制。对于空间曲面加工,也可以由大量加工出的小直线段来逼近并获得需要精度的曲面。又比如滚齿用的齿轮滚刀,就有两种误差:一是为了制造方便,采用阿基米德基本蜗杆或法向直廓基本蜗杆代替渐开线基本蜗杆而产生的刀刃齿廓近似造型误差;二是由于滚刀刃齿有限,实际上加工出的齿形是由一条微小折线组成的曲线,和理论上的光滑渐开线有差异,如图 1-11 所示。这些都会产生加工原理误差。再比如采用模数铣刀铣齿加工时,为了减少铣刀种类,便于制造,采用近似刀具轮廓,如表 1-2 所示为采用模数铣刀加工齿轮时,不同刀号对应不同的的齿数范围,所以也同样会产生加工原理误差。

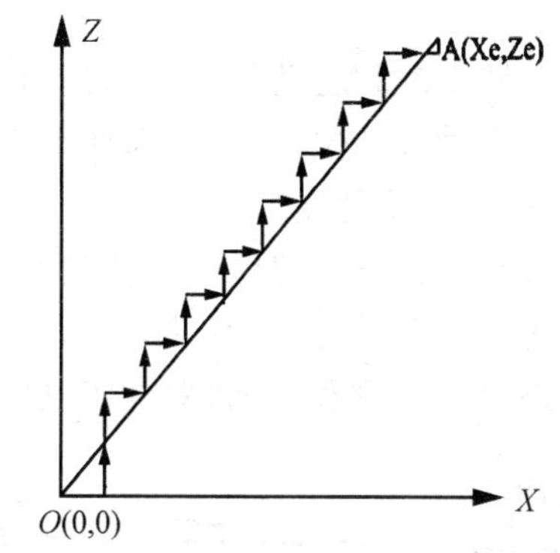

图 1-10　空间直线插补算法示意图

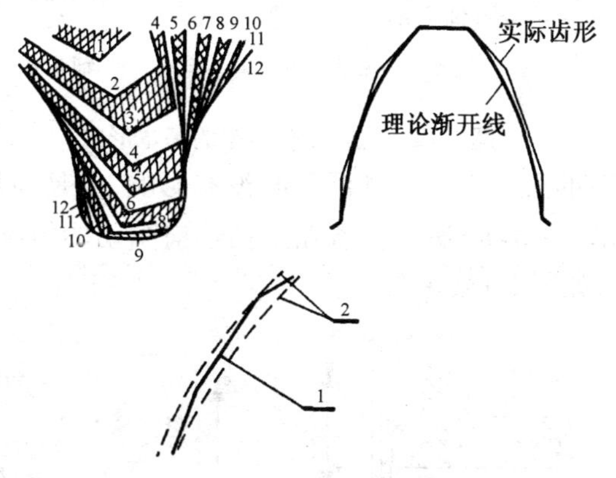

图 1-11　用展成法切削齿轮时的齿形误差

表 1-2　模数铣刀加工的齿数范围

刀号	1	2	3	4	5	6	7	8
加工齿数范围	12～13	14～16	17～20	21～25	26～34	35～54	55～134	135 以上及齿条
齿形								

采用近似的成形运动或近似的刀刃轮廓会带来加工原理误差，但不能因为加工原理误差的存在而认为所有加工方法都是不完善的。对于一些零件加工采用近似的成形运动或近似的刀刃轮廓，往往可简化机床结构或刀具形状，或可提高生产效率，有时甚至能得到更高的加工精度。因此，只要其误差不超过规定的精度要求，在生产中仍能得到广泛应用。一般加工原理误差应小于工件公差的 10%～15%。

二、机床的制造误差和磨损

机床的制造误差和磨损是影响被加工工件精度的重要因素。机床制造误差和磨损包括：机床的主轴误差、机床的导轨误差、机床主轴轴线与机床导轨的平行度误差和机床的传动链误差等。下面分别进行简要的分析。

1. 机床的主轴误差

机床的主轴是工件和刀具的位置基准和运动基准，其误差直接影响工件的加工精度。最主要的要求是保证主轴在运动状态下轴线的位置稳定，即保证主轴的回转精度。主轴的回转精度不仅和制造精度有关，而且与受力和受热变形有关。

主轴回转误差是主轴实际回转轴线相对于理想回转轴线产生的漂移，它可以分为纯轴向窜动、纯径向跳动、纯角度摆动三种基本形式，如图 1-12 所示。不同形式的主轴回转误差对加工精度的影响不同，不同的加工方式（如车削和镗削）对加工精度的影响也有所不同。

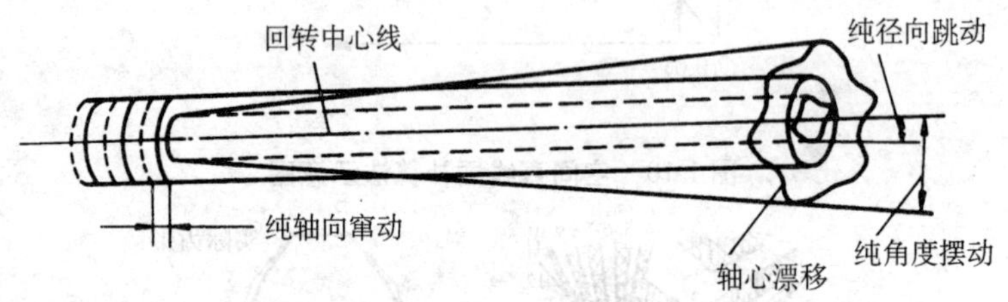

图 1-12　主轴回转误差的基本形式

当主轴存在轴向窜动时，对于加工外圆和孔没有影响，但是当加工端面时却会使端面与内、外圆轴线不垂直，如图 1-13(a) 所示。若在主轴轴向窜动的情况下车削螺纹，必然会产生单个螺距内的周期误差，如图 1-13(b) 所示。

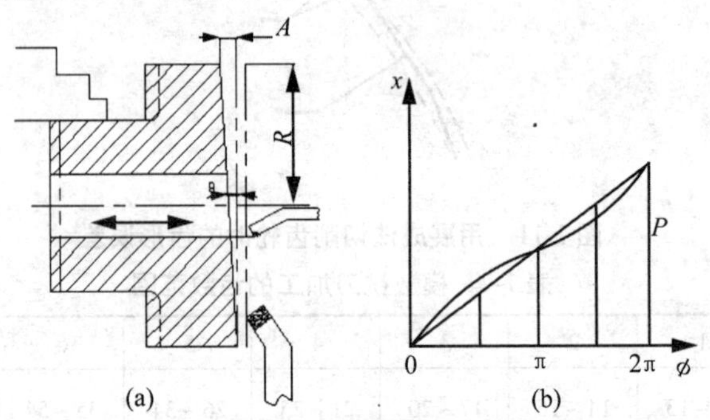

图 1-13　主轴纯轴向窜动

当轴存在纯径向跳动误差时，对于车削外圆加工，当工件回转时，其瞬时回转中心与车刀刀尖之间将存在径向位移变化，引起切削深度变化，致使工件出现圆度误差，如图 1-14 所示。对于镗孔，由于主轴的径向跳动，镗杆（刀具）回转时，刀具瞬时回转中心和工件孔的表面存在径向位移的变化，结果造成孔的圆度误差。

当主轴具有纯角度摆动误差时，车削加工外圆时，仍能得到一个圆的工件，但轴线有偏斜，如图 1-15(a) 所示；而在镗孔时，如果主轴有纯角度摆动误差时，主轴（即镗杆）轴线绕其平均轴线沿圆锥轨迹公转，镗出的孔将是椭圆形的，如图 1-15(b) 所示。

加工方式（如车削和镗削）对加工精度也有一定的影响。例如在主轴采用滑动轴承时，由于主轴受径向切削力 F_y 作用的方向不变，主轴轴颈始终被压向轴承表面的一定部位。这时主轴轴颈的圆度误差将传给工件，而这时轴承孔的圆度误差则对加工精度的影响较小，如图 1-16(a) 所示。但是在镗床上，镗杆带镗刀旋转，作用在主轴上的切削力 F_y 是随镗刀旋转的，而主轴颈在径向切削力的作用下，则始终以某一母线压向轴承表面的每一个不同部位，所以轴承孔

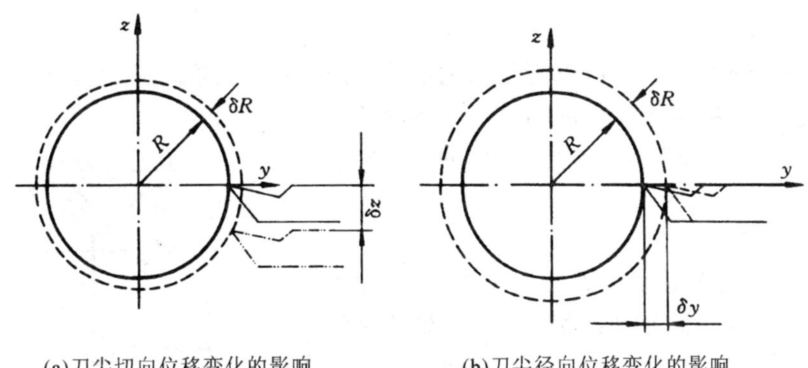

(a)刀尖切向位移变化的影响　　(b)刀尖径向位移变化的影响

图 1-14　纯径向跳动误差对车削圆度误差的影响

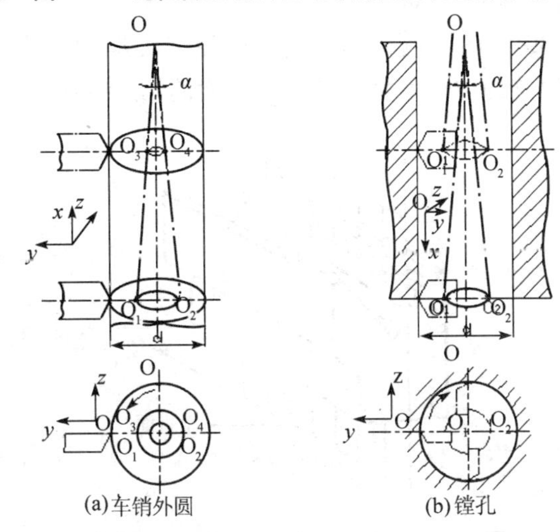

(a)车销外圆　　(b)镗孔

图 1-15　主轴纯角度摆动的两种情况

的圆度误差将传给工件,而与主轴轴颈圆度误差的关系不大,如图 1-16(b)所示。

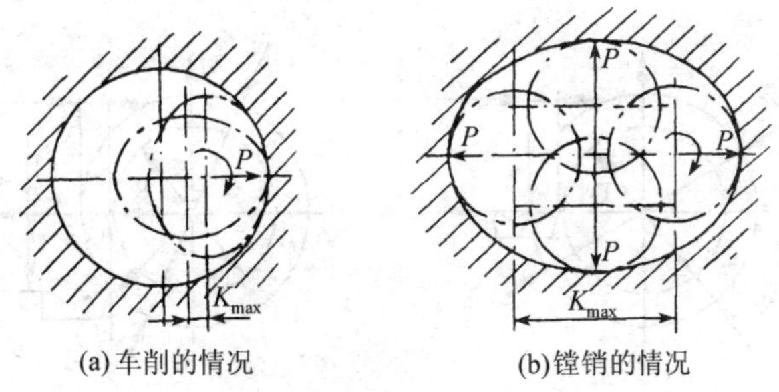

(a)车削的情况　　(b)镗销的情况

图 1-16　加工方式对加工精度的影响

K_{max}—最大跳动量

在主轴采用滚动轴承的结构中,主轴回转精度既取决于配合件精度(如主轴轴颈和轴承座孔),也取决于滚动轴承本身的精度(如内外环道的圆度误差、内环的壁厚误差以及滚动体的尺寸和圆度误差等)。和前面分析类似,车、磨加工中,主轴受径向切削力 F_y 作用的方向不变,这时内环滚道的圆度误差将反映到工件上,而外环道误差则对加工精度的影响较小。

2. 机床的导轨误差

导轨是确定机床主要部件(如刀架和尾顶针座)相对位置的基准,也是运动基准,它的各项误差将直接影响被加工工件的精度。导轨误差来源于在水平面内的直线度误差、垂直面内的直线度误差、前后导轨在垂直面内的平行度误差。以车床为例说明导轨误差的影响。

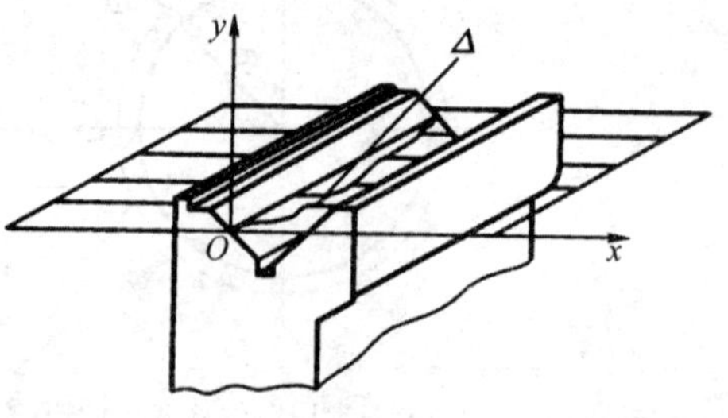

图 1-17　导轨在水平面内的直线度误差

(1)当导轨在水平面内存在直线度误差时,在纵向切削过程中,刀尖的运动轨迹相对于工件轴线之间就不能保持平行,如图 1-17 所示。当导轨向后(相对于操作者而言)凸出时,工件上将产生鞍形加工误差;而当导轨向前凸出时,工件上将产生鼓形误差。

(2)当导轨在垂直面内有直线度误差时,同样会使刀尖运动轨迹产生变化,如图 1-18 所示,但由于这时刀尖运动轨迹的位移发生在被加工表面的切线方向,所以对于加工精度的影响常常可以忽略。导轨在水平面内和垂直面内的直线度误差对加工精度的不同影响的对比,如图 1-19 所示。

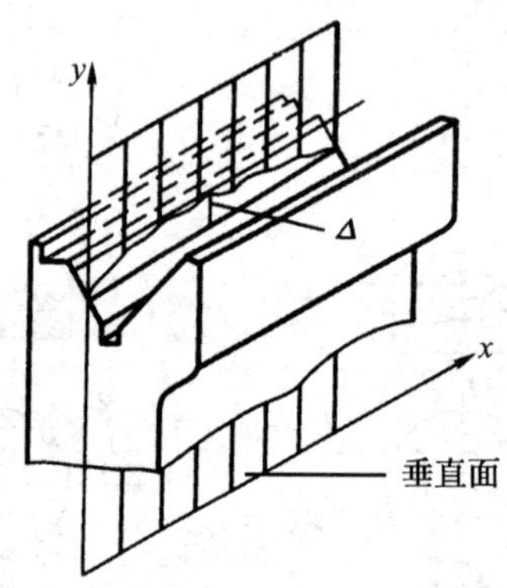

图 1-18　导轨在垂直面内的直线度误差

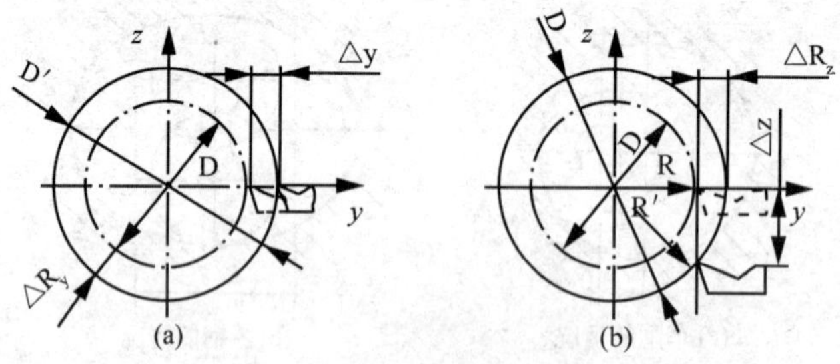

图 1-19　导轨误差对车削圆柱面精度的影响

(3)当前后导轨在垂直面内产生平行度误差时,将使车床刀架上的刀尖运动轨迹变成一条空间曲线,引起工件的形状误差,如图 1-20 所示。设车床中心高度为 H,两条导轨宽度为 B,前后导轨在垂直面内的平行度误差为 δ,刀尖相对于工件水平位置位移为 Δy,由几何关系可知:

$$\Delta y \approx \delta \frac{H}{B}$$

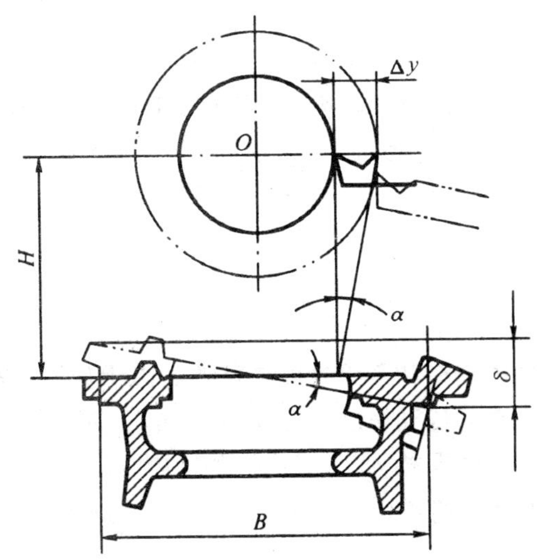

图 1-20　车床导轨扭曲引起的加工误差

一般车床 $H = (2/3) \times B$，外圆磨床 $H \approx B$。因此这项误差对加工精度的影响很大，不可忽视。

导轨的误差不仅来自于制造过程，同时机床安装质量，以及使用中的磨损、受力变形、受热变形等因素对导轨误差的大小也有显著的影响。例如顶针距为 1 000 mm 的普通车床，由于安装不正确引起的导轨在垂直面内的误差可达 0.44 mm；大型龙门刨床和铣床由于自重引起的下沉量可达 0.25 ~ 1 mm。

3. 机床主轴轴线与机床导轨的平行度误差

在车床上加工外圆表面时，若主轴的回转轴线在水平面内不平行，加工表面将形成圆锥体；当主轴的回转轴线在垂直面内不平行，加工表面将形成双曲面体，如图 1-21 所示。

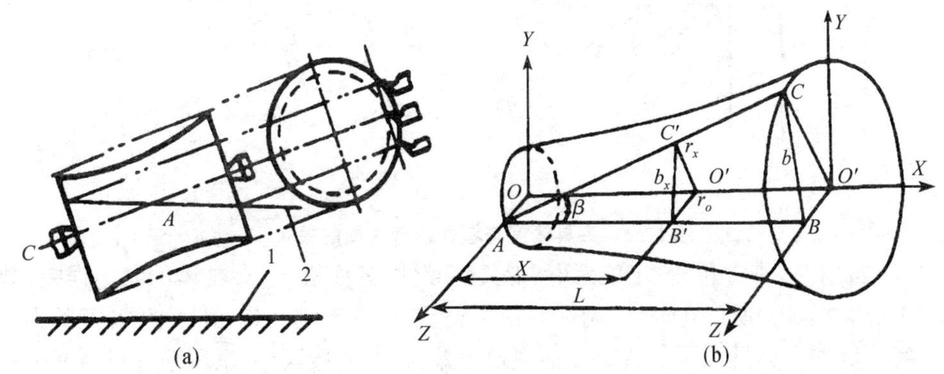

图 1-21　车床主轴回转轴线与导轨在垂直面内的平行度误差

1—导轨面；2—刀尖运动

4. 机床的传动链误差

机床的传动链误差是指传动链始末两端传动元件间相对运动的误差。

在车削螺纹过程中，当工件的螺旋面导程 S 一定时，工件转速 n_{part} 和刀具移动速度 v 之比也必须保持不变，即

$$\frac{v}{n_{\text{part}}} = S$$

同样,滚齿时,工件转速 n_{part} 和滚刀转速 n_{tool}(或瞬时转角 φ_{part} 和 φ_{tool})之比也必须保持不变,以获得一定的齿形和齿距。其比值为:

$$\frac{n_{\text{part}}}{n_{\text{tool}}} = \frac{\varphi_{\text{part}}}{\varphi_{\text{tool}}} = \frac{Z_{\text{tool}}}{Z_{\text{part}}}$$

式中,Z_{part}——工件齿数;

Z_{tool}——滚刀齿数。

传动精度是由链中零件的制造和装配精度决定的。由于各传动零件在传动链中的位置不同,因此,各传动零件对传动链的传动精度的影响也不同。末端元件对传动链精度影响最大。在生产中为了减少传动链带来的误差,通常采取一些措施,如:减少传动链中元件数目,缩短传动链,以减少误差来源;提高传动件的制造和装配精度;消除间隙等。

三、夹具的制造误差和磨损

机床夹具的制造误差和磨损也会影响工件的加工精度。例如,用钻模在工件上钻相距一定距离的两个孔时,如图 1-22 所示,两孔中心距的尺寸精度就取决于两个钻套之间的距离精度。钻套与钻头之间的间隙过大或钻套磨损,会引起钻头位置的变动或偏斜,将影响钻出的两孔中心距的尺寸精度和轴线位置精度。

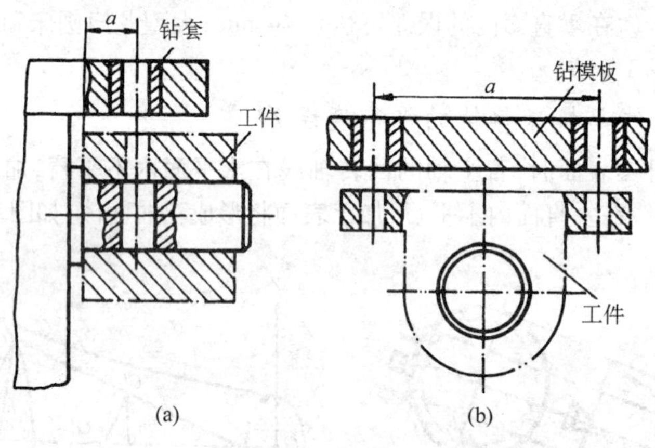

图 1-22　夹具精度与零件精度之间的关系

机床夹具的误差来源包括:定位元件、刀具引导件、分度机构、夹具体的制造误差、装配误差和使用中的磨损等。所以在设计、制造和使用夹具时,凡影响夹具元件定位精度的因素都应该受到重视。例如在夹具设计制造时严格规定公差,控制制造误差;采用耐磨材料或可拆卸机构。例如钻套、镗套、定位块等可做成可拆卸更换形式,当这些易磨损元件磨损到一定程度时,可及时更换。

四、刀具的制造误差和磨损

刀具的制造误差会影响零件的加工精度。刀具可以按获得表面的方式分为一般单刃刀具(普通车刀、刨刀、镗刀等)、定尺寸刀具(钻头、铰刀、键槽等)、成型刀具(成型车刀、成型铣刀、成型砂轮等）和展成刀具（齿轮滚刀、花键滚刀等）等。不同类型刀具的制造误差对零件加工精度的影响是不同的。

（1）用定尺寸刀具如钻头等加工时，它们的尺寸精度将直接影响工件的尺寸精度。

（2）用成型刀具加工时，刀具的形状直接决定工件被加工表面的形状，刀刃形状的制造误差和磨损直接影响工件被加工表面的形状精度。

（3）用展成（创成）刀具加工时，刀具的刃口形状及有关尺寸都将直接影响被加工工件的形状精度。

（4）单刃刀具如普通车刀的制造误差对工件的加工精度没有直接影响。

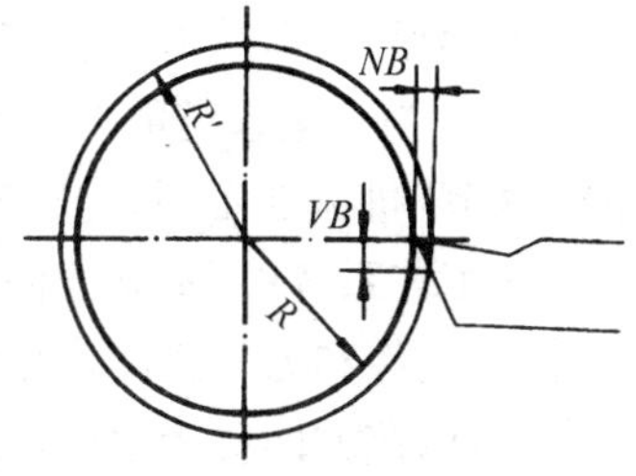

图 1-23　刀具的尺寸磨损

刀具使用过程中的磨损对零件精度也有影响。刀具的磨损除了使切削性能变坏外，还改变了刀具刀尖与工件加工表面的相对位置，因而影响工件的加工精度。例如：在车削加工长杆零件外圆表面时，由于刀具的磨损，如图 1-23 所示，刀尖缩短，工件直径逐渐变大，造成零件外圆的圆柱度误差。因此，必须了解和掌握刀具磨损的规律，分析磨损原因，从而采取适当的补偿措施，减少加工误差，提高零件加工精度。

实践证明，刀具的磨损与工件材料、刀具材料、刀具几何形状参数、切削用量和切削过程中冷却等加工条件密切相关。为了减少刀具磨损，可以根据工件材料、加工要求和特性，正确选择刀具材料、刀具几何形状、切削用量和冷却润滑液等，并及时对刀具进行刃磨。

五、工件的装夹误差

工件的装夹误差是指工件在夹具中与装夹有关的加工误差，其中包括两个方面：工件在夹具中由于定位不准确所造成的定位误差，以及在工件夹紧时由于工件和夹具变形所造成的夹紧误差。产生定位误差的原因有两个方面：一是定位基准与设计基准不重合；二是定位元件和定位基准本身的制造误差。工件夹紧时，若着力点及方向不适当可能会改变或破坏工件的定位，因而影响加工精度。如图 1-24 所示，在夹紧薄壁筒形零件时因为夹紧着力点过于集中，而造成内孔加工后零件存在圆度误差。此外，工件夹紧时的弹性变形、工件定位基准面与夹具支承面之间的接触变形，也将直接影响工件的形状精度和位置精度。

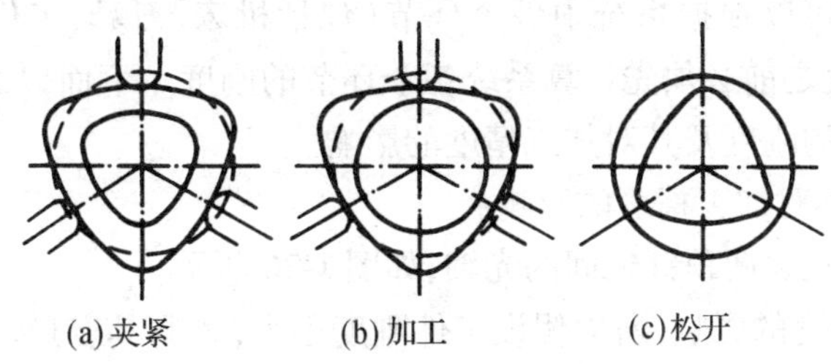

图 1-24　薄壁筒形零件由于夹紧力引起的加工误差

六、工艺系统受力变形所引起的误差

工艺系统是指在机械加工中由机床、刀具、夹具和工件所组成的统一体（GB/T4863—2008），它是一个弹性体。在机械加工过程中，由于切削力、夹紧力、重力和惯性力等的作用，将有相应的弹性变形；同时系统结合面之间存在的间隙和摩擦等原因，导致相对位移，改变了刀具和加工表面之间的相对位置。这些因素都将影响加工质量和加工效率。因此，工艺系统受力变形问题是零件（包括柴油机零件）机械加工工艺中一个很重要的问题。

1. 工艺系统刚度的概念

物体的刚度表示该物体受外力作用时抵抗变形的能力。通常，工艺系统在载荷作用下也会产生变形，载荷越大，变形越大。一般将外加静载荷 F 与该力作用下产生的变形 Y 的比值 $K=F/Y$，称为工艺系统的“静刚度”。以下只讨论工艺系统的静刚度问题。动刚度问题将在本章第六节“机械加工振动及抑制振动途径”一节中讨论。

在工艺系统中，不同方向的变形对加工精度的影响是不同的，例如在车削加工零件外圆表面时，当工件和刀具之间产生零件外圆径向（y 方向）变形时，所引起的误差对加工精度的影响较大，所以该方向称为误差敏感方向；而零件外圆切向（z 方向）上的误差对加工精度的影响较小，一般可以忽略。由于重点研究系统受力变形对加工精度的影响，因此将工艺系统的刚度定义为：工艺系统在切削力综合作用下，y 方向的切削分力 F_y 与 y 方向变形的比值，即

$$K = F_y/y \quad (\mathrm{N/mm})$$

必须注意，这里的 y 值不一定只由 F_y 力作用产生，而可能是在 F_x、F_y、F_z 的共同作用下系统在 y 方向所产生的变形值 y。图 1-25（a）和图 1-25（b）分别表示了 F_y、F_z 的作用产生了 z 和 y 方向的变形情况。因此，工艺系统的变形值不仅取决于 F_y，而且取决于其他方向的作用力大小和方向。

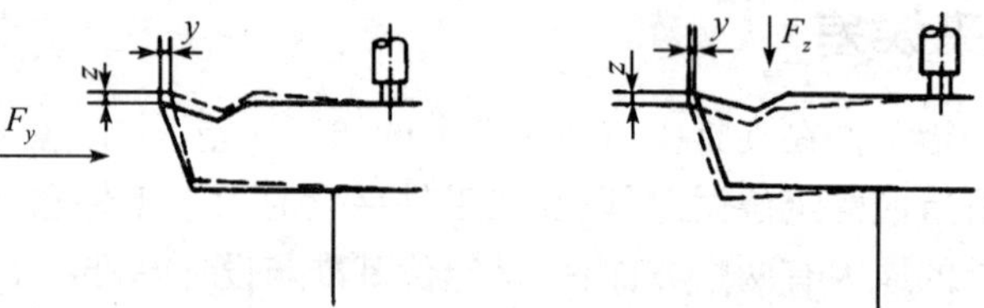

(a) y方向的切削分力引起车刀的变形　　(b) z方向的切削分力引起车刀的变形

图 1-25　切削力引起车刀的变形情况

2. 典型工艺系统的刚度计算

工艺系统的刚度可以根据系统中各个环节（包括机床、刀具、工件等）的刚度计算出来。因此，在计算系统刚度之前必须先计算系统各个环节的刚度。下面以车床加工和镗床加工为例分别计算各个环节的刚度及其对加工精度的影响。

（1）机床刚度及其对加工精度的影响

在车床上加工装夹在两顶针之间的光轴，如图 1-26 所示。

首先研究车床刚度的影响，所以假设工件刚度很大，忽略其变形。则在切削力 F_y 的作用下，床头、尾座和刀架分别产生的位移为 $y_{床头}$、$y_{尾座}$、$y_{刀架}$。此时工件的轴线产生偏移 y_x，因此系统总位移量为

$$y_{机床} = y_{刀架} + y_x$$

y_x 可以根据床头和刀架的变形量求出，即

$$y_x = y_{床头} + (y_{尾座} - y_{床头}) \times \frac{x}{L}$$

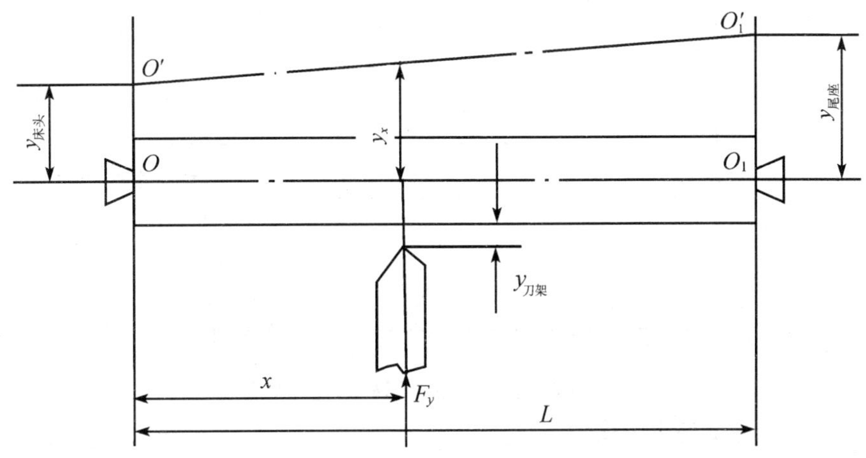

图 1-26　车床上加工光轴的变形情况

代入上式后，得系统总位移量为

$$y_{机床} = y_{刀架} + y_{床头} + (y_{尾座} - y_{床头}) \times \frac{x}{L}$$

根据刚度的定义，床头、尾座和刀架也可以定义为 $y_{床头} = F_{床头}/K_{床头}$，$y_{尾座} = F_{尾座}/K_{尾座}$，$y_{刀架} = F_{刀架}/K_{刀架}$。而 $F_{床头}$、$F_{尾座}$ 可以根据力的平衡关系获得，即 $F_{床头} = F_y(L-x)/L$，$F_{尾座} = F_y \cdot x/L$。代入到上面公式后，得到

$$y_{机床} = F_y\left[\frac{1}{K_{刀架}} + \frac{1}{K_{床头}}\left(\frac{L-x}{L}\right)^2 + \frac{1}{K_{尾座}}\left(\frac{x}{L}\right)^2\right]$$

根据刚度的定义 $K_{机床} = F_{机床}/y_{机床}$，所以机床的刚度为

$$K_{机床} = \frac{1}{\frac{1}{K_{刀架}} + \frac{1}{K_{床头}}\left(\frac{L-x}{L}\right)^2 + \frac{1}{K_{尾座}}\left(\frac{x}{L}\right)^2}$$

由此可见，机床的刚度不是一个定值，它随刀具所处的位置不同而不同，即 x 的函数。刀尖和工件表面相对轨迹是抛物线，这就引起工件的形状误差。

(2) 刀具刚度及其对加工精度的影响

在一般机床上加工时，刀具的刚度对工件加工精度的影响并不显著，但也不能忽视。比如在卧式镗床上镗孔时，如图 1-27 所示，悬臂镗杆做进给运动，这时镗杆在切削分力 F_y 作用下产生弹性变形，其最大变形量为

$$y_{镗杆} = \frac{F_y \cdot L^3}{3E \cdot I} \quad (\text{mm})$$

式中，E——弹性模数，对于钢件 $E = 2.06 \times 10^5$ MPa；

I——截面惯性矩，mm^4；

L——悬伸长度，mm。

镗杆的刚度为

$$K_{镗杆} = \frac{F_y}{y_{镗杆}} = \frac{3EI}{L^3} \quad (\text{N/mm})$$

由上式可知，镗杆刚度与悬伸长度 L 的三次方成反比。L 越大，镗杆刚度越小，即在切削分力 F_y 的作用下镗杆的弹性变形越大，这样就使被加工孔产生圆柱度误差。因此提高镗杆刚

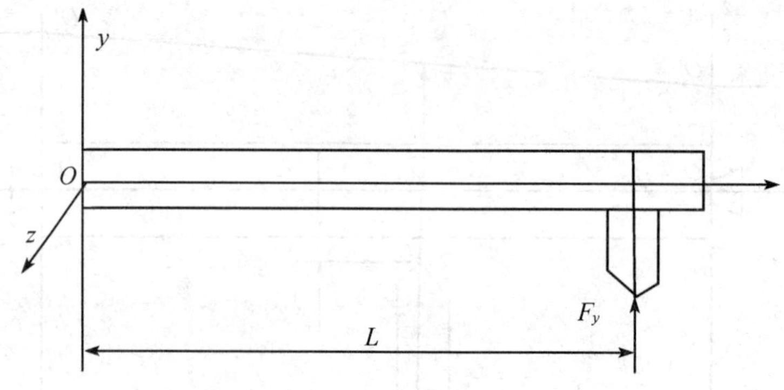

图 1-27　镗床上加工刀杆的受力情况

度是提高镗孔加工精度的重要途径。

(3)工件刚度及其对加工精度的影响

当工件刚度不足时,在切削力和夹紧力等外力的作用下,工件将产生变形,引起加工误差,降低工件的加工精度。为了分析工件变形对加工精度的影响,现以在车床上加工细长轴外圆工序为例来说明,如图 1-28 所示。为简化,假设机床和刀具刚度很大,其变形忽略不计,这时工件在切削分力 F_y 作用下产生变形,如图 1-28 所示。显然刀具在工件的中间位置切得少些,而在两端处切除得多一些,结果工件在加工后呈现鼓形。

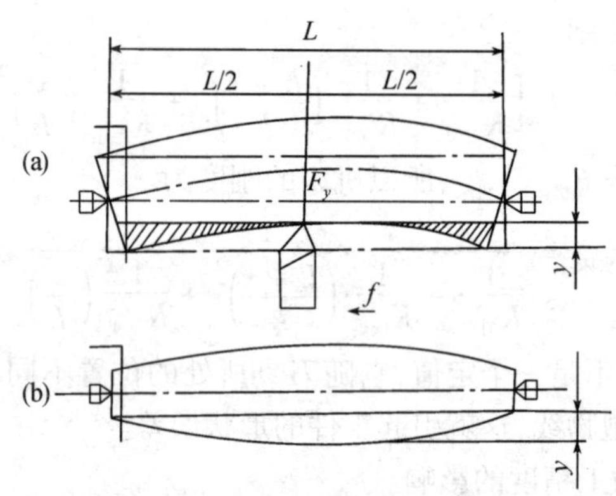

图 1-28　细长轴外圆加工时的变形和误差

可以把上述系统简化为简支梁进行力学分析。这时工件的最大弹性变形量为

$$y_{工件} = \frac{F_y \cdot L^3}{48EI} \quad (\text{mm})$$

工件的刚度为

$$K_{工件} = \frac{F_y}{y_{工件}} = \frac{48EI}{L^3} \quad (\text{N/mm})$$

由上式可知,要减小工件的弹性变形,必须提高工件的刚度和减小切削力。在生产中,常采用改进工件装夹、使用跟刀架等方法,来提高工件的刚度;选择合理的刀具主偏角与切削用量等,以减小切削分力 F_y。

(4)工艺系统刚度的计算

如前所述,工艺系统的刚度与系统中各个环节的刚度有关。当系统中各个环节的位移求出之后,即可求得系统的总位移,计算出工艺系统的刚度。

对于在车床上车削光轴的情况，一般刀具变形相对较小，可以忽略不计。因此，求系统的位移时，只考虑机床和工件的位移。这时工艺系统的总位移量为

$$y_{系统} = y_{机床} + y_{工件} = F_y\left[\frac{1}{K_{刀架}} + \frac{1}{K_{床头}}\left(\frac{L-x}{L}\right)^2 + \frac{1}{K_{尾座}}\left(\frac{x}{L}\right)^2 + \frac{1}{K_{工件}}\right]$$

系统的刚度为

$$K_{系统} = \frac{1}{\frac{1}{K_{刀架}} + \frac{1}{K_{床头}}\left(\frac{L-x}{L}\right)^2 + \frac{1}{K_{尾座}}\left(\frac{x}{L}\right)^2 + \frac{1}{K_{工件}}}$$

由此可见，工艺系统刚度在沿工件轴线方向各个位置是变化的，因而加工后工件各个截面上的直径尺寸也将不相等，使工件产生形状误差。如图 1-29 所示，图 1-29(a) 中工件装夹在车床两顶针间加工。假设工件刚度为 K_A，床头刚度为 K_B，尾座刚度为 K_C。当工件较长，刚度较差，但床头和尾座具有较大的刚度时，即 $K_A < K_B$ 及 $K_A < K_C$，结果工件就出现如图 1-29(c) 所示的鼓形。若工件刚度很大，而床头和尾座的刚度比较小，即 $K_B = K_C < K_A$，结果工件就出现如图 1-29(d) 所示的鞍形。通过上述分析不难看出，当工件装夹在卡盘中(无尾顶针)加工时，由于床头刚度较大，结果将出现喇叭形。

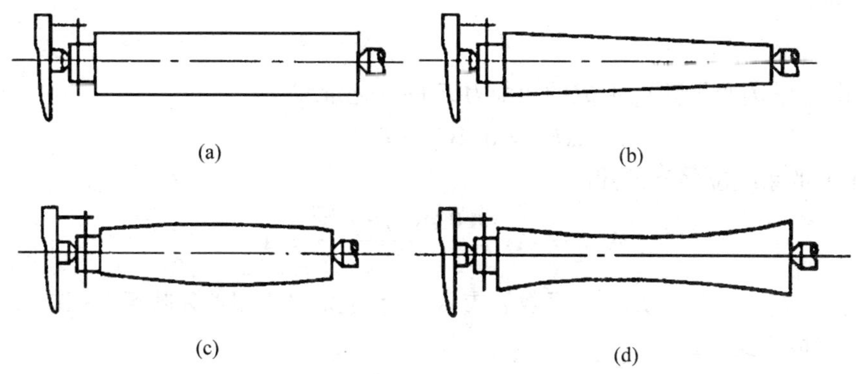

图 1-29　工件装夹在卡盘中产生的形状误差

3. 误差复映规律

在生产中，任何一种工件的毛坯，其尺寸、形状都有一定的误差，这些误差在机械加工时使切削深度不断发生变化，因而引起切削力的变化，使工艺系统产生相应的变形。切深大时，切削力及产生的变形也大；切深小时，切削力及产生的变形也小。因此加工后工件表面仍然保留着与毛坯表面类似的但数值已大大缩小的尺寸或形状误差，这种现象称为“误差复映”。产生误差复映的内因是工艺系统的刚度，外因是切深的变化引起切削力大小的变化。

如图 1-30 所示，在车床上车削一件有圆度误差(椭圆形)的毛坯，先将车刀先调整到虚线位置。车削时，工件旋转过程中，由于切深变化，切削分力 F_y 也随之发生变化，造成刀具受切削分力 F_y 而产生的弹性变形量 y 也发生改变，使毛坯的圆度误差 $\Delta_{毛}$ 复映到加工后工件表面上形成工件的圆度误差 $\Delta_{工}$。

假设工艺系统的刚度为 $K_{系统}$；a_{p1}、F_{y1}、y_1 分别为最大切深、对应的切削分力和系统位移；a_{p2}、F_{y2}、y_2 分别为最小切深、对应的切削分力和系统位移。由前述可知

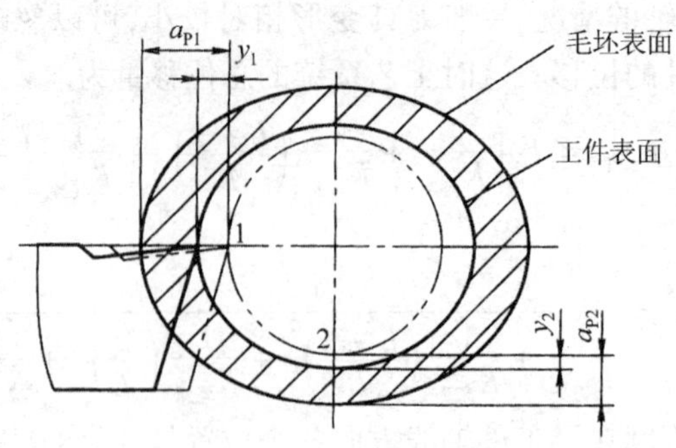

图 1-30　毛坯形状误差的复映

$$y_1 = \frac{F_{y1}}{K_{系统}};y_2 = \frac{F_{y2}}{K_{系统}}$$

而从切削原理可以得到切削力和切深的关系为

$$F_y = 0.4C_{FZ} \cdot a_p \cdot f^{0.75}$$

式中，C_{FZ}——与工件材料、刀具几何角度有关的系数；

f——进给量；

a_p——切深。

因此，由切深 a_p变化量$\Delta_毛$形成的切削力 F_y的变化量ΔF_y为

$$\Delta F_y = 0.4C_{FZ} \cdot f^{0.75} \cdot \Delta_毛$$

代入上面的系统位移公式，得

$$\Delta_{工件} = \Delta y = \frac{0.4C_{FZ} \cdot f^{0.75}}{K_{系统}} \cdot \Delta_毛$$

如果把 $0.4C_{FZ} \times f^{0.75} / K_{系统}$用系数 ε 表示，并将之定义为误差复映系数（其数值小于 1），则上式可以写成下式形式

$$\Delta_{工件} = \varepsilon \cdot \Delta_毛$$

当毛坯误差较大，经过调整以上参数后，一次走刀不能达到工件精度要求时，可以采用多次走刀来消除毛坯误差$\Delta_毛$所复映的误差。

4. 机床变形的原因和提高机床刚度的措施

机床的变形不仅与机床本身及其各个组成部件的弹性变形有关，还与零件的制造质量和机床的装配质量有关。根据实验研究，引起机床变形的原因有如下几个方面：

（1）接触刚度的影响

通常配合零件表面实际接触面积远远小于名义接触面积（如图 1-31 所示），随着载荷的增加，接触面的变形也逐渐变大，其中包括部分塑性变形。如果进一步加大载荷，或表面经过多次加载和卸载，表面塑性变形量将减小，但仍然存在弹性变形。接触时出现的这种弹性变形称为接触变形，与之相对应的是接触刚度。

（2）机床零件中个别薄弱环节的影响

机床中由于个别零件制造误差或装配质量较差而出现的薄弱环节，将使机床刚度大大降低。如图 1-32 所示为轴套和壳体与轴的接触情况，由于制造精度不够，轴套和壳体之间以及轴套和轴之间没有均匀接触，轴套如同一个板弹簧，极容易变形，成为该部件刚度的薄弱环节。

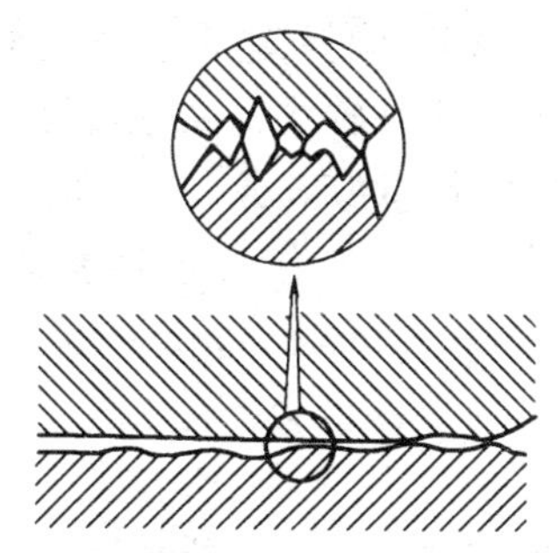

图 1-31 接触面表面质量对接触刚度的影响图

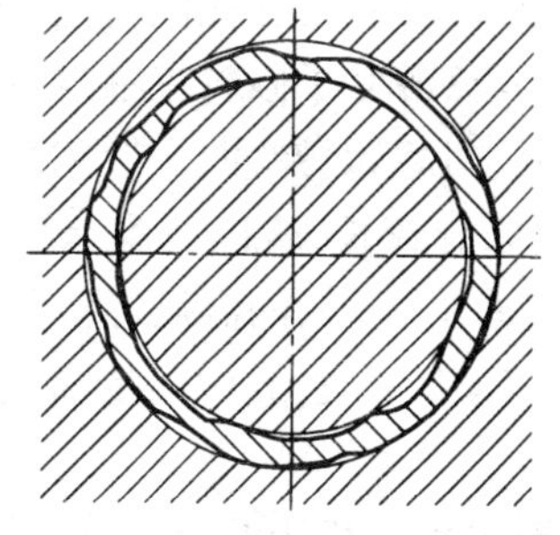

图 1-32 轴套和壳体与轴的接触情况

(3)零件的夹紧力的影响

在机床中,用螺栓等方式连接起来的零件,如果外力小于螺栓的夹紧力时,此结构可以看成一个整体。如果外力大于螺栓的夹紧力时,则零件间就会发生相对位移,使刚度降低。

(4)摩擦力的影响

摩擦力对机床的刚度影响很大。在加载时,摩擦力的方向与外力的方向相反,阻止变形增加;在卸载时,摩擦力又阻止变形恢复。由于摩擦力的作用,常使刚度试验中加载和卸载曲线不重合。如果在加载和卸载过程中加以振动,例如用锤子轻轻敲击,则可以减小摩擦力的影响。

(5)间隙的影响

在切削过程中,如果外力方向是使机床零件始终紧靠在一起的,则间隙对刚度和加工精度没有什么影响;如果轴承等零件受力方向经常改变,则间隙对刚度的影响很大。在机床刚度试验中,如果加以反向载荷,就可以发现间隙对变形的影响,如图 1-33 所示。

根据对机床变形原因的分析,可以找出提高机床刚度的措施。例如,提高机床零件的制造质量、提高机床的装配质量、减少机床中配合表面的数量、机床中各零部件的连接螺栓应保证正确的紧固状态、改善机床的结构,以及提高机床零件本身的刚度等。

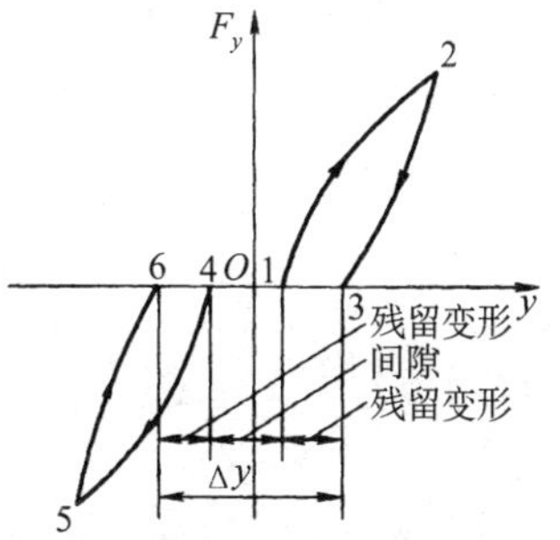

七、工艺系统热变形所引起的误差

工艺系统的热变形是由热源引起的,主要热源有内部热源(摩擦热、切削热)和外部热源(环境温度、辐射热)。工艺系统的热变形有机床热变形、刀具热变形和工件热变形。

图 1-33 正反方向加、卸载荷变形曲线

(1)机床热变形

各类机床的结构和工作条件差异比较大,所以引起机床热变形的热源和变形形式也多种多样。机床热变形对加工精度的影响主要是主轴部件、床身导轨以及两者之间相对位置等方面的热变形。

对于车、铣、钻、镗类机床,主要热源为主轴箱轴承的摩擦热及主轴箱中油池的发热,导致主轴箱及它相连部分的床身温度升高。实验证明,C620 - 1 普通车床工作时受热变形,在主轴转速为 1 200 r/min 时,由于局部热膨胀,主轴的抬高量为 140 μm。对于铣、镗床,其热源除使

主轴箱变形外，还将使立柱倾斜，使主轴对机床工作台产生位移和倾斜，造成工件的加工误差。对于磨床，其热源除了砂轮主轴承外，还有液压系统，前者会使主轴轴线升高；后者会使床身各处温度不同，引起床身弯曲变形和倾斜，造成加工误差。对于导轨磨床、龙门刨、龙门铣这类机床，由于其床身较长，所以对温差更为敏感。床身的温差主要来自工作台运动摩擦产生的热源、地基与室内不平衡的温度等。例如，一台长为 12 m、高为 0.8 m 的导轨磨床床身，导轨和地面的温差为 1 ℃时，其中凸量高达 0.22 mm，这时所加工的工件也会产生相应大小的加工误差。

为了减少机床热变形的影响，可以采取精加工前空车运转，减少停车，控制切削用量，减少环境温度的影响以及充分冷却等有效控制措施。

(2)刀具热变形

切削加工过程中，切削热的作用会引起刀具的热变形。例如车刀刀具温度可高达 700 ~ 800 ℃。如图 1-34 显示了在车削时刀具前刀面的温度分布。刀具表面温度升高不仅影响刀具的切削性能，而且其热变形对加工精度也会产生一定的影响。刀具的热变形对加工精度的影响与磨损情况相反，但不如磨损显著。实践证明，刀具温升一般能较快地达到热平衡，此时刀具不再伸长。

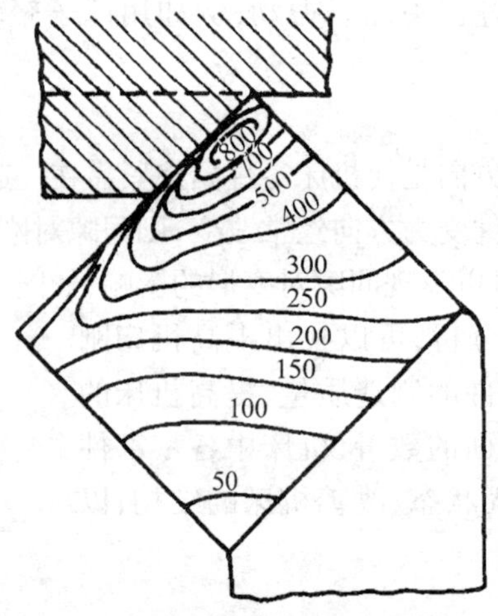

工件材料：GCr15；刀具：YT4 车刀；

切削用量：a_p=4.1 mm，f=0.5 mm/r，v_c=800 m/min

图 1-34 车削时刀具前刀面的温度分布

为了减小刀具热变形对加工精度的影响，可以从减小切削热和改善刀具散热条件两方面来采取措施。例如采取改进刀具几何角度，合理选择切削用量，减少刀具的伸出长度，充分冷却等措施，均能有效降低刀具热变形对加工精度的影响。

(3)工件热变形

工件受热变形对加工精度的影响不容忽略。例如精磨外圆时直径变小，加工狭长件时产生翘曲，如图 1-35 所示为薄片状零件的热变形。钻孔时由于收缩量大，钻孔易成为锥形。其对 Cu、Al 等线膨胀系数较大的工件加工时影响则更大。

为了减小工件热变形对加工精度的影响，可采取的措施有：采用冷却液充分冷却，以减小

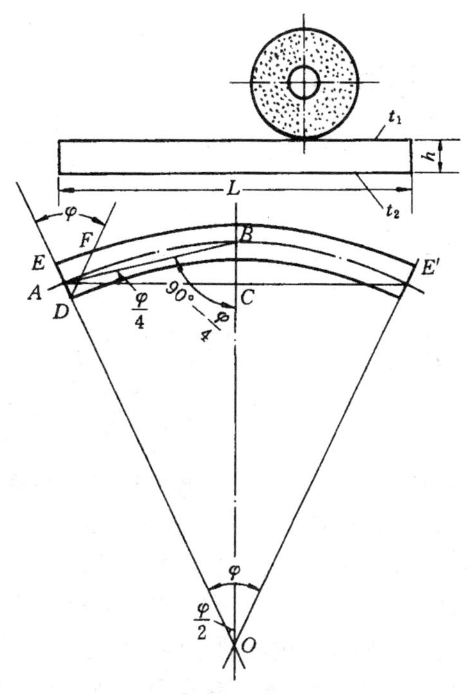

图 1-35 薄片状零件的热变形

工件的温升;适当提高切削速度或加快进给,使传递到工件上的热量减少;粗加工后停放一段时间后,待工件充分冷却再进行精加工;及时刃磨或修正刀具或砂轮,以减小切削热和磨削热;使工件在夹紧状态下有伸缩自由,例如采用弹簧后顶针、气动后顶针等。

八、工件内应力所引起的误差

在去掉外加载荷或外部因素作用后,工件内部存在的应力称为内应力(残余应力)。内应力通常是处于平衡状态的,在没有破坏其平衡以前,工件外部无任何表现。当失去平衡以后,内应力需要重新分布,使得工件产生变形,以达到新的平衡。产生工件内应力的原因是多方面的,包括:

(1)毛坯制造过程中产生的内应力。所有的热加工,无论是铸造、锻造、焊接还是热处理等都容易产生内应力。在热加工过程中,工件因冷热缩胀不匀和金相组织转变时的体积变化都会产生相当大的内应力,这种内应力有时甚至可能超过材料的强度极限,使工件产生变形和裂纹。

(2)由于采用了冷校直、冷轧制、冷压加工等工艺,工件表面出现塑性变形,因此产生了内应力,如图 1-36 所示为校直引起的内应力。

(3)切削加工过程中,工件表面内应力层被切除,如图 1-37 所示为机床床身表面层被切除引起的变形,引起内应力重新分布和变形;或者工件表面层材料的塑性变形,使工件产生内应力。

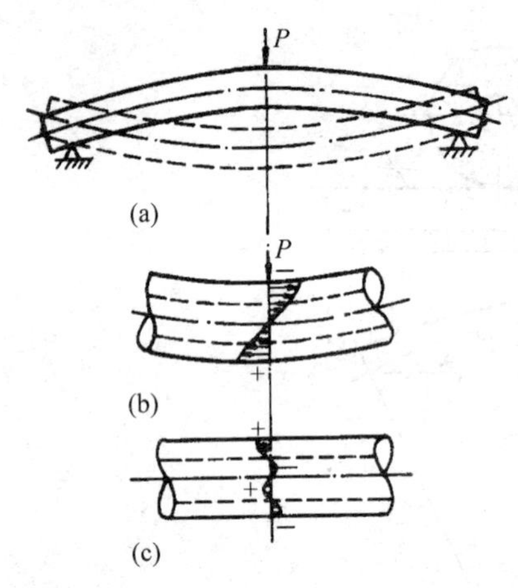

图 1-36　校直引起的内应力

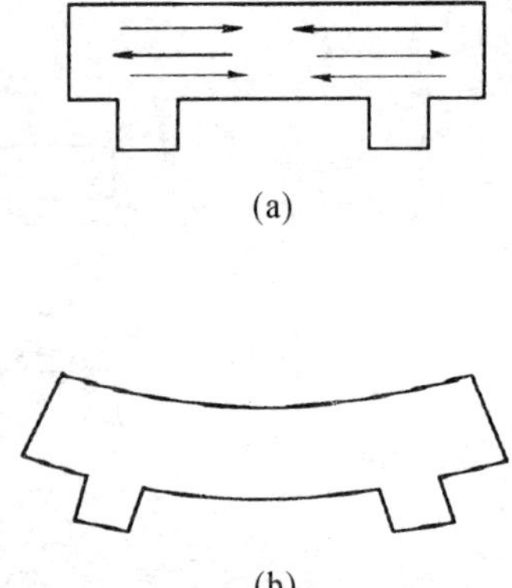

图 1-37　机床床身表面层被切除引起的变形

为了减小内应力对加工精度的影响，首先考虑增加消除内应力的专门工序。例如对铸、锻、焊接件进行退火或回火；零件淬火后进行回火；对精度要求高的零件如床身、丝杠、精密主轴等在粗加工后进行时效处理，以减小内应力。常用的时效处理方法有高温时效、低温时效、热冲击时效以及振动时效。对于一些要求极高的零件如精密丝杠、标准齿轮、精密床身等则要在每次切削加工后都进行时效处理。其次，要注意合理安排工艺过程。粗、精加工分开在不同工序中进行，使粗加工后有一定时间让残余应力重新分布，以减小对精加工的影响。此外，要合理设计零件结构，应尽量简化结构，增大零件的刚度，使壁厚均匀，以减少残余应力的产生。

九、测量误差和调整误差

（1）测量误差

测量误差就是测得值和实际尺寸值之差。在机械加工中，所用量具的自身误差、使用中量具出现磨损、测量的环境条件（尤其是温度）变化及人们判断测量结果存在主观误差等因素，均能造成测量误差。在一般生产条件下，为了保证加工精度，测量误差应控制在公差1/10～1/6。当加工精度较低时，可适当放宽到1/3。此外，使用中的量具磨损后应及时进行重新校准，以恢复和保证其测量精度。

（2）调整误差

调整误差是指在机械加工过程中由于机床－夹具－刀具－工件工艺系统未调整到应有的正确位置而产生的误差。工艺系统的调整工作包括：在机床上安装夹具；调整刀具切削刃相对于工件定位基准或相对于机床、夹具上定位面的距离，以保证达到尺寸精度的要求；刀具和夹具的位置固定后检查调整精度（包括试切工件）等。

为了减小调整误差，可在调整过程中采取以下措施：夹具在机床上的定位采用定位键、锥度配合等夹具定位元件，可保证定位迅速而准确；采用高精度对刀装置（如光测或电测对刀装置），或刀具在采用对刀装置调整后，结合试切结果进行第二次补充调整，能显著提高调整精度；在加工中，采用主动测量装置，也可以消除调整误差。

第三节　机械加工的精度分析

为了实现预期的加工精度，制造出符合质量要求的机械零件，对机械零件加工精度进行综合分析具有十分重要的意义。在生产中，常用统计法来分析加工精度。以下简要介绍两种分析方法。

一、分布图分析法

在研究加工误差问题时，常用一些理论分布曲线来近似代替实际分布曲线。其中应用最广的是正态分布曲线，亦称高斯曲线，如图 1-38 所示，其方程式为

$$y = \frac{1}{\sigma\sqrt{2\pi}}e^{-\frac{(x-\bar{x})^2}{2\sigma^2}}$$

式中，y——频率；

x——工件尺寸；

$\bar{x}$——工件算术平均尺寸；

σ——标准差（均方根差），$\sigma = \sqrt{\frac{\sum_{i=1}^{n}(x_i-\bar{x})^2}{n}}$。

零件的质量特性值分布的标准差 σ 越大，则零件质量特性值分布的范围越大；反之，质量特性值的分布范围就越小，如图 1-39 所示为不同 σ 值的分布曲线。

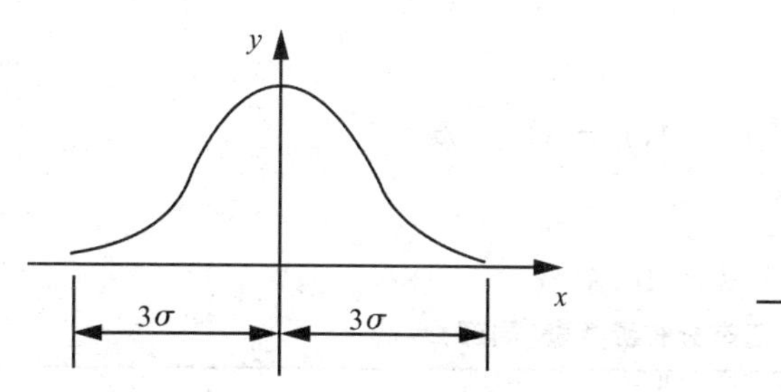

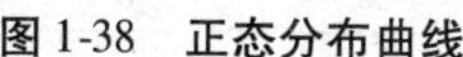

图 1-38　正态分布曲线

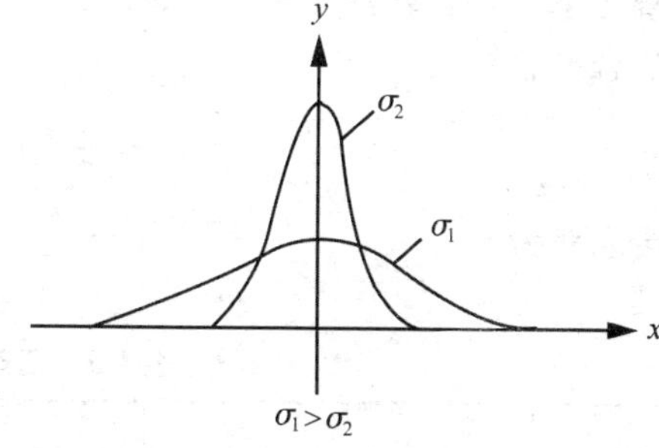

图 1-39　不同 σ 值的分布曲线

在没有系统误差的情况下，当公差 $\delta=2\sigma$ 时，合格品率为 0.682 6；当 $\delta=4\sigma$ 时，合格品率为 0.954 2；当 $\delta=6\sigma$ 时，合格品率为 0.997 3；当 $\delta=8\sigma$ 时，合格品率为 0.999 94。可见，随着公差范围相对于标准差值的增加，零件合格品率不断提高。当 $\delta=6\sigma$ 或 $\delta=8\sigma$ 时合格品率均大于 99%，可认为不会出现废品。为兼顾质量与经济两方面的要求，常用 6σ 来评价工序能力。

从上面分析可知，如果没有系统误差，公差 $\delta\geqslant6\sigma$ 时，可以认为不会出现废品。但当有系统误差存在时，还需要考虑系统误差 Δ 大小的影响。此时只有当 $\delta\geqslant6\sigma+\Delta$，才不会出现废品。下面举一个服从正态分布的实例。

例题　有一批小轴，其直径尺寸 ϕ 为 $18_{-0.035}^{\ 0}$ mm，加工后尺寸属正态分布，测量计算得一

批工件直径的平均值为 $\bar{x}=17.975$ mm,标准差 $\sigma=0.01$ mm。试计算合格品率和废品率,分析废品产生的原因,指出减少废品率的措施。

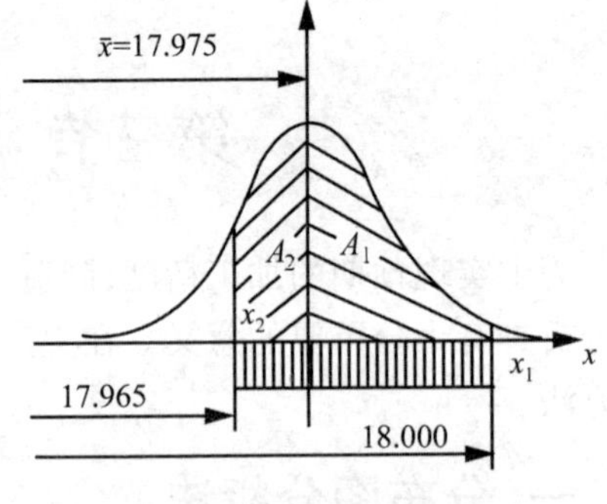

图 1-40　分布曲线与公差带之间的关系

解:(1)画尺寸分布曲线与公差带之间的关系,如图1-40所示。

(2)设计尺寸写成对称形式,即计算其公差带的中心和上下界限

$$18^{0}_{-0.035}=17.9825\pm0.0175$$

(3)计算系统误差

$$\Delta=\bar{X}-\bar{x}=17.9825-17.975=0.0075\ \text{mm}$$

(4)计算合格品率和废品率

$$x_1=\frac{T}{2}+\Delta=0.025\ \text{mm}$$

$$\frac{x_1}{\sigma}=\frac{0.025}{0.01}=2.5$$

查正态分布函数表(正态分布函数是正态分布概率密度函数在 $-x/\sigma\sim+x/\sigma$ 之间的积分,表1-3为该表局部)得 $A_1=0.9876$

$$x_2=\frac{T}{2}-\Delta=0.01$$

$$\frac{x_2}{\sigma}=\frac{0.01}{0.01}=1$$

查正态分布函数表得 $A_2=0.6826$

故合格品率为

$$A=\frac{1}{2}(A_1+A_2)=83.51\%$$

废品率为

$$1-A=16.49\%$$

表1-3　正态分布函数表(局部)

$\frac{x}{\sigma}$	A	$\frac{x}{\sigma}$	A	$\frac{x}{\sigma}$	A	$\frac{x}{\sigma}$	A
0	0.000 0	0.3	0.235 9	1.5	0.866 4	3.0	0.997 3
0.1	0.074 6	0.5	0.383 0	2.0	0.954 2	3.5	0.999 4
0.2	0.185 6	1.0	0.682 6	2.5	0.987 6	4.0	0.999 9

(5)分析产生废品的原因:其一,是由于实际尺寸分散范围偏离理论公差带中心较大造成的,即存在常值系统误差。其二,是本工序反映出加工尺寸分散的标准差 σ 较大,即 $\sigma\geqslant\delta/6$,表明本工序加工的精度较差。减少废品率的有效措施是在消除系统误差(对刀调整)基础上进一步改善工艺条件(例如采用精度更高的机床),使 σ 减小。

由以上分析可知,工序能力与标准差 σ 有关。如何反映工序对技术要求的满足程度呢?

一般可用“工序能力指数”来衡量工序能力满足质量要求的程度。所谓工序能力指数，就是衡量工序能力满足质量要求的程度。工序能力指数 C_p 为

$$C_p = \frac{T(1-K)}{6\sigma}$$

式中，K——分布曲线中心 M 相对于公差带中心 N 的偏移系数，$K = \frac{|M-N|}{2T}$；

T——公差；

σ——加工零件的标准差。

工序能力指数越大，说明生产过程满足设计需求的能力越大；反之则越小。C_p 可以分为5个等级：

(1)当 $C_p>1.67$ 为特级，说明工艺能力过高，允许有异常波动，不一定经济。

(2)当 $1.67 \geqslant C_p > 1.33$ 为一级，说明工艺能力足够，允许有一定的异常波动。

(3)当 $1.33 \geqslant C_p > 1.00$ 为二级，说明工艺能力勉强，必须密切注意。

(4)当 $1.00 \geqslant C_p > 0.67$ 为三级，说明工艺能力不足，可能出现少量不合格品。

(5)当 $C_p \leqslant 0.67$ 为四级，说明工艺能力很差，必须加以改进。

采用分布图法对加工精度进行分析也存在一些缺点，例如它没有考虑加工顺序，无法将随时间变化的系统误差和随机误差区分开来，只能加工完一批工件后才能分析。而以下介绍的控制图法可以克服以上的缺点。

二、控制图分析法

控制图分析法（点图分析法）是分布图法的发展。此法是在整个加工过程中，通过连续地或定时地对工件进行测量，并绘制成控制图，再通过对控制图的分析，及时地调整机床，以控制废品的产生。这种分析方法具有信息全、判断精度高等优点，因而得到广泛应用。

最常用的控制图是均值-极差控制图（$\bar{X}-R$ 图），均值-极差控制图法包含了平均值控制图（$\bar{X}$ 图）和极差控制图（R 图）两部分（如图1-41所示）。分析的主要步骤如下：

(1)抽取预备数据。每隔一定时间，从加工零件中抽取 n 个样品作为样本（样本数 n 一般不应小于5个）。测量这 n 个样本的观测值 x_i（尺寸或形位误差），填入表格。

(2)计算每一时间段中各样本观测值 x_i 的均值 $\bar{x}$ 和极差 R：

$$\bar{X} = \frac{1}{n}\sum_{i=1}^{n} x_i$$

$$R = x_{max} - x_{min}$$

式中，x_{max}、x_{min} 为在 n 个样本观测值中的最大值和最小值。

(3)计算所有均值 $\bar{X}$ 的均值 $\bar{\bar{X}}$、极差 R 的均值 $\bar{R}$。

(4)计算所有均值 $\bar{X}$ 的标准差 $\sigma_{\bar{x}}$、极差 R 的标准差 σ_R。

(5)计算中心线和控制界限：

平均值控制图（$\bar{X}$ 图）的控制界限为

中心线：$CL_X = \bar{\bar{X}}$

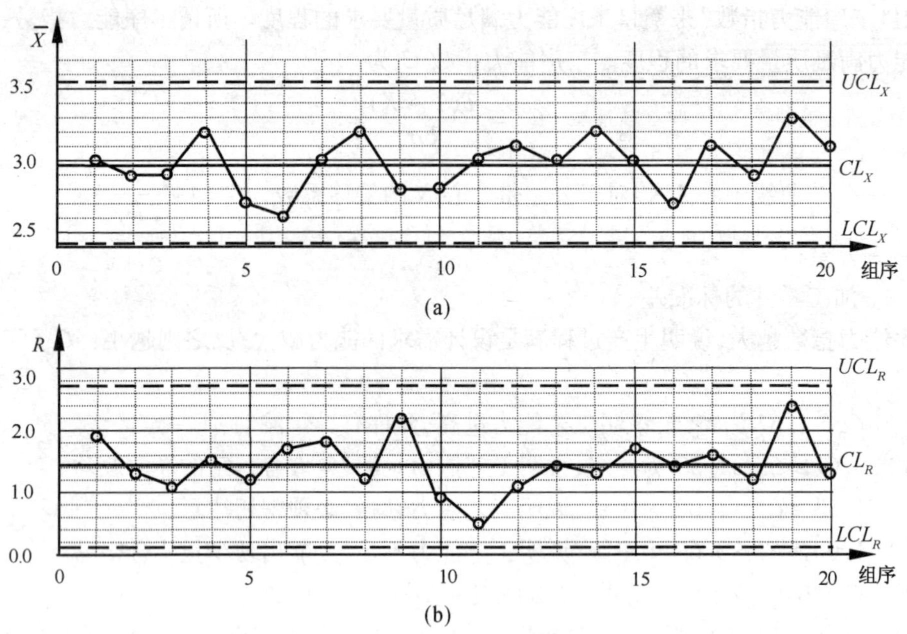

图 1-41　均值－极差控制图

上控制线：$UCL_X = \bar{\bar{X}} + 3\sigma_{\bar{x}}$

下控制线：$LCL_X = \bar{\bar{X}} - 3\sigma_{\bar{x}}$

极差控制图（R 图）的控制界限为

中心线：$CL_R = \bar{R}$

上控制线：$UCL_R = \bar{R} + 3\sigma_R$

下控制线：$LCL_R = \bar{R} - 3\sigma_R$　　或取　　$LCL_R = 0$

（6）作图。一般 $\bar{X}$ 图在上，R 图在下，纵坐标分别为 $\bar{X}$ 和 R，横坐标为抽样时间或样本组序号。作图中须把每时间段测量的 $\bar{X}$ 和 R 用点绘出，各点用直线连接，同时要用细直线绘出中心线，用虚线绘出上控制线和下控制线。最后绘制结果如图 1-41 所示。

（7）判断生产过程是否处于统计控制状态，如果是则继续生产；否则应当消除异常原因。具体判断准则如表 1-4 所示。

此外还有资料介绍采用查表法确定上下控制界限，在工程中还可以参照公差带来确定。总之，应选择最适合保证加工质量的控制线。利用控制图还可以观察和判断加工过程中是否存在常值、变值系统误差和随机误差，以及分析这些误差的大小和变化趋势，确定工艺系统的稳定性。利用控制图可以及时发现工艺过程中出现的不稳定趋势并采取相应的措施；同时研究影响稳定性的因素，确保工艺过程稳定性。

表 1-4　正常波动与异常波动判断准则

正常波动	异常波动
1. 没有点超出控制线； 2. 大部分点在中线上下波动，小部分点在控制线附近； 3. 点分布没有明显的规律性	1. 有点超出控制线； 2. 点密集分布在中线上下附近； 3. 点密集分布在控制线附近； 4. 连续 7 点以上出现在中线一侧； 5. 连续 11 点中有 10 点出现在中线一侧； 6. 连续 14 点中有 12 点以上出现在中线一侧； 7. 连续 17 点中有 14 点以上出现在中线一侧； 8. 连续 20 点中有 16 点以上出现在中线一侧； 9. 点有上升或下降倾向； 10. 点有周期性波动

第四节　机械加工表面质量的基本概念

反映机械零件的加工质量，除了加工精度之外，表面质量也是一个十分重要的方面。表面质量（Machining quality of machined surfaces），又称为表面完整性，是指机械零件在加工后的表面层状况与表面层技术要求的符合程度。产品的工作性能，例如耐磨性、耐腐蚀性、疲劳强度以及配合特性等，在很大程度上取决于零件的表面质量。

一、表面微观几何特性和表面层性能

工件加工后表面质量包括两个方面的内容：

（1）表面的微观几何特性

表面的微观几何特性主要指表面粗糙度和波度。表面粗糙度是表面微观形状误差，根据 GB/T3505—2009、GB/T1031—2009、GB/T131—2006 规定，其大小主要以表面轮廓的算术平均偏差 R_a 或微观不平度十点高度 Rz、轮廓最大高度 Ry 来表示。对波度至今没有国家标准，通常采用波高和波距的比值，一般为 1∶50 ~ 1∶1 000。

（2）表面层物理、力学和化学性能

零件加工后在表面层内出现不同于基体材料的力学、冶金、物理及化学性能的变质层。主要表现为：因塑性变形产生的表面变形强化（冷作硬化）、因切削热或磨削热引起的金相组织变化、因力或热的作用产生的残余应力等。

二、机械加工表面质量对零件使用性能的影响

零件加工后的表面质量对零件的使用性能有很大影响。下面分别进行分析。

1. 表面质量对零件耐磨性的影响

摩擦副表面的初期磨损量与表面的粗糙度有很大关系。在一定条件下，摩擦副表面粗糙

度有一个最佳值,如图 1-42 所示。在磨损初期,由于实际接触面积大大小于名义接触面积,所以表面微凸体之间接触的压强很大,不但很容易刺破油膜,形成局部纯金属接触和干摩擦,而且凸峰部分产生强烈塑性变形造成凸峰部分折断或塑性流动,即出现零件使用初期急剧磨损。如果零件经过适当的磨合,表面粗糙度会逐渐变小,实际接触面积逐渐增大,磨损也随之逐步减小。如果摩擦副表面粗糙度过小,或经过长时间使用,表面凸峰被磨平而形成光滑"镜面",此时由于两金属接触表面大面积接触,金属材料分子间产生较大的亲和力,润滑油也很难保持在摩擦表面,常常产生严重的黏着磨损。故摩擦副表面的最佳粗糙度值也称平衡粗糙度,其具体数值取决于摩擦副材料和工作条件,一般粗糙度值为 R_a0.32 ~ 1.20 μm。

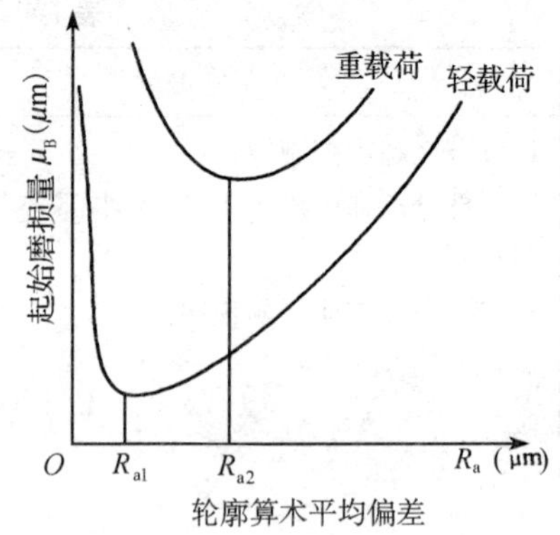

图 1-42　不同载荷下的最优粗糙度

表面冷硬层对耐磨性也有影响。在常规的滑动摩擦状况下,表面层冷作硬化一般能提高耐磨性,这是因为冷作硬化提高了表面硬度,减少了表面进一步塑性变形和金属表面咬焊的可能性。但过度的冷硬,反而会使金属变脆,组织疏松,甚至出现疲劳裂纹和产生剥落现象,从而使耐磨性下降,如图 1-43 所示。

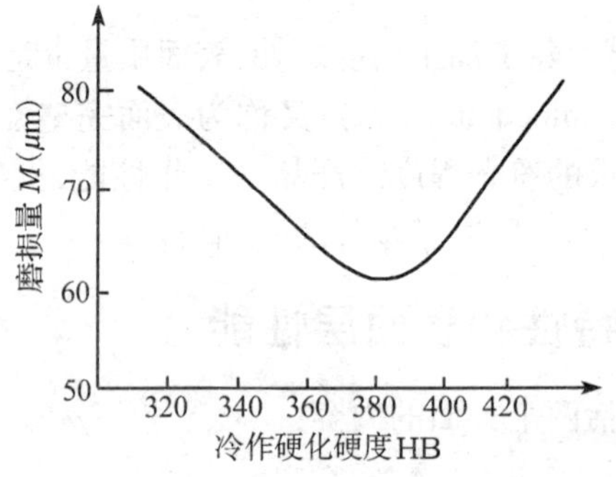

图 1-43　冷作硬化对耐磨性的影响

2. 表面质量对零件耐腐蚀性的影响

零件的耐腐蚀性在很大程度上取决于零件表面的粗糙度。粗糙表面的凹谷处容易积聚腐蚀性介质而发生化学腐蚀。凹谷越深,渗透与腐蚀作用越强烈。此外,粗糙表面的凸峰容易产生电化学作用而引起电化学腐蚀。因此,减小表面的粗糙度值,可以有效提高零件的耐腐蚀性能。

零件表面应力状态对零件在腐蚀性介质条件下的耐腐蚀性能也有影响。如果零件表面存在残余压应力,则令使零件表面材料致密,并有利于表面微小裂纹空洞的封闭,使腐蚀性介质不容易进入材料内部,零件对腐蚀作用的敏感程度降低,从而提高零件抗腐蚀能力。

3. 表面质量对疲劳强度的影响

零件在交变载荷的作用下,其表面微观不平的凹谷处和表面层的缺陷处容易引起应力集中而产生疲劳裂纹,疲劳裂纹的进一步扩展会造成零件的疲劳损坏。实验表明,减小零件表面的粗糙度值可以使零件疲劳强度有所提高。表面粗糙度和相对疲劳强度的关系如图 1-44 所示。因此对于一些承受交变载荷的重要零件，如曲轴的曲柄臂与轴颈交接处的过渡圆角在加工后常进行光整加工，可以降低表面粗糙度，提高其疲劳强度。

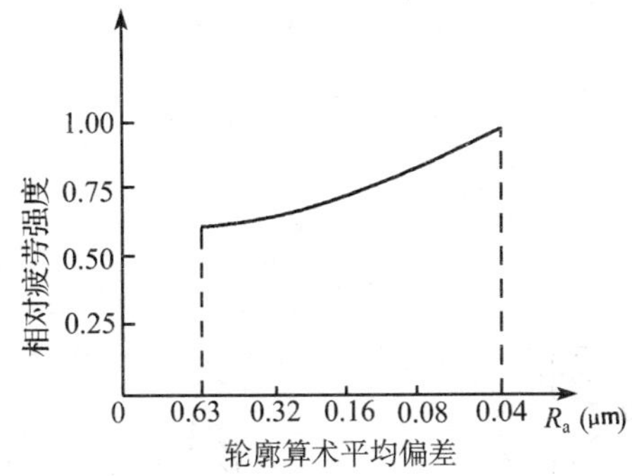

图 1-44　表面粗糙度和相对疲劳强度的关系

加工硬化对零件的疲劳强度影响也很大。适当的加工硬化可以在零件表面形成一个硬化层，它能阻碍表面疲劳裂纹的出现和扩展，从而提高材料的疲劳强度。但如果零件表面硬化程度过高，会增加金属脆性，反而容易出现裂纹，使疲劳强度降低。因此零件的硬化程度和硬化深度也应该控制在一定的范围内。

表面层的残余应力对零件的疲劳强度也有很大的影响。表面层为残余压应力时，可以抵消部分外界拉应力（疲劳裂纹主要是由拉应力造成的），因而可以延缓疲劳裂纹的扩展，提高零件的疲劳强度；表面层存在残余拉应力时，则容易使零件表面产生裂纹，将显著地降低零件的疲劳强度。

4. 表面质量对配合精度的影响

匹配零件的配合特性是用过盈量或间隙值来衡量的。在间隙配合中，如果零件的配合表面粗糙，则会使配合件很快磨损而增大配合间隙，降低配合精度；在过盈配合中，如果零件的配合表面粗糙，则装配后表面微凸体的凸峰容易被挤平，导致配合件间的有效过盈量减小，从而降低结合强度。此外，零件表面质量对配合件密封性、表面间摩擦力等也有影响。

第五节　影响表面质量的因素及其分析

一、表面粗糙度影响因素及控制方法

对于不同加工方式，其产生表面粗糙度的原因是不同的。本节主要以切削和磨削加工为例说明影响表面粗糙度大小的因素和控制方法。

1. 切削加工的表面粗糙度影响因素

切削加工后表面粗糙度主要受几何因素、材料塑性变形以及工艺系统振动三个方面因素的影响。

（1）几何因素的影响

形成表面粗糙度的几何因素主要是指刀具几何形状和切削运动引起的切削残留面积，形成理论粗糙度，它是影响表面粗糙度的主要因素。例如车床上车外圆时，已加工面将留下整齐的螺纹状的痕迹，如图1-45所示为切削层残留面积。在刀尖圆弧半径为零的情况下，如图1-45(a)所示，已加工表面上残余面积的最大高度 R_{max} 为

$$R_{max} = \frac{f}{\cot k_r + \cot k_r'}$$

式中，k_r——刀具主偏角；

k_r'——刀具副偏角；

f——进给量。

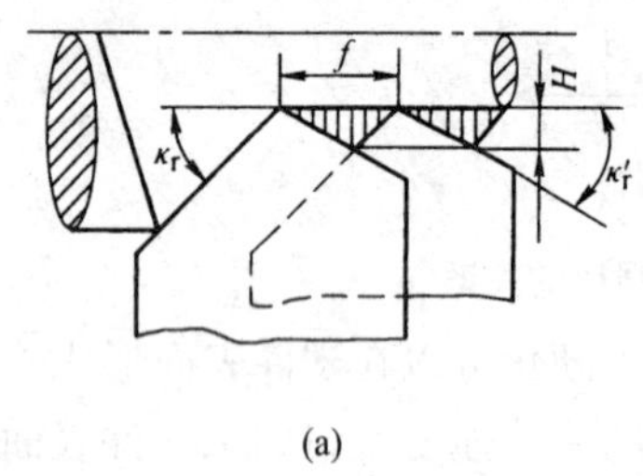

(a)

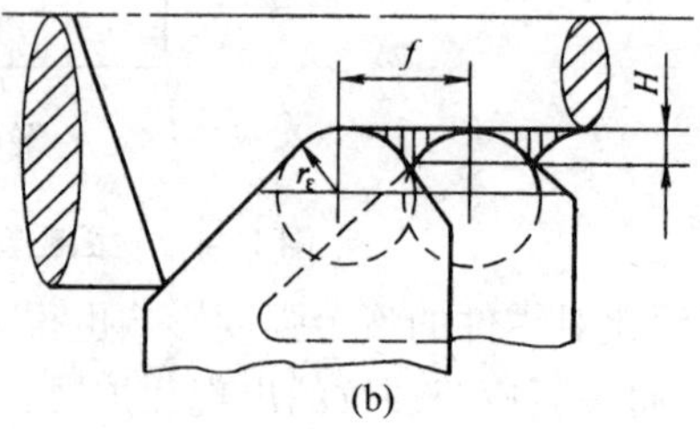

(b)

图1-45 切削层残留面积

实际上刀尖总会有一定的圆弧半径，如图1-45(b)所示。此时，已加工表面上残余面积的最大高度 R_{max} 为

$$R_{max} = \frac{f^2}{8r_\varepsilon}$$

式中，r_ε——刀尖圆弧半径。

由以上公式可见，减小进给量 f、主偏角 k_r 和副偏角 k_r'，增大刀尖圆弧半径 r_ε 能降低残留面积的高度，从而达到减小粗糙度的目的。

(2)塑性变形的影响

塑性变形因素的影响主要表现在出现积屑瘤、鳞刺、表面划伤等现象。当金属切削刀具以一定速度切削塑性材料时，在前刀面上容易形成硬度很高的积屑瘤，它可以代替前刀面和切削刃进行切削(如图1-46所示为积屑瘤对工件表面质量的影响)。随着积屑瘤的生成、长大和脱落，刀具的实际几何参数和切削用量会发生变化，导致粗糙度增加。另外加工韧性大的塑性材料容易出现积屑瘤，但当切削脆性材料(如铸铁)时，切削层呈现脆性断裂形式，在前刀面不容易出现积屑瘤，所以具有适当脆性的材料易于得到较小的表面粗糙度值。

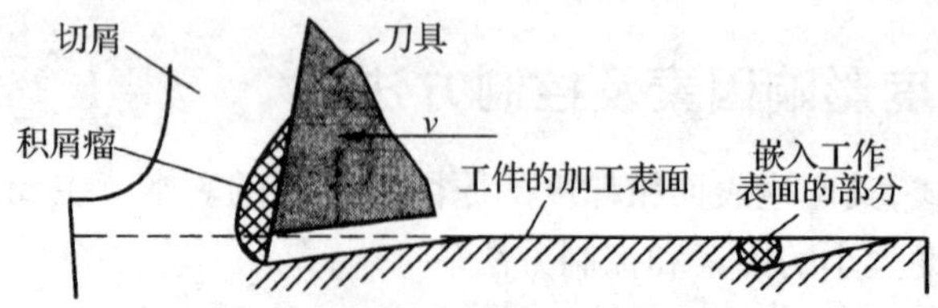

图1-46 积屑瘤对工件表面质量的影响

此外，在切削过程中，切屑与前刀面由于黏结而产生严重摩擦，在车刀前部形成堆积的黏结层。表面层金属在黏结层的挤压作用下会产生显著的塑性变形，很容易导致切削刃的前方

切削层和加工表面之间发生撕裂，在车刀经过后撕裂层残留在已加工表面上形成鳞片状毛刺，也称为鳞刺，使得加工后表面粗糙不平。除了上述因素，切削加工时切屑也会拉毛或刮伤加工后表面，引起粗糙度增加。

（3）振动的影响

机械加工过程中产生的振动是一种极其有害的破坏正常切削过程的现象。当切削振动加大时，工件表面产生明显的振纹，而且其对加工精度、刀具寿命都会带来不利的影响。关于振动，在本章后面还有详细介绍。

2. 表面粗糙度控制方法

针对产生粗糙度的原因，可以从合理选择刀具几何参数、切削用量、工件材料性能及加工条件等方面加以解决，具体介绍如下：

（1）合理选择刀具几何参数

如前所述，减小进给量 f、主偏角 k_r 和副偏角 k_r'，增大刀尖圆弧半径 r_ε 能降低残留面积的高度，从而达到减小粗糙度的目的。但要注意刀尖圆角半径 r_ε 过大会增加切削过程的挤压，工件塑性变形增大，所以一般不宜把 r_ε 取值过大。

除此之外，适当增大刀具前角 γ_0，刀具易于切入工件，切削力和切削热均降低，故表面粗糙度值相对较小。当前角一定，适当增加后角，切削刃更锋利，且减小后刀面与加工后表面的摩擦，也有利于减小加工表面的粗糙度值。但要注意防止过大后角造成的切削振动现象。在使用中还要注意对刀具进行及时和正确的刃磨，确保刀具几何参数处于合理范围。

（2）合理选择切削用量

进给量 f 除了影响残留面积的高度外，对加工表面塑性变形的影响也十分显著。一般当 $f>0.15$ mm/r时，其对表面粗糙度影响很大；当 $f<0.15$ mm/r 时，f 的进一步减小不会引起 R_y 明显降低，这时加工表面粗糙度主要取决于被加工表面的金属塑性变形程度。

切削速度 v 对表面粗糙度的影响因工件材料而异。如前所述，切削脆性材料（如铸铁）时不容易出现积屑瘤，粗糙度与切削速度 v 的关系较小。对于塑性材料切削，切削速度对积屑瘤产生的影响很大，因此其对表面粗糙度的影响也很大，如图 1-47 所示。在切削速度 $v<0.5\sim0.7$ m/s 的情况下，因切削温度低，没有积屑瘤的产生；当切削速度提高到 0. 3 ~ 0. 5 m/s 时，容易产生积屑瘤；如果 $v>0.83\sim1.17$ m/s，切削速度提高使积屑瘤逐渐减小并逐渐消失。因此，在精加工塑性材料时往往采用高速或低速精切，以获得较小粗糙度值。一般地说，切削深度对加工表面粗糙度的影响不明显。当它小于 0. 02 ~ 0. 03 mm 时，刀具容易在工件表面“打滑”，划伤工件表面，使表面粗糙度反而增大。

（3）合理选择工件材料性能

一般来说，韧性大的塑性工件材料易于产生塑性变形，与刀具的黏结作用也较大，因此加工后粗糙度也大。脆性材料则易于得到较小的表面粗糙度值。对于相同材料，晶粒组织越粗大，加工后的表面粗糙度值也越大。因此，为了减小加工表面粗糙度值，常在切削加工前对材料进行调质或正火处理，以获得均匀细密的晶粒组织和较高的硬度。值得注意的是某些脆性材料，如铸铁，

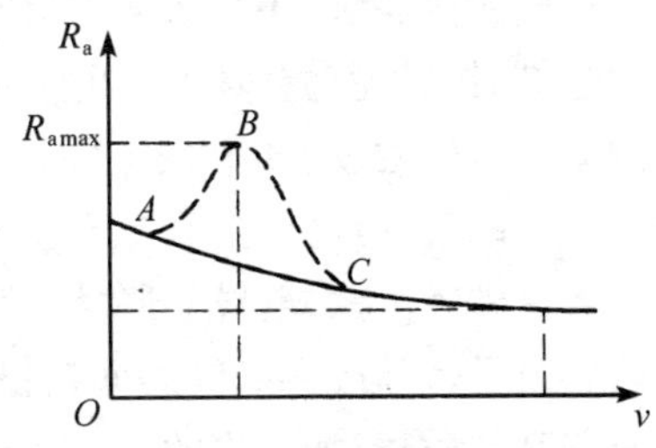

图 1-47　切削速度对表面粗糙度的影响

如果切屑呈碎屑状，在工件表面往往出现微粒崩碎的痕迹。结果在已加工表面上留下许多麻点，使表面粗糙度值增大。使用中还要注意刀具材料和工件材料性能的匹配性。不同材料相配时，由于材料之间分子的亲和程度及摩擦系数等均有所不同，因而也会影响工件材料的塑性变形。

(4)改善加工条件

加工条件方面的改善主要是对切削加工过程提供较好的冷却和润滑条件。切削液的冷却和润滑作用能减小切削过程中的界面摩擦，降低切削区的温度，使切削区金属表面的塑性变形程度下降，抑制鳞刺和积屑瘤的产生，因此可以大大减小加工表面粗糙度值。此外，降低工艺系统振动也是降低表面粗糙度的重要途径。

3. 磨削加工的表面粗糙度影响因素

对于磨削加工方式，产生表面粗糙度的原因不同于切削加工。磨削加工是用分布在砂轮表面上的磨粒来进行切削的，如图 1-48 所示为磨粒在工件上的刻痕。在磨削过程中，磨粒在工件表面上滑擦、耕犁和切下切屑，把加工表面刻划出无数细小沟槽，同时，由于磨粒大多为负前角，很多磨粒在加工表面挤压，在表面形成塑性变形，有些材料经过反复塑性变形还会剥落。以上过程形成了磨削表面粗糙度。磨削加工后表面粗糙度大小受磨削用量和砂轮特性等因素的影响。

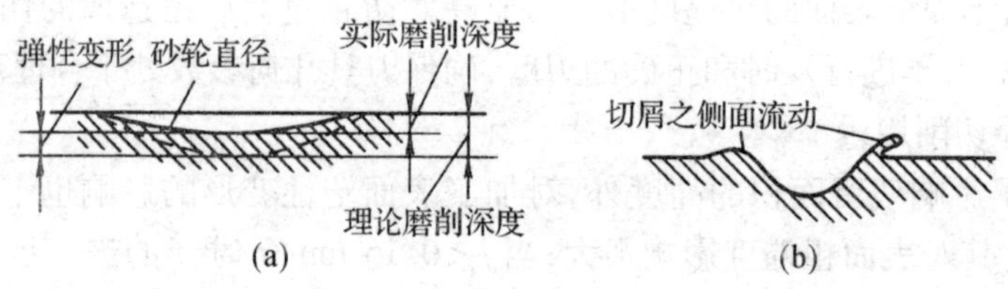

图 1-48　磨粒在工件上的刻痕

(1)磨削用量的影响

提高砂轮速度 v_s 可以增加在单位时间内工件表面单位面积上的刻痕，使工件表面塑性变形和沟槽两侧塑性隆起的残留量减小，磨削表面粗糙度显著减小。减小径向进给量 f_r，磨削过程的切削力减小，温度降低，表面塑性变形程度减小，从而减小表面粗糙度。因此对于表面质量要求较高的零件，应将粗磨和精磨分开进行，粗磨时采用较大进给量以获得较高加工效率，精磨时采用较小进给量以获得粗糙度较小的加工表面。

(2)砂轮的影响

砂轮粒度越细，单位表面上磨粒数越多，工件表面刻痕越细，从而表面粗糙度值越小。但粒度过细时，砂轮易被堵塞，切削性能下降，表面粗糙度值反而会增大，同时还容易引起磨削烧伤缺陷。砂轮硬度(指砂轮上砂粒脱落的难易程度)应大小合适。砂轮太硬，磨粒钝化后不易脱落，工件表面受磨粒的摩擦和挤压作用增强，塑性变形程度增加，表面易磨削烧伤且粗糙度值增大。砂轮太软，磨粒易脱落，容易造成磨削不均匀现象，从而使表面粗糙度值增大。砂轮的修整质量也是改变磨削表面粗糙度的重要因素。修整后的砂轮磨粒微刃等高且锋利，有利于改善磨削质量，加工出的表面粗糙度也随之减小。除了以上因素，同切削加工一样，被加工材料性能以及加工条件(如磨削液的冷却)等对磨削表面粗糙度也有一定的影响，必须予以足够的重视。

二、表层物理—力学性能的影响因素及控制方法

工件在加工过程中由于受切削力、切削热的作用，其表面层的物理—力学性能会产生很大的变化，使其与基体材料性能有很大的不同。表面层最主要的变化包括微观硬度变化、金相组织变化以及在表面层中产生残余应力。

1. 表面层的加工硬化

在切削过程中，工件表层金属受到切削力的作用，产生强烈的塑性变形，使晶体间产生剪切滑移，晶粒严重扭曲，并产生晶粒的拉长、破碎和纤维化，这时它的强度和硬度提高，塑性降低，这就是冷作硬化现象。

表面在机械加工中除了因塑性变形产生冷作硬化现象外，还会因加工温度升高而产生回复现象。机械加工中，当零件表面温度升高到一定程度，例如温度升高到 0.4 T_m（熔化绝对温度）以上，就会发生金属的再结晶，拉长、破碎和纤维化的晶粒重新长大，已经强化的金属会回复到正常状态。回复作用的速度大小取决于温度的高低和持续的时间。

加工硬化实际上是硬化作用和回复作用综合作用的结果。加工硬化常用表面层显微硬度 Hv、硬化层深度 h 及硬化程度 N（加工表面的显微硬度增加值对原始基体显微硬度比值的百分数）表示。

影响表面层加工硬化的因素可以从三个方面来分析：

（1）加工材料的影响。硬度越小，塑性越大的材料切削后的冷作硬化现象越严重。

（2）刀具的影响。刀具前角 γ_0 越小，刃口圆角半径越大，冷硬层深度和硬度随之增大。

（3）切削用量的影响。一般切削速度 v 越小，进给量 f 和切深 a_p 增加，加工硬化越严重。但若进给量 f 和切深 a_p 过小，由于刀具对工件表面的挤压作用增强，硬化可能增加。切削速度与进给量对加工硬化的影响如图 1-49 所示。

2. 表面晶相组织变化

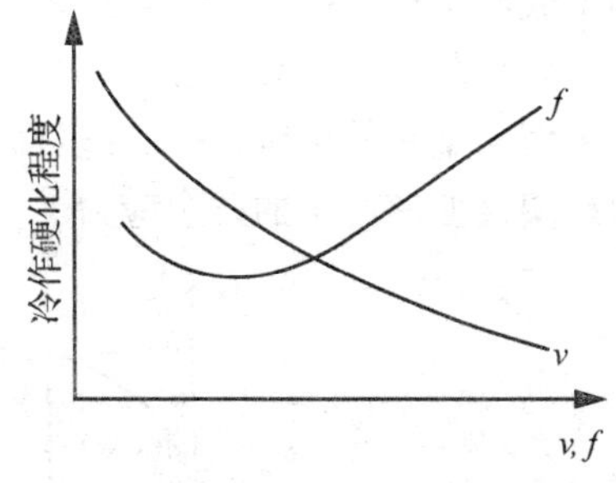

图 1-49　切削速度与进给量对加工硬化的影响

机械加工中，切削发热使加工表面温度升高。切削时只有 5% 的热量瞬时进入工件；而磨削时约有 70% 以上的热量瞬时进入工件，所以磨削是一种容易引起加工表面金相组织变化的加工方法。当温度升高到超过金相组织变化的临界点时，就会使金相组织产生变化。

在磨削加工中，因诱发金相组织变化导致表面金属强度和硬度降低，产生残余应力，甚至出现微观裂纹，这种现象被称为磨削烧伤。磨削烧伤一般可分为回火烧伤、淬火烧伤以及退火烧伤。烧伤后表面往往呈现黄、褐、紫、青等烧伤色。

影响表面层烧伤的因素有以下几方面。

（1）磨削用量

适当减小切深，增大工件速度 v_w，降低砂轮的速度，可以减轻磨削烧伤。但工件速度过大会导致粗糙度值变大，而砂轮速度低会影响加工效率，因此应综合考虑。横向进给量增大，也

会使表面温度下降。

(2)砂轮

采用硬度太高的砂轮,钝化砂粒不易脱落,自锐性不好,易产生烧伤,所以用软砂轮较好。一般采用立方碳化硼砂粒和弹性黏结剂组成的砂轮,其和铁族元素化学反应倾向小,磨削温度低,不易产生磨削烧伤。

(3)工件材料

工件材料的硬度高、强度高或韧性大都会使磨削区温度升高,因而容易产生磨削烧伤。磨削导热性较差的材料(如耐热钢、轴承钢、不锈钢等)也容易产生烧伤。

(4)冷却方法

采用切削液可带走磨削热,因而能避免烧伤。为了强化冷却效果,可以采用内冷却砂轮、浸油砂轮,或采用高压大流量切削液并安装带空气挡板的切削液喷嘴等措施,如图 1-50 所示为带空气挡板的冷却喷嘴。

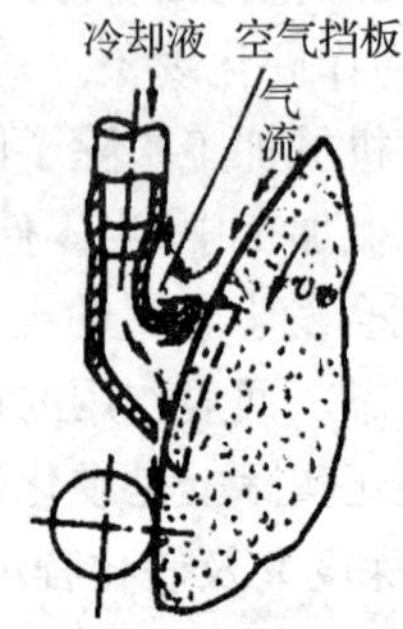

图 1-50　带空气挡板的冷却喷嘴

3. 表面层的残余应力

由于机械加工中力和热的作用,在机械加工以后,在没有外力作用下工件表面层及其与基体材料的交界处仍旧保留互相平衡的弹性应力,这种应力称为表面层残余应力。表面裂纹的产生和表面层残余应力状态密切相关。当工件表面存在残余拉应力超过材料的弹性极限时,工件表面就容易产生裂纹,降低零件抗疲劳能力。但存在适当表面残余压应力则有利于提高材料抗疲劳工作能力。表面残余应力按其分布和作用的尺度分为宏观残余应力、原始晶胞内平衡的残余应力、晶体残余应力。表面残余应力的产生有以下 3 种原因:

(1)冷态塑性变形引起的表面残余应力

在切削或磨削过程中,工件表面受到刀具或砂轮的挤压和摩擦,表面层产生伸长塑性变形,此时基体金属仍处于弹性变形状态。切削过后,基体金属趋于弹性恢复,但受到已产生塑性变形的表面层金属的牵制,从而在表面层产生残余压应力,里层产生残余拉应力,如图 1-51 所示为由冷塑性变形产生的残余应力。

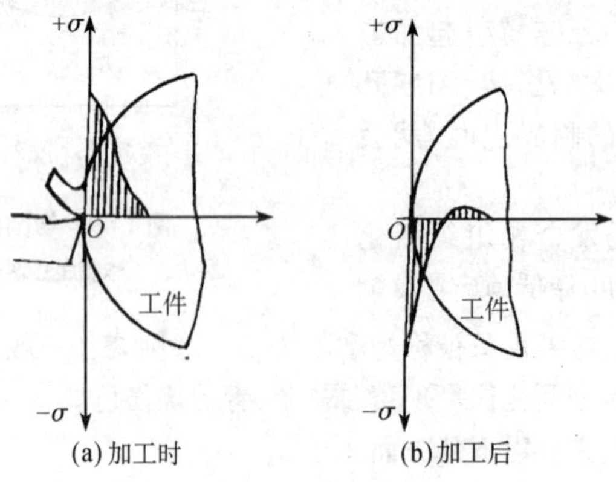

图 1-51　由冷塑性变形产生的残余应力

(2)热态塑性变形引起的表面残余应力

切削或磨削过程中，工件加工表面在切削热作用下产生膨胀，此时基体金属温度较低，因此表面层产生热压应力。金属在高温时，屈服极限明显下降，故表层热胀伸长量受基部金属的限制而容易被塑性压缩。加工结束后，已经发生热态塑性变形的表层材料，由于表面温度下降而出现的收缩倾向受到里层材料牵制，结果表面产生残余拉应力，里层产生残余压应力，如图1-52所示为由热塑性变形产生的残余应力。

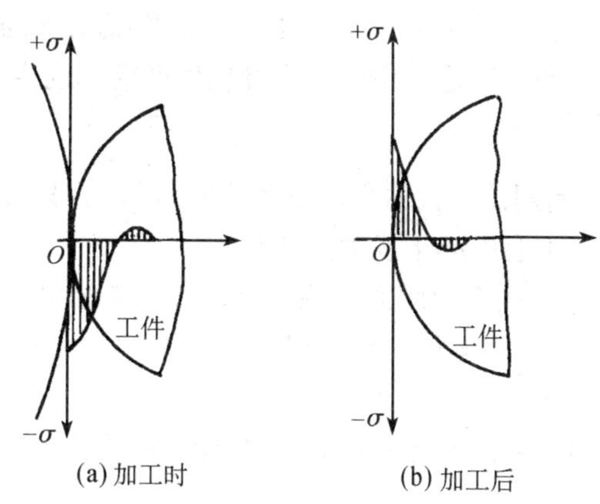

图1-52　由热塑性变形产生的残余应力

(3)金相组织变化引起的表面残余应力

切削或磨削过程中，若工件加工表面温度高于材料相变温度，则会引起表面层的金相组织变化。不同的金相组织有不同的密度，如奥氏体的密度为7.96 g/cm^3，铁素体的密度为7.88 g/cm^3，珠光体的密度为7.78 g/cm^3，马氏体的密度为7.75 g/cm^3。金相组织的变化产生材料密度的变化，必然导致内应力的产生。例如在高速切削时，刀具－工件摩擦表面温度可达600～800 ℃，表层金属就有可能发生相变而形成奥氏体，冷却后变成马氏体。由于马氏体的密度小于奥氏体的密度，表层金属膨胀受到里层金属牵制，结果使表面层出现残余压应力，里层产生残余拉应力。

机械加工后工件表面的应力状态是冷态塑性变形、热态塑性变形和金相组织变化综合作用的结果。在不同加工条件下，残余应力的符号和大小及分布规律可能有明显的差别。切削加工时起主要作用的往往是冷态塑性变形，表面层常产生残余压应力。磨削加工时，通常热态塑性变形或金相组织变化是产生残余应力的主要因素，所以表面层常存有残余拉应力。

由于表面残余拉应力会显著降低零件抗疲劳等性能，因此降低磨削加工中产生的残余拉应力是保证加工表面质量的关键。降低磨削加工中产生的残余拉应力应从降低磨削力和降低磨削温度这两方面着手。其中，降低磨削力的措施与解决加工硬化的工艺措施相似，而降低磨削温度的措施与解决表面层烧伤的措施相似。

第六节　机械加工振动及抑制振动的途径

在机械加工过程中，工件和刀具之间常常发生振动。严重的振动会破坏工艺系统正常的切削过程，不仅严重降低加工表面质量，还会缩短刀具和机床的使用寿命，伴随其产生的噪声还会污染环境，危害操作者的身心健康。因此研究机械加工振动机理和抑制措施是机械加工工艺研究的重要内容。机械加工过程中产生的振动，按其性质可分为自由振动、受迫振动和自激振动三种类型。自由振动是由偶然的干扰力引起的，是靠系统弹性恢复力维持的振动。自由振动在使用过程中会逐渐衰减，所以对机械加工影响不大。

一、机械加工中的受迫振动

受迫振动（又称强迫振动）是由外界周期性干扰力作用而引起的振动。由于机床内、外周期干扰力激励引起的受迫振动往往是影响加工质量和生产效率的主要问题。

1. 受迫振动的特点

（1）受迫振动是在外界周期性干扰力作用下产生和维持的，只要激振力存在，振动就不会被阻尼衰减。受迫振动本身不会引起干扰力的变化。

（2）振动过程中，系统振动频率和激振力频率相同或是它的倍数，易于识别与解决。

（3）受迫振动的幅值和干扰力幅值与频率以及系统的刚度和阻尼有关。它在很大程度上取决于干扰力频率与系统固有频率的比值（$\lambda = \omega/\omega_0$），当干扰力频率接近系统固有频率时（$0.7 \leqslant \lambda \leqslant 1.3$），会产生共振现象，导致受迫振动的幅值大幅度升高，如图 1-53 所示。

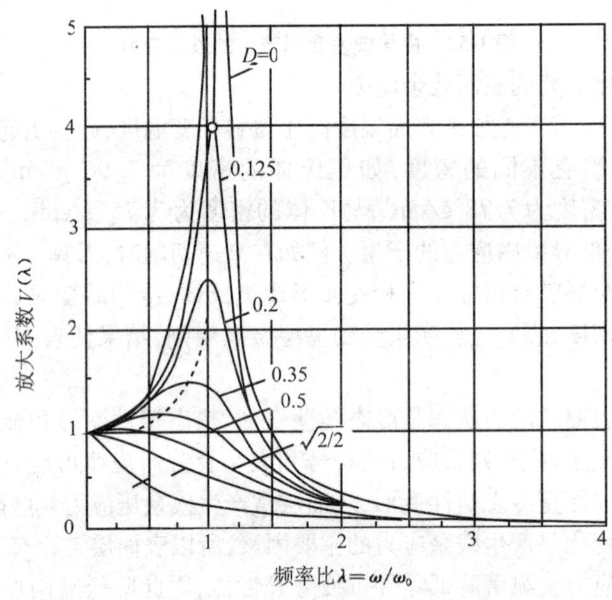

图 1-53　受迫振动的幅值－频率曲线

受迫振动的振源包括机内振源和机外振源。机内振源主要由机床往复运动零件的惯性力、切削过程中不连续（例如铣齿、滚齿）、高速旋转零件不平衡的离心力（例如砂轮、卡盘）和机床传动机构的缺陷（例如齿轮啮合误差、滚动轴承滚动体误差）造成。机外振源一般是通过地基传给机床的。例如机床附近有其他机床设备（例如冲床或刨床）工作或进行柴油机台架试验时，这些设备的周期性冲击力会传给机床。

2. 减小或消除受迫振动的途径

（1）消除或减小激振力

针对激振力产生的原因，采取措施减小激振力是减轻受迫振动的有效方法。对于由高速旋转件产生的振动，例如转速在 600 r/min 以上的回转件（如砂轮、卡盘、刀盘、电机转子等），应进行动、静平衡。为适应高速、高精度的要求，砂轮还可以采用附加平衡装置的方法进行在线自动平衡。对于由齿轮传动产生的振动，应提高齿轮的制造和安装精度。对于往复运动零件产生的振动，可采用减小往复运动质量、降低转换加速度等方法来改进。

（2）改善加工系统的动态特性

从改善动态特性考虑，提高机床抗振性主要有 3 个途径：控制频率比 λ、增加刚度和提高阻尼。为避免干扰力频率接近系统固有频率而造成共振，常把系统固有频率前后 20% ~30% 设置成“禁区”，避免激振力的频率在这个区域出现。提高刚度能提高系统抗振性，增加阻尼能消耗激振能量，这些都是防振减振的有效措施。此外，调整系统零件质量，减小惯性力，改变零件固有频率以避开激振力的频率范围，也能起到减少受迫振动的效果。

（3）采用减振和隔振装置

减振装置通过摩擦、冲击和大阻尼零件消耗激振能量，起到减少受迫振动的效果。减振装置有很多，主要有动力式减振器、阻尼式减振器和冲击减振器等。隔振是指在振动传递路线上设置隔振材料，使机内外激振力不能传递到刀具和工件上去。例如某些动力源如电机、油泵等最好与机床分开，并用隔振材料（皮带轮、橡胶管等）与机床连接。机床和地基之间可以采用隔振垫铁或采用隔振地基，阻隔外界激振源。

二、机械加工中的自激振动

自激振动是在加工过程中，在外界偶然因素激励下产生的振动，但维持振动的能量来自振动系统的本身，并与切削过程密切相关。切削停止后振动即消失，维持振动的激振力也消失。自激振动在加工中大量出现，有调查表明车床自激振动达 65%，而强迫振动占 30%，如图 1-54 所示的框图揭示了自激振动系统的组成环节。

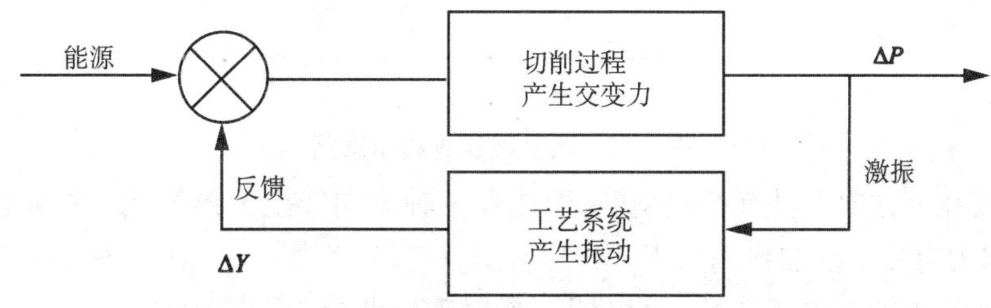

图 1-54　自激振动系统的组成环节

可以看出，自激振动系统具有两个基本部分：切削过程产生交变力（ΔP）使工艺系统产生振动位移（ΔY）；振动位移再反馈给切削过程使切削力产生变化。

自激振动具有如下特点：

（1）自激振动的形成与持续是由于加工过程本身产生的激振与反馈作用。外部振源在最初起触发作用，但维持振动的能量来自振动系统的本身。

（2）自激振动频率一般接近于加工系统薄弱环节固有频率，和机床加工系统的固有特性关系密切。

（3）自激振动是否产生取决于一个振动周期内，输入振动系统的能量 E^{+} 是否等于振动系统所消耗的能量 E^{-}。自激振动振幅大小和输入振动系统的能量多少关系密切。

自激振动的发生、发展规律与机械加工过程本身有着十分重要的联系，影响的因素多，一般较难识别，也不容易解决。以下介绍自激振动的机理。

1. 再生颤振机理

在机械加工过程中，由于刀具的进给量不大，后一次走刀和前一次走刀的切削区必然有重叠部分，即产生重叠切削。在重叠切削情况下，在切削第二圈时，第一圈振纹处就会引起切削截面不断变化，以致造成动态切削力变化，引起工艺系统产生振动，在一定条件下，这种振动会形成自激振动。这是由前一圈振纹所引起的，故称之为再生颤振。

再生颤振的产生有两个必要条件：一是重叠切削程度；二是振动频率 f(Hz)与工件转速 n(r/min)存在一定的比值关系。重叠切削程度用重叠系数 μ 表示，即 $\mu=(B-f)/B$。式中，B 为刀具宽度，f 为刀具进给量。一般来说，重叠系数 μ 越大，则越容易产生再生颤振现象。

再生颤振现象是否能够持续，取决于一个振动周期内输入振动系统的能量是否等于振动系统所消耗的能量。在一个周期内振动系统能量是如何输入和消耗的，由如图 1-55 所示的再生颤振过程示意图加以说明。

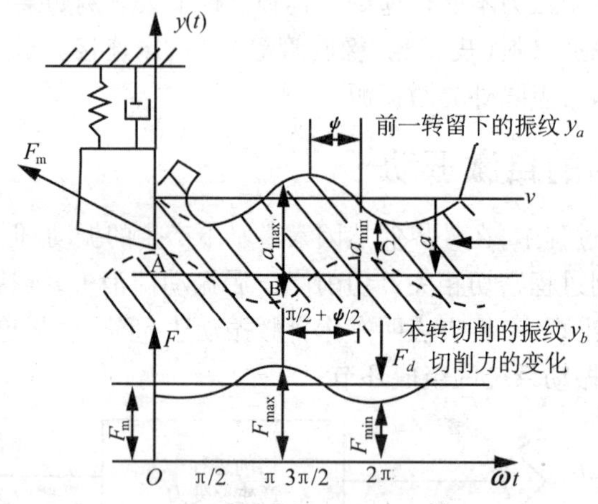

图 1-55 再生颤振过程示意图

假设刀具在 y 方向上具有有限刚度，即能在 y 轴方向产生一维振动。在切削过程中，工件对刀具切削力有一个反向作用力 F_m，容易看出，该反向作用力 F_m 在 y 轴方向上的分力 F_{my} 的作用方向总是向上(y 轴正向)。可以把一个振动周期分为两个阶段：A—B 刀具向下运动阶段(切入阶段)和 B—C 刀具向上运动阶段(切出阶段)。在 A—B 阶段，分力 F_{my} 和刀具运动方向相反，即切削力对刀具运动在做负功，所以有振动能量消耗在切削过程中；而在 B—C 阶段，分力 F_{my} 和刀具运动方向相同，即切削力对刀具运动在做正功，所以切削过程的部分能量输入到刀具振动系统中。由于输入或消耗的能量大小和切削力的大小成正比，而切削力的大小取决于切削的厚度，即切削的厚度越大，切削产生分力 F_{my} 越大。所以当切入阶段的切削厚度大于切出阶段的切削厚度，则振动系统消耗的能量 E^- 大于被输入的能量 E^+，此时不满足自激振动能量条件，不会产生再生颤振现象；但当切入阶段的切削厚度小于切出阶段的切削厚度，则意味着振动系统被输入的能量 E^+ 大于消耗的能量 E^-，满足自激振动能量条件，因而系统将出现再生颤振现象。

由上述分析可见，再生颤振现象是否产生，和第二圈振纹与第一圈振纹的滞后角即相位差

φ 的大小关系密切,如图 1-56 所示。其中图 1-56(a)为相位差 φ 为 0 的情况,由于切入和切出面积相等,故 $E^+ = E^-$,振动系统理论上处于稳态。但实际上由于系统还有一部分能量消耗于阻尼作用,导致 $E^+ < E^-$,因而振动一般不能维持,即不会产生颤振。图 1-56(b)为相位差 φ 为 $0 < \varphi < 180°$ 的情况,由于切入面积小于切出面积,$E^+ > E^-$,所以会发生颤振。图 1-56(c)为相位差 φ 为 180°的情况,此时切入和切出面积相等,$E^+ = E^-$,因此和图 1-56(a)情况一样不会产生颤振。图 1-56(d)为相位差 φ 为 $180° < \varphi < 360°$ 的情况,显然切入面积大于切出面积,$E^+ < E^-$,所以不会发生颤振。

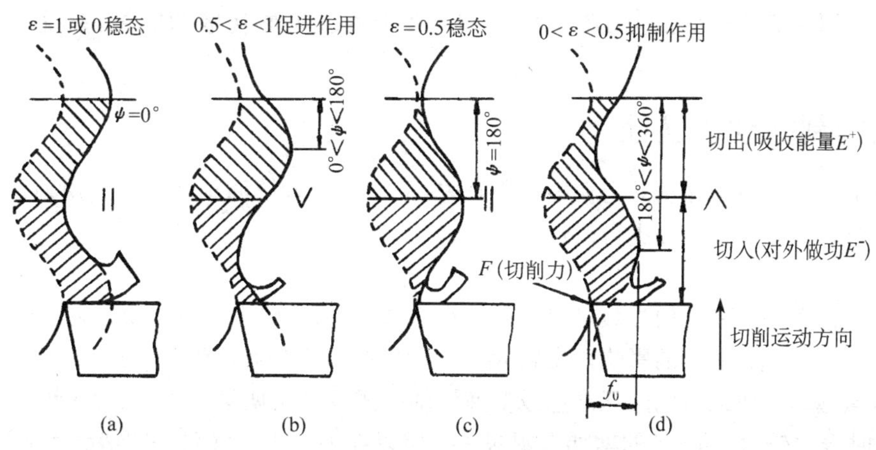

图 1-56　相位差与振动系统能量关系

2. 振型耦合机理

由于振动系统在各主振模态间相互耦合、相互关联而产生的自激振动,称为振型耦合颤振。振型耦合理论将工艺系统看作两个自由度的振动系统,如图 1-57 所示。由刀具和刀架构成的二维振动系统,可以简化为刚度为 k_1 和 k_2 的两个弹簧支承着质量 m 的振动系统模型,其中 k_1 和 k_2 分别表示系统最小刚度和最大刚度,x_1 和 x_2 分别表示系统最小刚度方向(低刚度轴)和最大刚度方向(高刚度轴)。

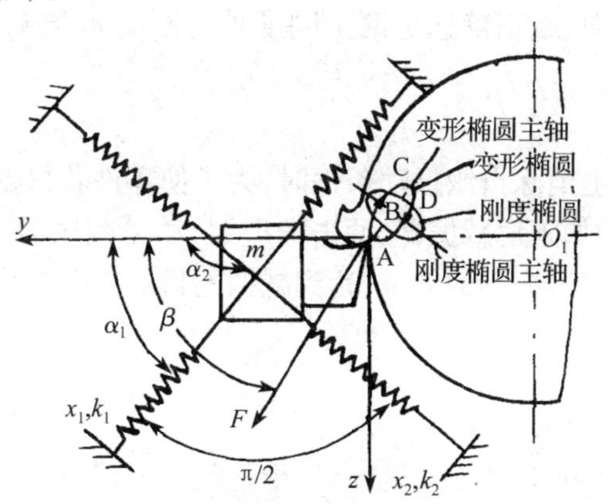

图 1-57　振型耦合原理动力学模型

按最简单的形式设 x_1 和 x_2 相互垂直。如果系统在切削中产生了圆频率为 ω 的振动,则质量 m 可能同时在 x_1 和 x_2 两个方向上以不同的振幅进行振动,其合成运动的轨迹近似椭圆。若刀尖按如图 1-57 顺时针方向沿 A—B—C 做切入运动，然后沿 C—D—A 做切出运动，则在 A—B—C(切入运动)阶段消耗振动系统能量，而在 C—D—A(切出运动)阶段补充振动系统能量。因为在切出阶段的平均切削厚度大于切入阶段的切削厚度，所以切出过程的切削力大于切入过程的切削力。因此在一个振动周期内振动系统吸收的能量大于消耗的能量，使得自激振动得以维持。

根据理论分析和实验验证，系统的低刚度轴 x_1 落在切削表面法向 y 与切削力 F 之间时，即 $0 < \alpha_1 < \beta$(α_1 是低刚度轴 x_1 和 y 轴之间夹角；β 是切削力 F 与 y 轴之间夹角)，刀尖会做顺时针运动。因为 $E^+ > E^-$，且 $\Delta E = E^+ - E^-$ 大于克服阻尼耗散的能量，系统将产生自激振动。

三、抑制振动的途径

机械加工中的自激振动既与切削过程有关，又与工艺系统的结构有关。所以减小和消除自激振动可以从以下几方面进行改进：

(1)改善工艺参数

通过选择合理刀具几何参数可以有效减小切削力，从而减小自激振动的幅值。另外，切削用量对自激振动也有显著的影响。实践表明，车削时切削速度 v_c 在 20 ~ 70 m/min 范围内容易产生自激振动。所以可以选择高速或低速切削以避免自振现象的产生。切削时一般当进给量 f 较小时振幅较大，随着 f 的增加振幅减小。所以在加工粗糙度允许的情况下应适当加大 f 以减小自激振动。此外，刀具的几何形状和切削用量都会直接影响重叠系数 μ，从而影响再生颤振的大小。在加工过程中应尽量通过改变刀具的几何形状和切削用量，减小重叠系数 μ，以利于提高机床切削过程的稳定性。

(2)改进系统结构

改善机床加工系统动态特性可以从提高系统的刚度和调整刚度轴方向这两个方面着手。例如装夹过程中尽量让工件加工部位和装夹面靠近；加工细长轴零件时采用跟刀架；在圆柱铣、滚齿和镗孔加工中，尽量增大刀杆直径，缩短刀具悬伸长度等。对于一个二维振动系统，正确布置刚度轴和切削力方向，或正确选定两个刚度轴的刚度 k_1 和 k_2，就可以减小或消除工艺系统的振动。

(3)采用减振装置

当不能或很难从根本上消除自激振动条件时，为了使零件获得稳定的加工表面质量，可以考虑采用附加的减振装置，如阻尼减振器、冲击减振器、动力减振器等。采用减振器可以增加振动运动阻力来消除维持自激振动的能量，达到减振的目的。

第二章　零件的定位与机床夹具

在机床上加工零件时,为了保证加工表面的尺寸、几何形状和相互位置精度等要求,必须进行正确的定位和夹紧。所谓定位是确定工件在机床上或夹具中占有正确位置的过程。所谓夹紧是工件定位后将其固定,使其在加工过程中保持定位位置不变的操作。这整个过程称为工件的装夹(或安装),即装夹是将工件在机床上或夹具中定位、夹紧的过程。

工件在机床上的安装方法主要有直接找正安装(用划针或千分表等测量仪表找正)、画线找正安装和采用夹具安装3种。用以装夹工件和引导刀具的装置就是夹具。采用夹具安装是将工件装到夹具上,不需要对工件进行找正,便能直接得到准确的加工位置的安装。

夹具在机械加工中的主要作用有:保证加工精度,降低工人技术等级;提高劳动生产率,降低生产成本;扩大机床工艺范围(如曲轴夹具);减轻工人劳动强度(如电动、气动夹紧)等。

机床夹具包括通用机床夹具和专用机床夹具。通用机床夹具是指已经作为机床附件的夹具。例如车床上使用的三爪或四爪卡盘、床尾顶尖;铣床上使用的平口虎钳、万能分度头、回转工作台;平面磨床上使用的电磁吸盘等。通常这类夹具已标准化且通用程度高,适用于多种类型不同尺寸工件的安装。它们已由专门厂家生产,广泛用于单件、小批生产中。专用机床夹具是指专为某一工件的某道工序而设计制造的夹具。其结构针对性强,使用方便迅速。但专门夹具需要专门设计,且夹具的制造周期长,产品改型后难以继续使用。因此,专用夹具一般广泛应用于成批及大量生产中。

为了增加夹具适用性,还有可调夹具、组合夹具、随行夹具(可随工件向下道工序输送)等。夹具还可按用途划分为机床夹具、装配夹具、检验夹具;按机床类型划分为车床夹具、磨床夹具、钻床夹具、镗床夹具、铣床夹具等;按夹紧动力来源划分为手动夹具、气动夹具、液压夹具、电动夹具、电磁夹具等。

如图2-1所示为钻床上加工拨叉零件的夹具示意图。V形块、夹紧装置和导向元件安装在夹具体上,夹具体本身安装在钻床工作台上。工件水平方向定位在V形块上,并用夹紧装置夹紧。刀具(钻头)通过导向元件(钻套)引导,加工拨叉零件的内孔。因此,该夹具能够实现定位、夹紧和引导刀具的功能。

虽然各类机床夹具的结构不同,但按其功能分析,一般由定位元件、夹紧机构、导向和对刀元件、夹具体、连接元件等组成。

(1)定位元件

确定工件在夹具中位置的元件,如图2-1中的V形块。

(2)夹紧机构

用来夹紧工件的机构,如图2-1中的螺旋夹紧机构。

(3)导向和对刀元件

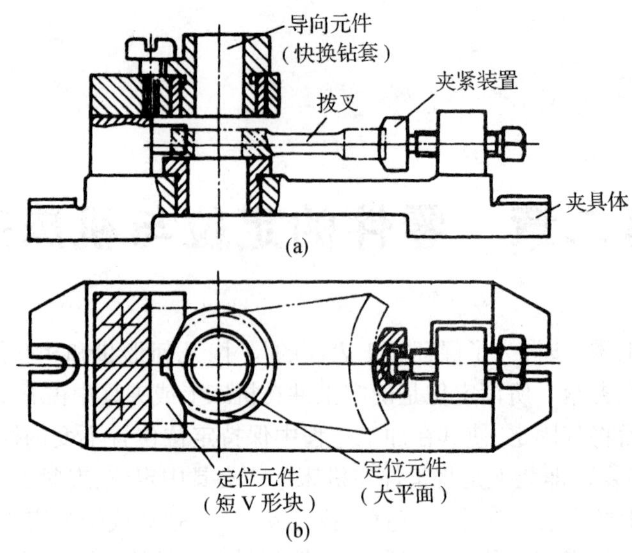

图 2-1　钻床上加工拨叉零件的夹具示意图

导向元件为引导刀具并保证刀具与夹具相互位置关系的元件,如钻孔加工中的钻套,镗孔加工中的镗套等;对刀元件为校正刀具与夹具相对位置的元件,例如铣床夹具中常用的对刀块等。

(4)夹具体

用来连接夹具各元件及装置使其成为整体的基础件,如图 2-1 中的夹具体。

(5)连接元件

用来将夹具与机床有关部位进行连接,以确定夹具相对机床位置的元件,例如车床卡盘的过渡盘等。

有些夹具除了以上结构元件外,还包括其他元件及装置,如分度装置等。

第一节　工件的定位原理

工件在夹具中定位,就是要使同一批工件在夹具中占有相同的正确加工位置。在夹具设计中,定位方案不合理,工件的加工精度就无法保证,因此,工件在夹具中的定位,是夹具设计中首先要解决的问题。

工件的定位问题,实际上是确定工件的空间位置。一般把工件放置在空间直角坐标系中进行分析。物体在空间的位置由 6 个独立方向加以确定,即 3 个坐标轴平移方向(用$\vec{x}$、$\vec{y}$、$\vec{z}$表示)以及绕 3 个坐标轴转动方向(用$\overset{\frown}{x}$、$\overset{\frown}{y}$、$\overset{\frown}{z}$表示),如图 2-2 所示自由度示意图。这 6 个方向称为自由度(不定度)。显然,如果按照图 2-3 中用 6 个支承点对一个物体的 6 个自由度均加以约束,则该物体空间位置就完全确定下来了。

要解决零件的定位问题,首先要明确应该限制该零件哪些自由度。对此举几个例子加以说明。第一个例子如图 2-4(a)所示。铣一个长方形工件上平面,该平面要求和底面保持尺寸和位置关系(即 z 轴方向有尺寸要求),尺寸和位置要求如图 2-4 中标注。假设零件安放在前

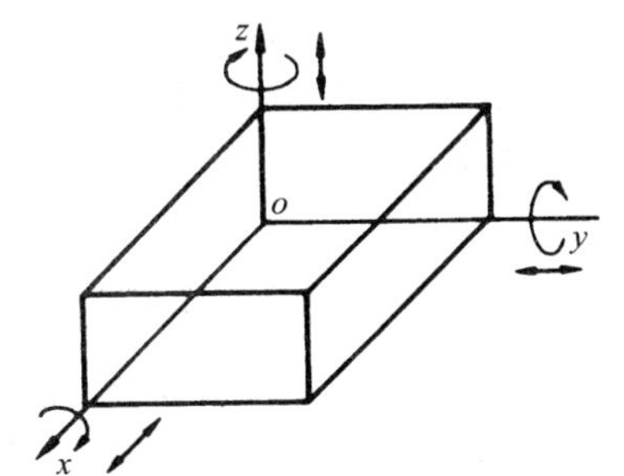

图 2-2　自由度示意图

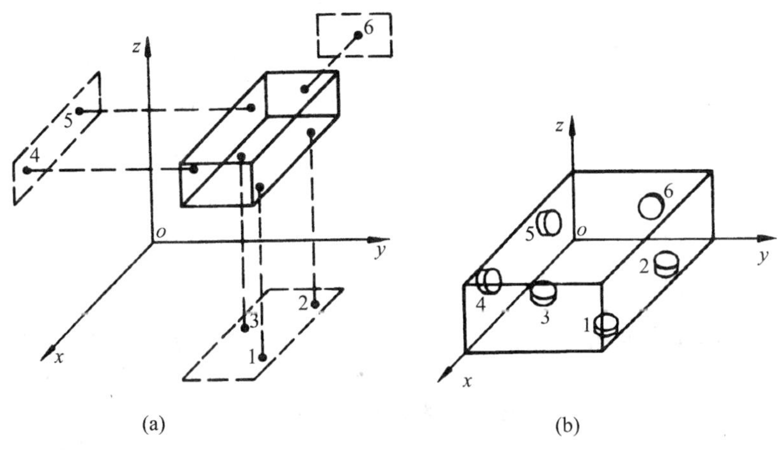

图 2-3　工件的定位分析

面介绍的直角坐标系中，如图 2-4(b)所示。为了保证零件加工尺寸和位置精度，很显然应该限制该零件 $\vec{z}$ 以及 $\overset{\frown}{x}$、$\overset{\frown}{y}$ 这 3 个方向的自由度。至于剩下的 $\vec{x}$、$\vec{y}$ 和 $\overset{\frown}{z}$ 方向的自由度，对加工工件的尺寸和位置精度不会产生影响。

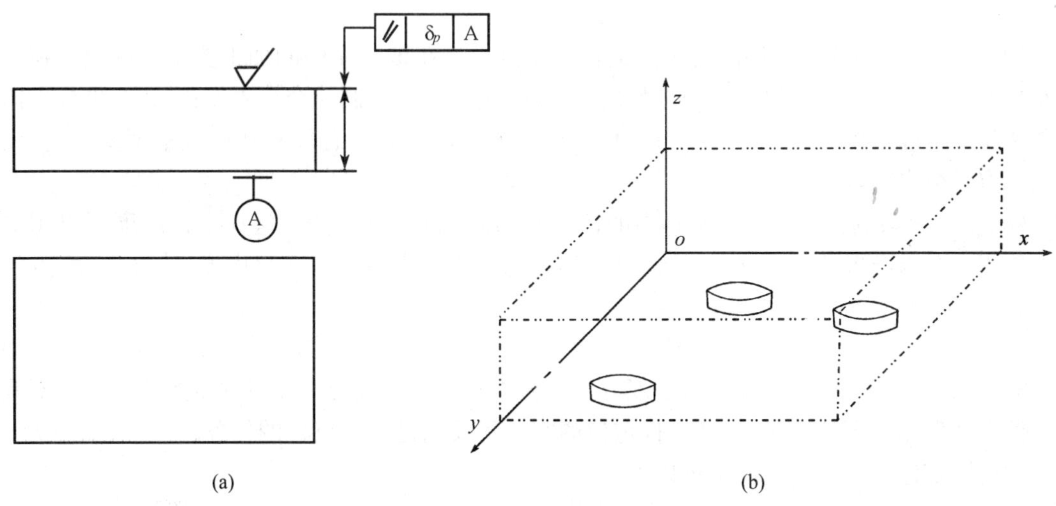

图 2-4　平面加工定位分析

第二个例子如图 2-5(a)所示，在一个长方形工件上铣一条通槽，槽的尺寸和位置要求(即 x 轴和 z 轴方向均有尺寸要求)如图 2-5(a)中标注。为了保证零件加工尺寸和位置精度，很显然应该限制该零件在 $\vec{x}$ 、$\vec{z}$ 以及$\overset{\frown}{x}$、$\overset{\frown}{y}$、$\overset{\frown}{z}$这 5 个方向的自由度，而 $\vec{y}$ 方向的自由度，对加工工件的尺寸和位置精度不会产生影响。

第三个例子如图 2-5(b)所示，在一个长方形工件上铣一条不通槽，槽的尺寸和位置要求(即 x 轴、y 轴和 z 轴方向均有尺寸要求)如图 2-5(b)中标注。为了保证零件加工尺寸和位置精度，显然应该限制该零件在 $\vec{x}$ 、$\vec{y}$ 、$\vec{z}$ 以及$\overset{\frown}{x}$、$\overset{\frown}{y}$、$\overset{\frown}{z}$这所有 6 个方向的自由度，如果其中任何一个自由度未被限制，均会对加工工件的尺寸或位置精度产生影响。

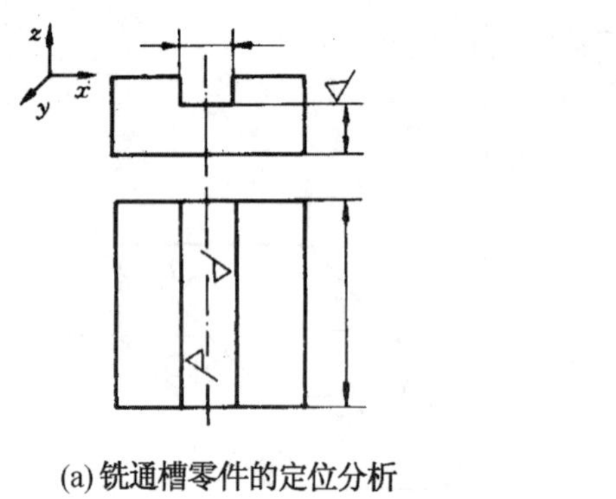

(a) 铣通槽零件的定位分析

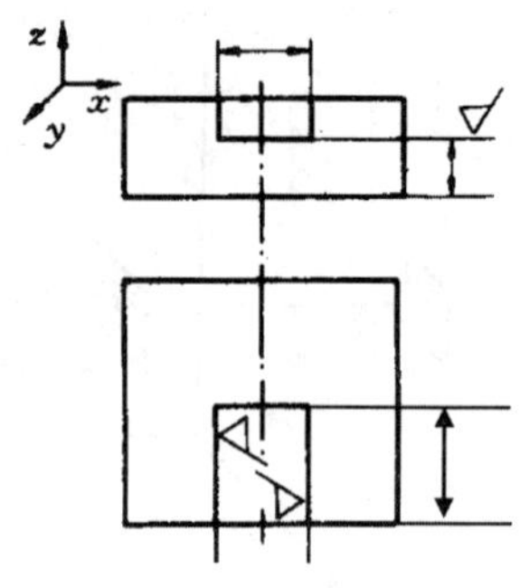

(b) 铣不通槽零件的定位分析

图 2-5　零件的定位分析

上述铣不通槽零件时，工件的 6 个自由度均被夹具的定位元件所限制，使工件在夹具中处于完全确定的位置，称为完全定位。而上述铣平面和铣通槽零件时，按加工要求允许有一个或几个自由度未被限制的定位，称为不完全定位(部分定位)。

根据以上分析，可以归纳出以下定位原理：

(1)工件的位置变动可以反映在直角坐标系中，用定位支承(支承点)限制工件自由度的方式加以分析。

(2)工件定位时应该限制的自由度数目应该由工件在该工序中的加工要求所决定。在加工时只有一个坐标方向的尺寸和位置精度要求时，至少应该限制 3 个自由度；有 2 个坐标方向尺寸和位置精度要求时，要限制 5 个自由度；在 3 个坐标方向均有尺寸和位置精度要求时，要限制所有 6 个自由度。

(3)要完全限制工件放置在夹具中的位置必须限制 6 个自由度，这 6 个自由度可以用夹具上按一定要求布置的 6 个支承点来约束，其中每个支承点限制一个自由度，故称为“六点定位原理”。

(4)定位是指将工件安放于夹具中并和定位元件(如支承点)接触所确定的位置状态，即工件能根据定位元件确定在某个自由度方向的位置。需要注意定位和夹紧的区别，定位不是指工件在外力作用下被固定；保证工件定位的牢固可靠则是夹紧机构的任务。

在运用定位原理时可能会出现以下问题：

(1)欠定位

欠定位(定位不足)是指工件定位时，支承点所限制的自由度数目少于工件的工序加工要求必需限制的自由度数目。欠定位的结果将无法保证该工序的加工要求。如图 2-6(a)所示，铣一个零件的台阶面，如果只用一个平面作定位元件，则由于 $\vec{x}$ 和 $\overset{\frown}{z}$ 自由度未被限制而产生尺寸和位置误差。改正后的定位方案如图 2-6(b)所示。

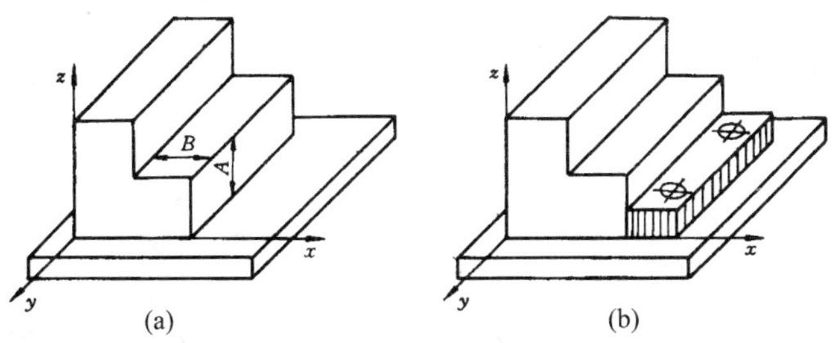

图 2-6　欠定位举例

但在单件小批量生产情况下，为了简化夹具结构或其他某种原因，通常有意不用定位元件来限制某一自由度，而用毛坯上的线痕或利用画线痕限制该自由度。

(2)过定位

过定位(重复定位)是指工件上的某一个自由度被几个点支承重复限制的现象。如图 2-7(a)所示，零件定位时，2 个孔均采用短圆柱销作定位元件，则由于 $\vec{y}$ 自由度被 2 个定位圆柱销重复限制而产生过定位，过定位会造成定位元件间的干涉，引起工件或夹具的变形(由于误差)，导致该零件在 y 方向位置不确定，形成定位误差。改正后的定位方案如图 2-7(b)所示。

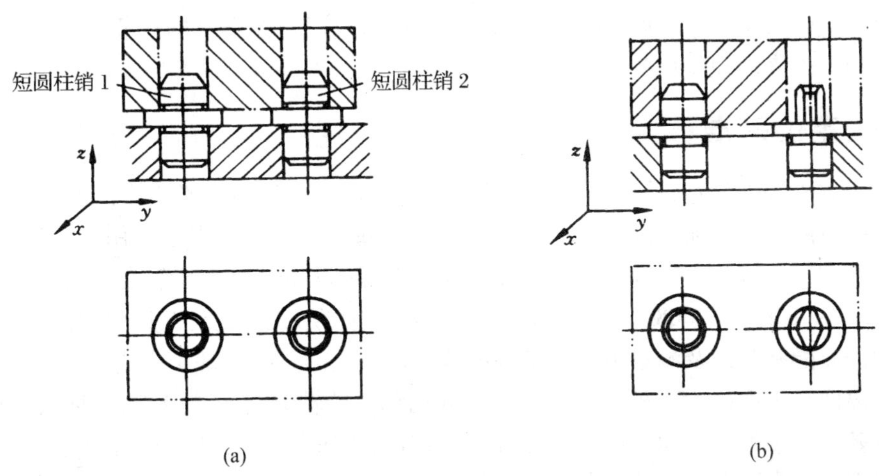

图 2-7　过定位举例

但在一定条件下，形式上看起来是过定位，但在重复限制相同的自由度的支承点之间，并未互相干涉，则这种过定位方式仍可用。例如在粗加工的平面定位中，采用 4 个支承钉或 2 个支承板，其目的是提高工件在加工中的刚性和稳定性，保证加工精度，如图 2-8 所示为粗加工的平面定位。

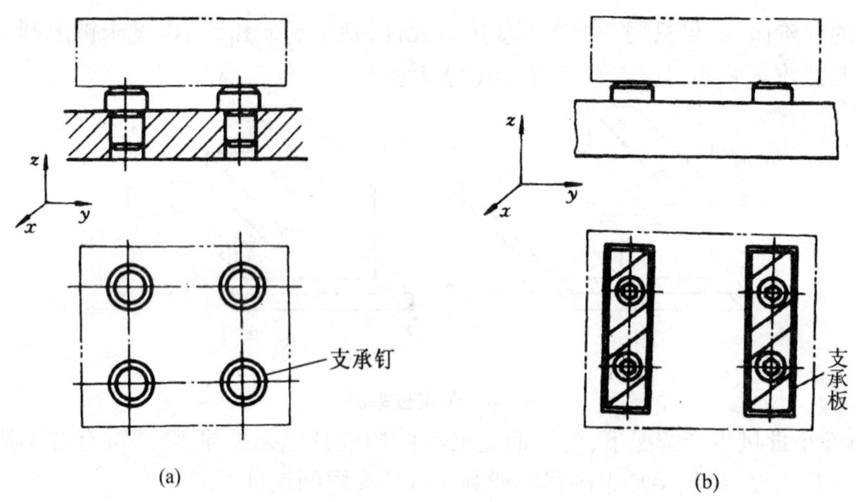

图 2-8 粗加工的平面定位

第二节 定位基准和定位元件

夹具设计过程中，在确定了零件应该限制的自由度后，接下来的任务就是要选择和设计相应的定位元件来实现零件的定位。

一、定位基准

为了方便说明问题，首先介绍有关基准的概念。基准是用来确定生产对象上几何要素间的几何关系所依据的那些点、线、面。按照零件的基准在生产过程中的用途，可以将基准分为设计基准和工艺基准。设计基准是设计图样所采用的基准，工艺基准是在工艺过程中所采用的基准（GB/T4863—2008）。工艺基准包括工序图中的工序基准、夹具图中的定位基准、装配工序中的装配基准以及测量中的测量基准等。定位基准是指在加工中用作定位的基准。例如当工件以回转表面（如孔、外圆等）定位时，我们称它的轴线为定位基准，而回转表面本身则称为定位基面。工件以平面定位时，其定位基面与定位基准可以是同一个表面。

根据基准表面的加工状况，一般将基准划分为粗基准和精基准。粗基准用未经机械加工过的表面作为定位基准。精基准则采用经过机械加工过的表面作为定位基准。

根据定位基面的几何形状，可分为平面、外圆柱面、内圆柱面、锥面等。夹具设计中应根据工件上已被选作定位基准的表面形状，采用相应结构的定位元件。以下介绍工件以平面定位、工件以外圆柱面定位、工件以内孔定位以及工件上的两孔一面定位时的定位元件。

二、定位元件的选择

（一）工件以平面定位

工件以平面定位时，所用的定位元件可分为基本支承和辅助支承两类。基本支承用来限制工件的自由度，具有独立的定位作用；辅助支承可以减少工件变形或增加加工过程中的稳定性,但不起限制自由度的作用。

1. 基本支承

基本支承有固定支承、可调支承和自位支承三种。

(1)固定支承

固定支承有支承钉和支承板两种,在使用过程中它们的位置都是固定不动的。支承钉包括平头支承钉、圆头支承钉和网纹顶面支承钉 3 种,支承钉种类如图 2-9 所示。当以工件已加工表面定位时,可采用平头支承钉;而球头(圆头)支承钉主要用于毛坯面定位,齿纹(网纹)支承钉主要用于工件的侧面定位,它能增大摩擦系数,防止工件滑动。

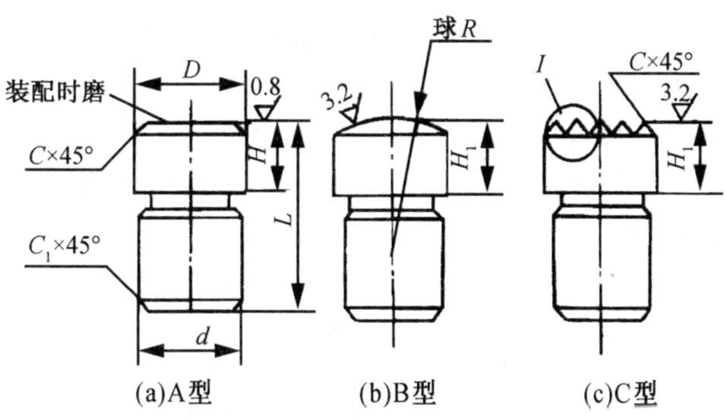

图 2-9　支承钉种类

支承板结构简图如图 2-10 所示,其中图 2-10(a)中的支承板结构简单,制造方便,但孔边切屑不易清除干净,故适用于工件以侧面或顶面定位。图 2-10(b)中的支承板有斜槽,便于清除切屑,适用于工件以底面定位的情况。支承钉和支承板均已标准化,其公差配合、材料、热处理等可查阅机床夹具零件及部件国家标准。

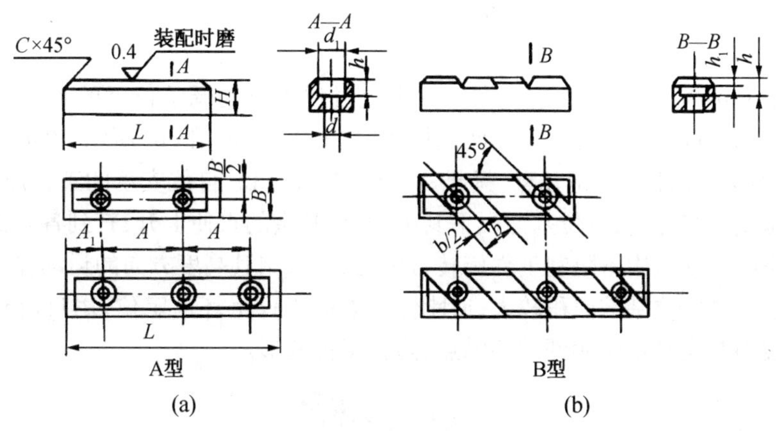

图 2-10　支承板结构简图

对于支承钉定位方式,为了保证定位精度,要合理布置三个支承钉的位置,使三者之间构成尽可能大的支承三角形。采用多块支承板定位平面时,为了使它们保持在同一平面上,在装配后应将其顶部再磨一次。除了以上平面定位方式外,还可根据具体工件平面特点设计支承平面。当工件批量不大时也可直接用夹具体作为平面定位元件。

(2)可调支承

可调支承是指高度可以调节的支承,可调支承结构如图 2-11 所示,一般由螺钉和螺母组成。支承高度调整好后,要注意用锁紧螺母锁紧,以防在使用过程中可调支承松动造成高度变化。可调支承主要用在毛坯质量不高,而又以粗基准定位时。其特别适用于在夹具上加工形状相似而尺寸不等的工件,因而应用于中小批量生产或者系列化产品生产,做到一具多用。例如图 2-12 所示是在同一直径的轴上铣键槽,键槽的宽度也相同,但键槽在轴上的位置不同,轴的长度也可能不同。这种类型的轴的夹具就可以设计可调支承形式。

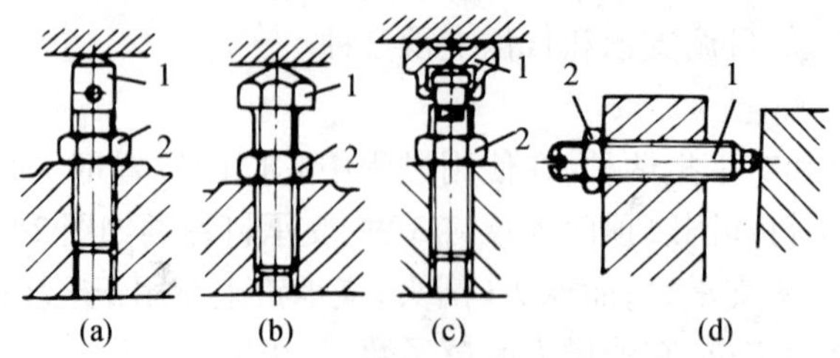

图 2-11 可调支承结构

1—可调支承钉;2—锁紧螺母

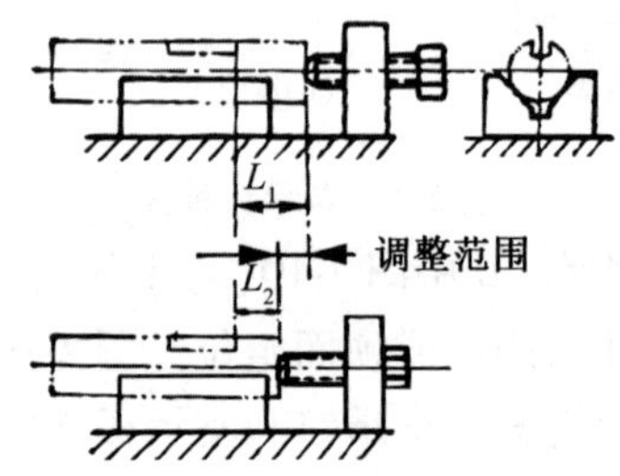

图 2-12 可调支承应用

(3) 自位支承

自位支承又称为浮动支承,是能在工件定位过程中自动调整位置的支承,用于粗基准定位。自位支承和工件定位基面可以是两点接触,如图 2-13(a)和(b)所示,也可以是三点接触,如图 2-13(c)所示,但不论它是几点,只起一个点支承作用。自位支承的工作原理是当工件定位基面和自位支承接触后,定位基面压下其中一点,其余的点便上升,直到各点都与工件接触。定位支承本身的浮动机构不限制工件旋转自由度,只限制其高度方向的运动,故只限制了一个自由度。对于工件定位基准面积较大,或刚性较差的工件毛坯面定位,用自位支承后,可以增加工件支承表面与夹具定位元件的接触点,防止工件变形。

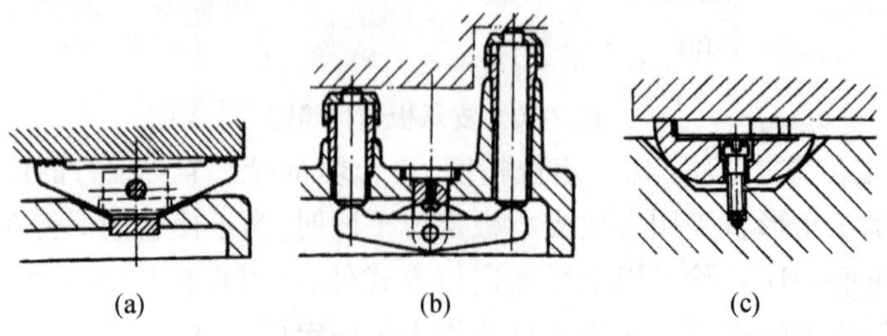

图 2-13 自位支承结构

2. 辅助支承

辅助支承是用来提高定位后工件的装夹刚度和稳定性的支承，它本身不起定位作用，即辅助支承不限制工件的任何自由度。辅助支承的形式如图 2-14 所示。如图 2-14(a)所示为螺旋式辅助支承，常用于小批或单件生产。如图 2-14(b)所示为自位式辅助支承，支承销 2 靠弹簧 3 的压缩力与工件接触，然后通过螺杆拧紧，通过顶紧销 1 顶紧螺杆，防止松脱。这种结构可用于较大批量的生产。如图 2-14(c)所示为推引式辅助支承，工件定位后，推动手轮 6 使滑销 4 与工件接触，然后转动手轮 6 使斜楔 5 开槽部分胀开而锁紧。推引式辅助支承主要用于大型工件。

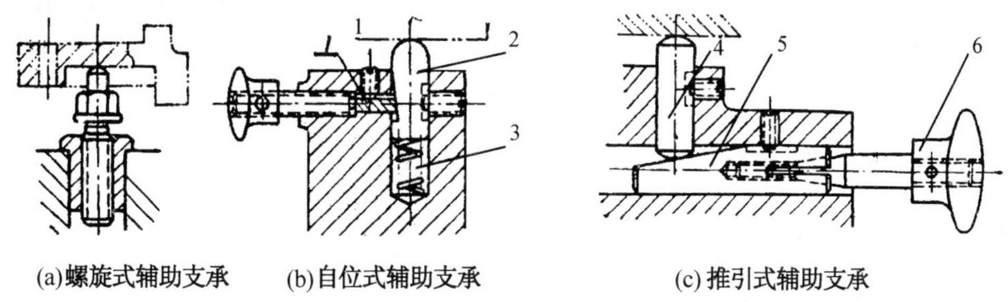

(a)螺旋式辅助支承　(b)自位式辅助支承　(c)推引式辅助支承

图 2-14　辅助支承的形式

1—顶紧销；2—支承销；3—弹簧；4—滑销；5—斜楔；6—手轮

工件以平面定位时，典型的定位元件的定位分析如表 2-1 所示。

表 2-1　典型的定位元件的定位分析(平面定位)

定位元件				
支承钉	定位情况	1 个支承钉	2 个支承钉	3 个支承钉
	图示	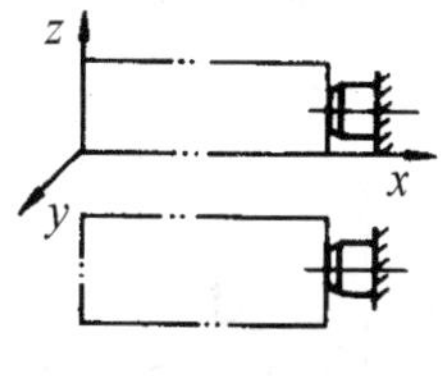	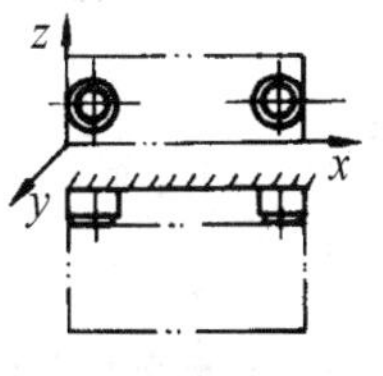	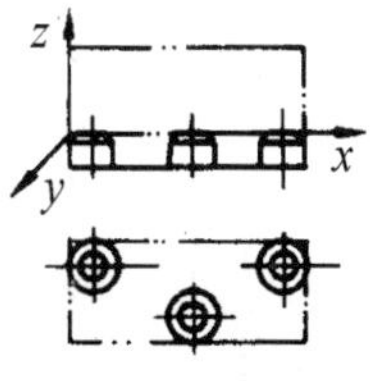
	限制自由度	$\vec{x}$	$\vec{y}$　$\overset{\frown}{z}$	$\vec{z}$　$\overset{\frown}{x}$　$\overset{\frown}{y}$
支承板	定位情况	1 块条形支承板	2 块条形支承板	1 块矩形支承板
	图示	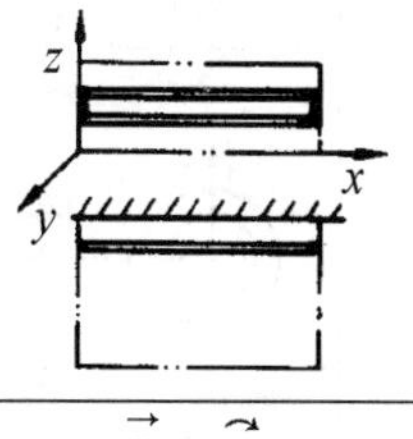	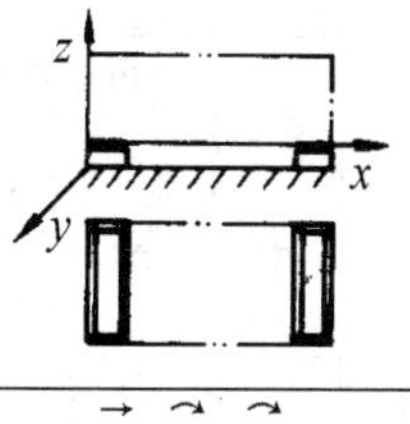	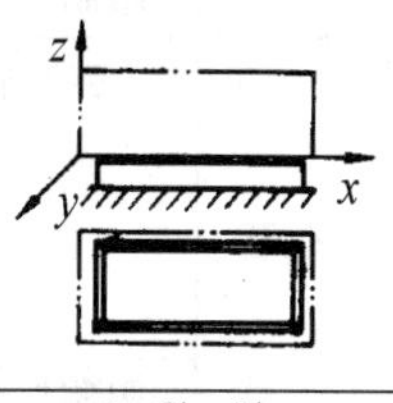
	限制自由度	$\vec{y}$　$\overset{\frown}{z}$	$\vec{z}$　$\overset{\frown}{x}$　$\overset{\frown}{y}$	$\vec{z}$　$\overset{\frown}{x}$　$\overset{\frown}{y}$

(二)工件以外圆柱面定位

工件以外圆柱面作定位基准时，可用圆柱孔、半圆孔座或 V 形块定位，其中以 V 形块应用最广。V 形块既适用于完整的圆柱面定位,也适用于不完整的圆柱面定位。V 形块材料可用 20 号钢,经渗碳淬火表面硬度达 HRC60 左右。当工件定位基准直径很大时,可以用铸铁作底座,在定位面上镶装淬硬支承板或硬质合金。V 形块两斜面夹角有 60°、90°和 120°三种,夹角为 90°的 V 形块应用最广。

用 V 形块定位时,若圆柱表面与 V 形块接触线较长,则限制四个不定度($\vec{x}$ 、$\vec{z}$ 以及 $\overset{\frown}{x}$、$\overset{\frown}{z}$);若接触线较短,则限制两个不定度($\vec{x}$ 、$\vec{z}$)。V 形块具有对中作用,工件在水平方向没有定位误差,但在垂直方向则不然,在垂直方向误差受工件直径误差影响。V 形块在夹具中可以组合使用,但要防止过定位现象。如图 2-15 所示为一种加工连杆孔的定位方式,固定 V 形块限制 2 个自由度,活动 V 形块只限制一个转动自由度,其沿 V 形块对称面方向不限制自由度,仅起到夹紧的作用。

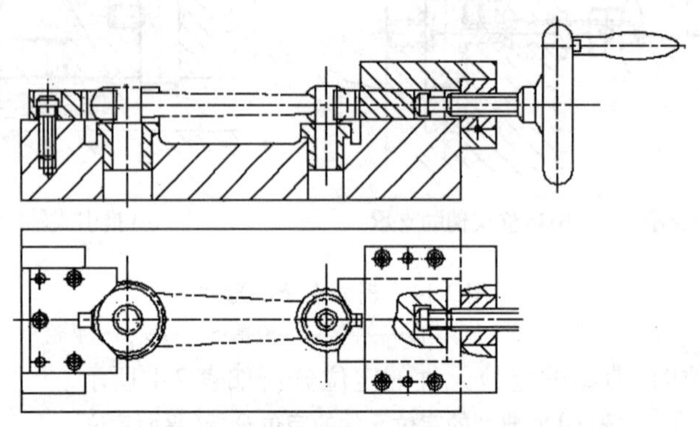

图 2-15 加工连杆孔的定位方式

工件以外圆表面定位时,典型的定位元件的定位分析如表 2-2 所示。

表 2-2 典型的定位元件的定位分析(外圆表面定位)

定位元件				
V 形块	定位情况	1 个短 V 形块	2 个短 V 形块	1 个长 V 形块
	图示	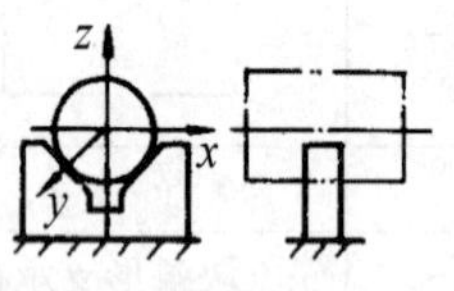	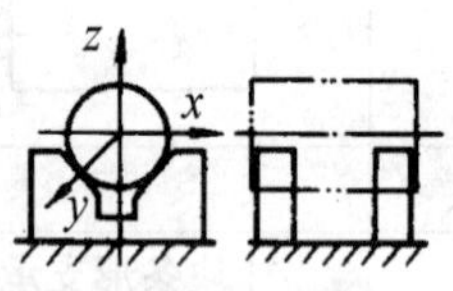	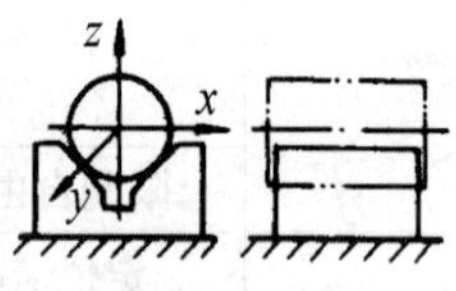
	限制自由度	$\vec{x}$ $\vec{z}$	$\vec{x}$ $\vec{z}$ $\overset{\frown}{x}$ $\overset{\frown}{z}$	$\vec{x}$ $\vec{z}$ $\overset{\frown}{x}$ $\overset{\frown}{z}$
定位套	定位情况	1 个短定位套	2 个短定位套	1 个长定位套
	图示	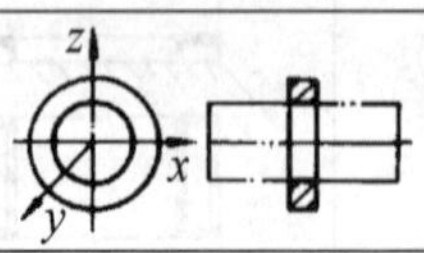	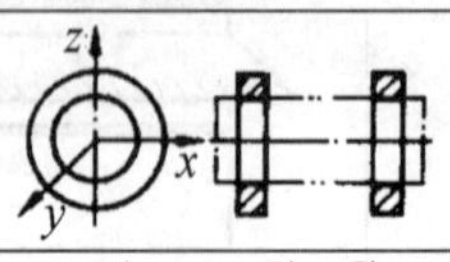	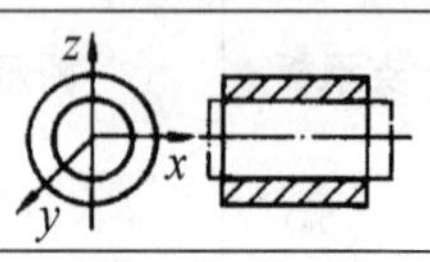
	限制自由度	$\vec{x}$ $\vec{z}$	$\vec{x}$ $\vec{z}$ $\overset{\frown}{x}$ $\overset{\frown}{z}$	$\vec{x}$ $\vec{z}$ $\overset{\frown}{x}$ $\overset{\frown}{z}$

(三)工件以内孔定位

工件以内孔定位时,主要定位元件有定位销、心轴、圆锥销和锥度心轴等。

1. 圆柱定位销

圆柱定位销有固定式和可换式,如图 2-16 所示为圆柱定位销的形式。如图 2-16(a) ~(c)所示为固定式定位销。如图2-16(d)所示为可换式定位销。当定位销直径 $\Phi \leqslant 10$ mm 时,为了增加刚性,在定位销的根部倒成圆角 R。在夹具体上设有沉孔,使定位销的圆角部分沉入孔内而不影响定位。大批量生产时,为了便于定位销的更换,可采用可换式定位销。定位销的有关参数可以查阅有关国家标准。

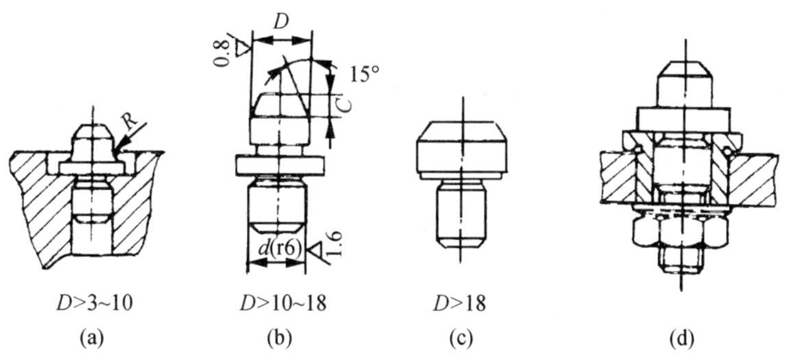

图 2-16　圆柱定位销的形式

定位销按工件孔与定位销接触长度分为长、短两种。长圆柱销限制四个自由度($\vec{x}$ 、$\vec{y}$ 以及$\overset{\curvearrowright}{x}$、$\overset{\curvearrowright}{y}$)。短圆柱销限制两个自由度($\vec{z}$ 、$\vec{y}$)。

2. 心轴

心轴两端有带护锥的顶尖孔,用以支承在机床上的顶尖上。心轴定位主要用于车床、磨床、铣床和齿轮加工机床上。心轴的形式有间隙配合心轴、过盈配合心轴、花键心轴、锥度心轴等。

如图 2-17 所示为常用的圆柱心轴。如图 2-17(a)所示为间隙配合心轴。心轴的基本尺寸取工件孔的最小尺寸,公差一般按 h6、g6 或 f6 制造,这种心轴装卸方便,但定心精度不高。如

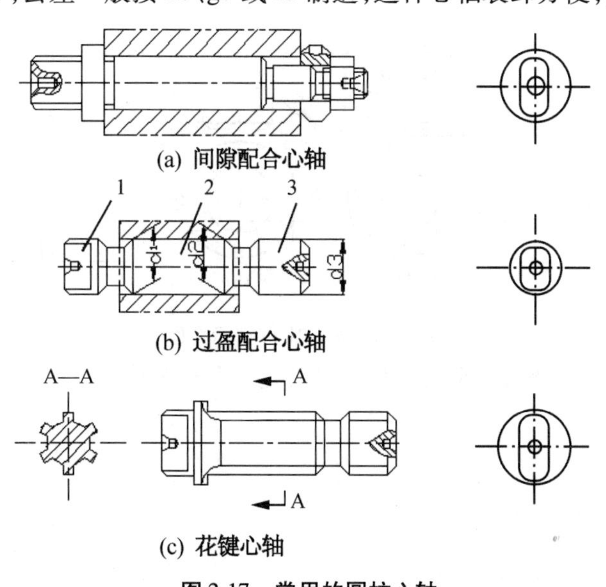

(a) 间隙配合心轴

(b) 过盈配合心轴

(c) 花键心轴

图 2-17　常用的圆柱心轴

1—传动部分;2—工作部分;3—引导部分

图 2-17(b)为过盈配合心轴。心轴由引导部分、工作部分和传动部分组成。心轴的工作部分与工件孔为过盈配合 H7/r6。当心轴 $L/d>1$ 时,心轴的工作部分应稍带锥度。如图 2-17(c)所示为花键心轴,用于加工花键孔定位的工件。花键和工件的配合要求可以参考上述心轴的设计。

为了消除工件孔与心轴间隙,提高心轴的定位精度,可以用带有锥度的心轴,如图 2-18 所示为工件在锥度心轴上定位。锥度通常做成 1/5 000 ~ 1/1 000。安装后工件在长度 L_k 上与心轴接触。加工时靠摩擦力带动工件,不需另外夹紧。定心精度较高,可达为 0.005 ~ 0.010 mm。

圆柱心轴按工件孔与圆柱心轴接触长度分为长、短两种。长圆柱心轴限制四个自由度($\vec{x}$、$\vec{z}$ 以及 $\overset{\curvearrowright}{x}$、$\overset{\curvearrowright}{z}$)。短圆柱心轴限制两个自由度($\vec{x}$、$\vec{z}$)。

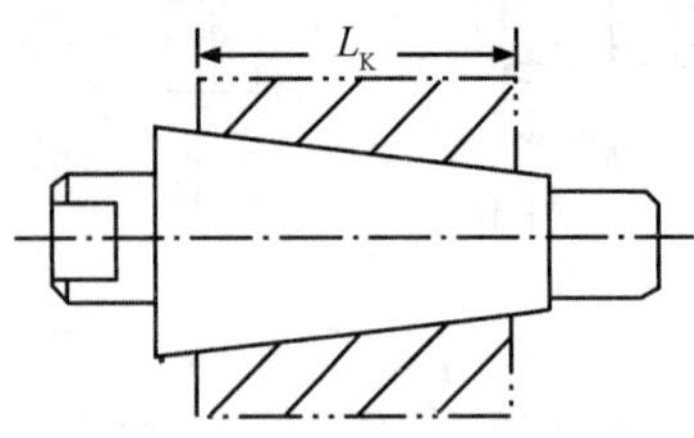

图 2-18 工件在锥度心轴上定位

3. 圆锥销

如图 2-19 所示为圆锥定位销示意图,它限制了 $\vec{x}$、$\vec{y}$、$\vec{z}$ 自由度。如图 2-19(a)所示为用于粗定位基面,如图 2-19(b)所示为用于精定位基面。单独定位易倾斜,一般由其他元件组合定位,定位精度高。

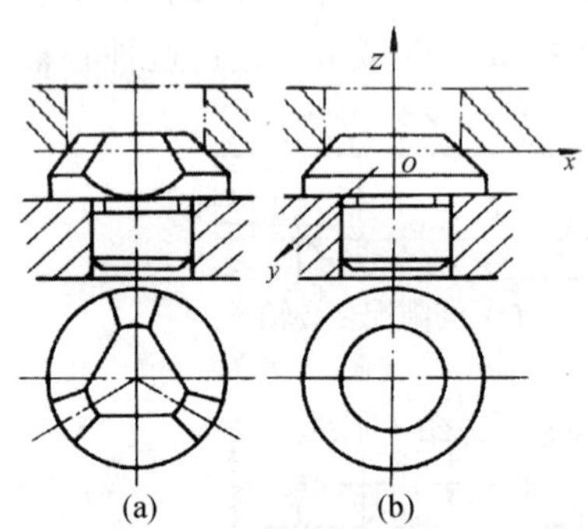

图 2-19 圆锥定位销示意图

工件以内孔表面定位时,典型的定位元件的定位分析如表 2-3 所示。

表 2-3　典型的定位元件的定位分析(内孔表面定位)

定位元件				
圆柱销	定位情况	短圆柱销	长圆柱销	2 个短圆柱销
	图示			
	限制自由度	$\vec{y}$ $\vec{z}$	$\vec{y}$ $\vec{z}$ $\overset{\frown}{y}$ $\overset{\frown}{z}$	$\vec{y}$ $\vec{z}$ $\overset{\frown}{y}$ $\overset{\frown}{z}$
	定位情况	菱形销	长圆柱销小平面组合	短圆柱销大平面
	图示			
	限制自由度	$\vec{z}$	$\vec{x}$ $\vec{y}$ $\vec{z}$ $\overset{\frown}{y}$ $\overset{\frown}{z}$	$\vec{x}$ $\vec{y}$ $\vec{z}$ $\overset{\frown}{y}$ $\overset{\frown}{z}$
圆锥销	定位情况	固定圆锥销	浮动圆锥销	固定与浮动锥销组合
	图示			
	限制自由度	$\vec{x}$ $\vec{y}$ $\vec{z}$	$\vec{y}$ $\vec{z}$	$\vec{x}$ $\vec{y}$ $\vec{z}$ $\overset{\frown}{y}$ $\overset{\frown}{z}$
心轴	定位情况	长圆柱心轴	短圆柱心轴	小锥度心轴
	图示			
	限制自由度	$\vec{x}$ $\vec{z}$ $\overset{\frown}{x}$ $\overset{\frown}{z}$	$\vec{x}$ $\vec{z}$	$\vec{x}$ $\vec{z}$

(四)以工件上的一面两孔定位

成批或大量生产箱体、盖板、机身和气缸盖等零件时,经常应用工件上的两个轴线平行的孔和一个与孔轴线垂直的端平面进行组合定位,简称“一面两孔”定位。这种定位方式简单、可靠,可在同一工件的整个加工过程中适用于较多工序,加工较多表面。

工件以“一面两孔”定位时,平面用支承板定位,两孔用短定位销定位。如图 2-20 所示为两圆柱销定位。但这种定位方式必须解决在销中心连线方向自由度被两个定位销重复限制的问题。设工件两孔的直径分别为 $D_{1\ 0}^{\ +\delta D_1}$、$D_{2\ 0}^{\ +\delta D_2}$,孔心距为 $L \pm \delta L_D$,夹具上两销直径分别为 $d_{1\ -\delta d_1}^{\ 0}$、$d_{2\ -\delta d_2}^{\ 0}$,销中心距为 $L \pm \delta L_d$,定位销与两孔配合的最小间隙为 Δ_1 和 Δ_2。因此,要保证一批工件都能装入定位销,应按下式确定定位销 1 和定位销 2 的直径。

定位销 1 的最大直径:$d_1 = D_1 - \Delta_1$

定位销 2 的最大直径:$d_2 = D_2 - \Delta_2 - 2(\delta L_D - \delta L_d)$

如图 2-21 所示,由于销 2 直径减小较多,两定位孔与两定位销可能上下偏移接触,使工件

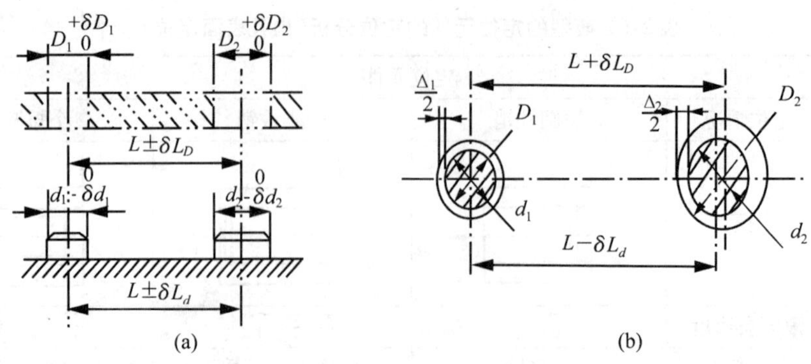

图 2-20　两圆柱销定位

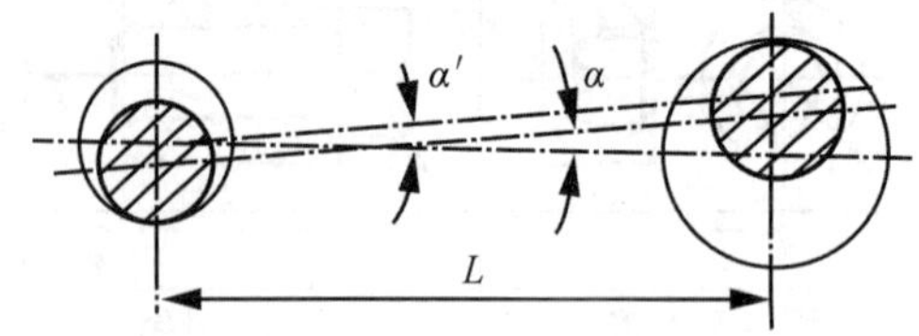

图 2-21　两圆柱销定位角度误差

上两孔中心连线与夹具上两销中心连线偏转一个角度,即产生较大的角度误差,影响工件定位精度。为了做到既减小角度误差,又使工件能顺利进行安装,则通常将第二个圆柱销两边削去使之成为菱形销(削边销),如图 2-22 所示。

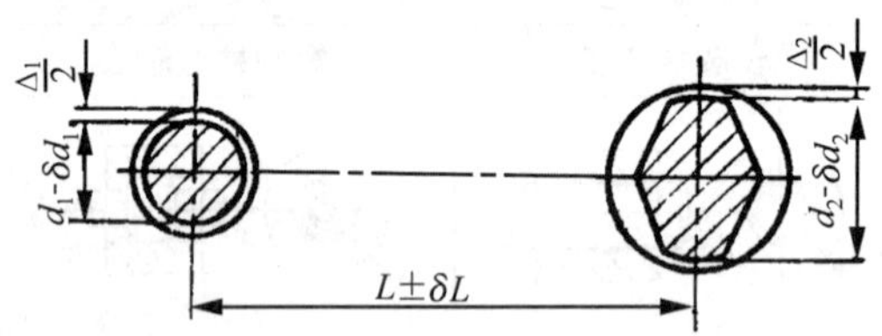

图 2-22　一圆柱销与一菱形销定位

这样,菱形销直径 d_2 可以做得尽可能大,只要保证与孔 2 之间有必要的最小配合间隙 Δ_2 即可。显然比前面的方法减小了角度误差。菱形销的长轴应垂直于两销轴的轴心连线,这样可保证在连心线方向补偿孔心距和销中心距误差,使工件易于顺利安装且定位较准确。此时的菱形销只限制工件的一个转动自由度,不会像前者那样产生过定位的问题。

第三节　定位误差分析

在设计夹具安装和加工工件时,除了根据定位要求确定定位元件,还需要考虑夹具使用时影响加工精度的因素并进行误差分析。夹具设计需要考虑的误差形式主要包括:

(1)定位误差 $\sigma_{定}$

定位误差是指由于定位不准确而造成的设计基准相对加工面的位置变动。它包括基准位置(位移)误差和基准不重合误差。

基准位移误差(基准位置误差)是指由于工件定位基准、夹具定位元件定位面的制造误差和两者的配合间隙,所造成的定位基准相对其理想位置的尺寸变动。基准不重合度误差是指由于定位基准与设计基准或工序基准不重合,而引起的一批工件的设计基准相对于定位基准的尺寸变动。

(2)导向误差 $\sigma_{调}$

夹具的定位元件与对刀或导向元件之间的位置不准确引起的误差。

(3)夹具安装误差 $\sigma_{安}$

夹具在机床上安装,一般靠定位键保证它与机床间的相对位置。若定向元件(定位键)与定位元件之间有误差,也会引起加工误差,称为夹具的安装误差。

为了保证工件的加工精度,必须考虑以上所有误差的综合影响,使其不超出工件所允许的公差 $\sigma_{工件}$。在这些误差形式中,定位误差对加工精度影响十分显著,在确定夹具定位方案时,一般取定位误差为加工允许公差的 1/3 比较合适。下面结合实例介绍定位误差的分析方法。

一、工件以平面定位的误差分析

工件以平面定位时,由于加工工艺要求,常常出现定位基准和设计基准不重合现象,由此形成定位误差。如图 2-23 所示为在矩形工件上铣台阶的工序定位示意图。设计图纸上用尺寸 A_1 标注台阶高度,表明台阶在高度方向上的设计基准是工件的上平面。但在铣台阶加工中,台阶面最好朝上,用工件下表面为定位表面更牢固和方便,因此在加工中根据尺寸 A_3 调整铣刀高度加工台阶,A_1 尺寸在加工完后可间接得到。由于每个工件高度尺寸 A_2 存在尺寸误差 δA_2,即设计基准和定位基准间存在 δA_2 大小的位置误差。加工完一批工件后 A_1 尺寸由于设计基准和定位基准间的位置误差(基准不重合误差)而形成的定位误差,其大小 $\sigma_{定}=\delta A_2$。

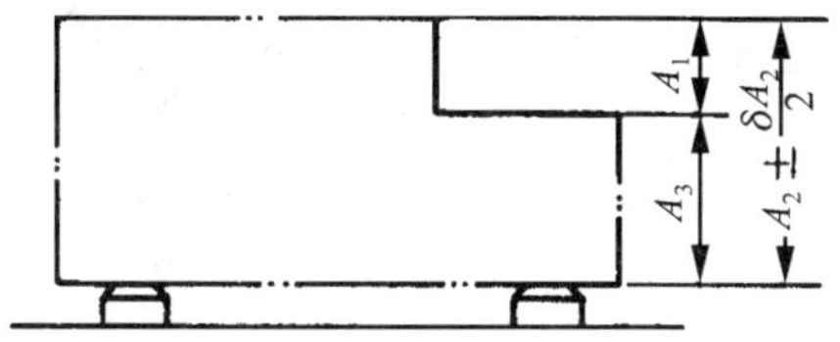

图 2-23　在矩形工件上铣台阶的工序定位示意图

在平面定位中,如果工件定位基准和夹具定位元件的定位面存在制造误差,会因为定位基准相对其理想位置的尺寸变动而形成基准位移误差。如图 2-24 所示为一个在矩形工件上铣台阶的基准位移误差。在水平方向上,如果设计图纸上用尺寸 A_3 标注台阶面水平方向的位置,表明台阶在水平方向上的设计基准是工件的左端平面。在夹具定位中,工件也是以左端平面作为定位面,所以此时定位基准和设计基准重合,不存在基准不重合误差。如果左端基准面在制造中存在一个角度误差 $\pm\Delta\alpha$,若测量位置在左端平面的上端,则这个测量点的变动范围是 $2(H-h)\tan\Delta\alpha$。加工完一批工件后台阶面由于左端基准面误差(基准位移误差)而形成定位误差为 $\sigma_{定}=2(H-h)\tan\Delta\alpha$。

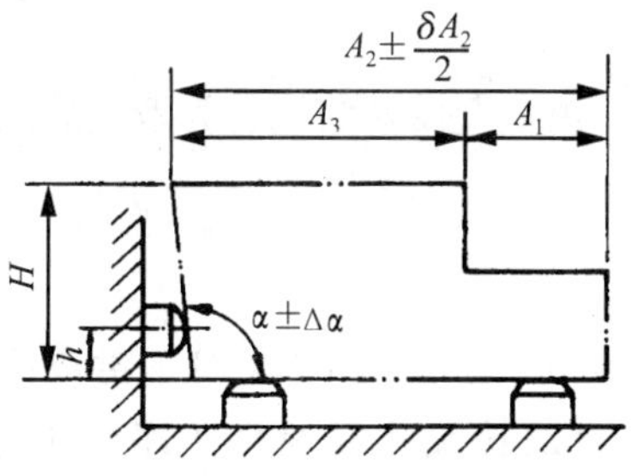

图 2-24　在矩形工件上铣台阶的基准位移误差

在上例中，在水平方向上，如果设计图纸上用尺寸 A_1 标注台阶面水平方向的位置，则除了存在基准位移误差，还存在基准不重合误差。由于设计基准和定位基准间位置误差为 δA_2，所以基准不重合误差大小为 δA_2。此时零件的定位误差是基准位移误差和基准不重合误差之和，即 $\sigma_{定} = \delta A_2 + 2(H-h)\tan\Delta\alpha$。

二、工件以外圆表面定位的误差分析

在工件以外圆柱面作定位基准时，常采用 V 形块作为定位元件。V 形块具有很好的对中作用，即工件在水平方向没有定位误差，但在垂直方向则不然，因此常常要对垂直方向定位误差进行分析。V 形块定位误差分析如图 2-25 所示，在圆柱形工件上铣一个平面，有三种工序尺寸标注方法：H_1、H_2 和 H_3，其基准分别为 A、B 和 O。假设工件直径误差为 δd，其导致基准分别变为 A'、B' 和 O'，如图 2-25 所示，从而引起定位误差。下面对这三种工序尺寸标注方法引起的误差进行分析和比较。

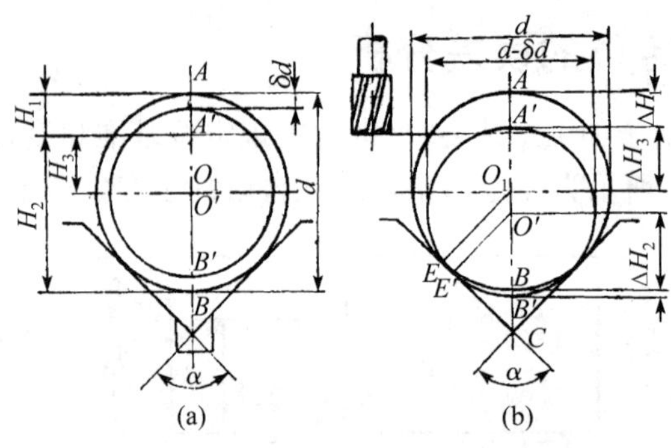

图 2-25　V 形块定位误差分析

(1)按尺寸 H_1 标注工序尺寸的情况

为了了解基准(A 点)变动情况，可以在 V 形块上找一个参考点，例如 V 形块两定位表面的交点 C。基准 A 点至参考点 C 的距离为

$$l_{CA} = l_{OA} + l_{CO}$$

$$= \frac{d}{2} + \frac{d}{2} \cdot \frac{1}{\sin\frac{\alpha}{2}} = \frac{d}{2}\left(1 + \frac{1}{\sin\frac{\alpha}{2}}\right)$$

由于直径 d 的误差为 δd，而引起 CA 尺寸的变动量为 Δ_{H_1}，即定位误差为

$$\Delta_{H_1} = \delta_{OA} + \delta_{CO} = \frac{\delta d}{2}\left(1 + \frac{1}{\sin\frac{\alpha}{2}}\right)$$

式中，δ_{OA} 误差是由于基准不重合造成的，δ_{CO} 误差是由于基准位移误差造成的。

(2)按尺寸 H_2 标注工序尺寸的情况

此时基准为 B 点，基准 B 点至参考点 C 的距离为

$$l_{CB} = l_{CO} - l_{BO}$$

$$= \frac{d}{2} \cdot \frac{1}{\sin\frac{\alpha}{2}} - \frac{d}{2} = \frac{d}{2}\left(\frac{1}{\sin\frac{\alpha}{2}} - 1\right)$$

由于直径 d 的误差为 δd，而引起 CB 尺寸的变动量为 ΔH_2，即定位误差为

$$\Delta_{H_2} = \delta_{CO} - \delta_{BO} = \frac{\delta d}{2}\left(\frac{1}{\sin\frac{\alpha}{2}} - 1\right)$$

其中，δ_{BO}误差是由于基准不重合造成的，δ_{CO}误差是由于基准位移误差造成的。

(3)按尺寸 H_3标注工序尺寸的情况

此时基准为 O 点，基准 O 点至参考点 C 的距离为

$$l_{CO} = \frac{d}{2}\cdot\frac{1}{\sin\frac{\alpha}{2}}$$

由于直径 d 的误差为 δd，而引起 CO 尺寸的变动量为 ΔH_3，即定位误差为

$$\Delta_{H_3} = \delta_{CO} = \frac{\delta d}{2}\frac{1}{\sin\frac{\alpha}{2}}$$

其中，δ_{CO}误差是由基准位移误差造成的，此时没有基准不重合误差。

比较以上 3 种工序尺寸标注方法，可以看出 $\Delta H_1 > \Delta H_3 > \Delta H_2$，即把 V 形块工艺基准设在 B 点时的定位误差最小。当 α 为 90°时，$\Delta H_1 = 1.207\delta d$，$\Delta H_2 = 0.207\delta d$，$\Delta H_3 = 0.707\delta d$。

三、工件以内孔表面定位的误差分析

工件以内孔表面定位时常采用圆柱销或心轴作为定位元件。在定位时，工件由于定位基面(内孔)与夹具上的定位元件(圆柱销或心轴)限位表面(限位基准)的制造公差和最小配合间隙的影响，定位基准和限位基准不重合，从而使一批不同孔径工件的位置不一致，给加工尺寸造成基准位移误差。下面以定位销定位为例说明其误差分析方法。

定位销定位时产生的定位误差情况如图 2-26 所示。设工件孔的尺寸为 $D_0^{+\delta D}$，定位销的尺寸为 $d_{-\Delta-\delta d}^{-\Delta}$。显然，当孔直径为最大($D_{\max} = D + \delta D$)，定位销直径为最小($d_{\min} = d - \Delta - \delta d$)时，孔的轴线相对于定位销轴线的最大偏移量即为定位误差。当定位销轴线水平布置时，工件

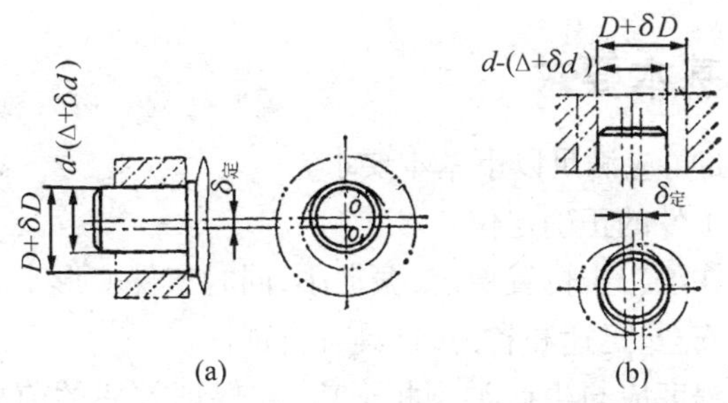

图 2-26　定位销定位时产生的定位误差情况

因自重而使圆孔壁与定位销上母线接触，如图 2-26(a)所示，定位误差 $\delta_{定}$为

$$\delta_{定} = OO_1 = \frac{1}{2}(D_{\max} - d_{\min}) = \frac{1}{2}(\delta D + \delta d + \Delta)$$

当定位销垂直放置时，孔的轴线可以在任意方向偏移，如图 2-26(b)所示。这时定位误差 $\delta_{定}$为

$$\delta_{定} = \delta D + \delta d + \Delta$$

采用心轴时的定位误差分析和定位销的分析方法相似。

四、工件以一面两孔定位的误差分析

以一面两孔定位时，如果采用一面两销定位，两销和两孔的中心距误差由菱形销来补偿。平面内的基准位移误差由定位基准孔直径 D_1 和短圆柱定位销直径 d_1 之间的配合间隙和制造误差决定。这时和单孔定位情况相似，在任意方向上的基准位移误差为

$$\delta_{基准位移} = \delta D_1 + \delta d_1 + \Delta_1$$

由于定位孔和定位销的配合间隙和制造误差，工件两孔安装后的中心连线发生偏转而产生转角误差 α，如图 2-27 所示为一面两销定位时的角度误差。最大转角误差 α_{max} 为

$$\tan\alpha_{max} = \frac{\delta D_1 + \delta d_1 + \Delta_1 + \delta D_2 + \delta d_2 + \Delta_2}{2L}$$

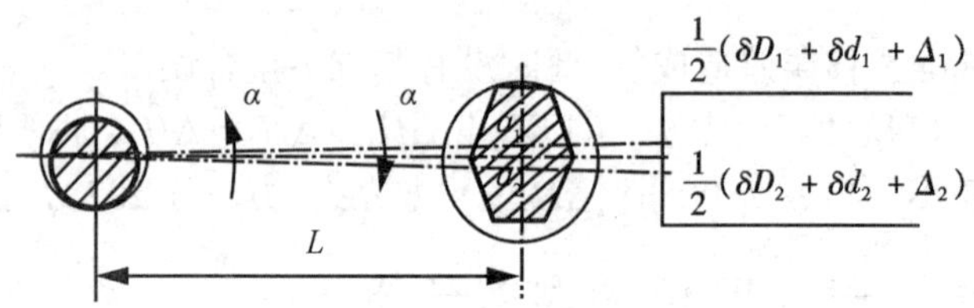

图 2-27　一面两销定位时的角度误差

第四节　工件的夹紧和夹紧机构

工件定位以后，在加工过程中受到的切削力、惯性力、离心力和重力等作用，容易使工件产生移动或振动，破坏工件已有的正确定位。因此，必须设置一定的夹紧机构，将工件可靠地夹紧在定位元件上。

一、工件夹紧的基本要求

设计或选用夹紧机构时，应满足以下基本要求：

(1)夹紧时不应破坏工件的正确定位。

(2)夹紧后保证工件在加工中位置稳定、振动小，同时工件变形小。

(3)夹紧机构设计要安全、迅速和省力，且具有自锁性。

(4)夹紧装置自动化程度应与生产类型相适应，在保证效率的前提下，结构尽量简单，便于制造和维修。

对夹紧机构设计和选用要求可以简单地用“夹得稳、夹得牢、夹得快”描述。要保证达到上述基本要求，必须合理地确定夹紧力的“三要素”，即夹紧力的作用方向、作用点和大小。

1. 夹紧力作用方向

对夹紧力作用方向的选择应遵循以下 3 个原则，即：

(1)夹紧力的作用方向应不破坏工件定位的准确性。

(2)夹紧力的作用方向应使工件变形尽可能小。

(3)夹紧力的作用方向使所需夹紧力尽可能小些。

如图2-28所示为工件采取的两种夹紧方案,其中如果选夹紧力 F_{j2} 在垂直 B 面的方案,一旦工件 A、B 两面有垂直度误差,就会使镗出孔不垂直 A 面而产生较大误差;反之,如果选夹紧力 F_{j1} 垂直于 A 面的方案,则容易保证质量。所以夹紧力通常应朝向主要定位基准,保证工件和定位元件可靠接触。

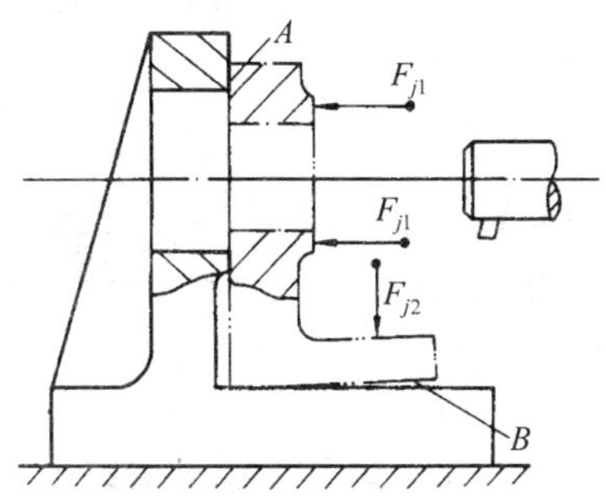

图2-28　工件采取的两种夹紧方案

如图2-29所示为薄壁套筒的两种夹紧方案。用三爪卡盘夹紧外圆,显然要比用特制螺母从轴向夹紧工件的变形要大,因此,在确定夹紧方向时应避免直接作用在工件刚度较小的表面上。

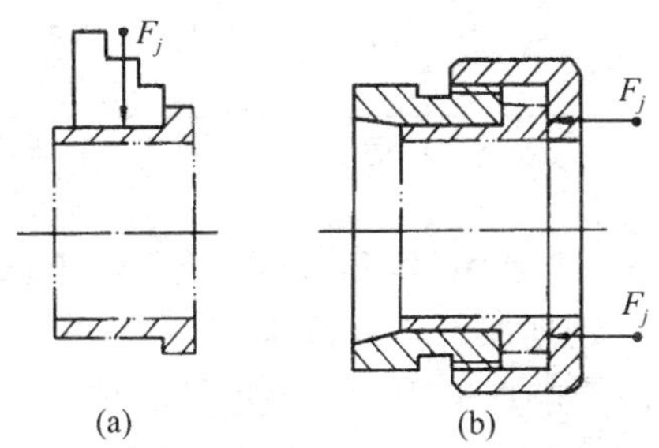

图2-29　薄壁套筒的两种夹紧方案

如图2-30所示,为一个在牛头刨床上刨工件平面的夹紧示意图,有两种方案。其中图2-30(a)中夹紧力和切削力作用方向相反,因为工件夹紧力需要克服切削力,所以夹紧力较大;在图2-30(b)中夹紧力和切削力作用方向相同,所以夹紧力可以小一些。所以在确定夹紧力作用方向时,尽量使夹紧力和切削力、工件的重力等方向重合,这时所需夹紧力最小。

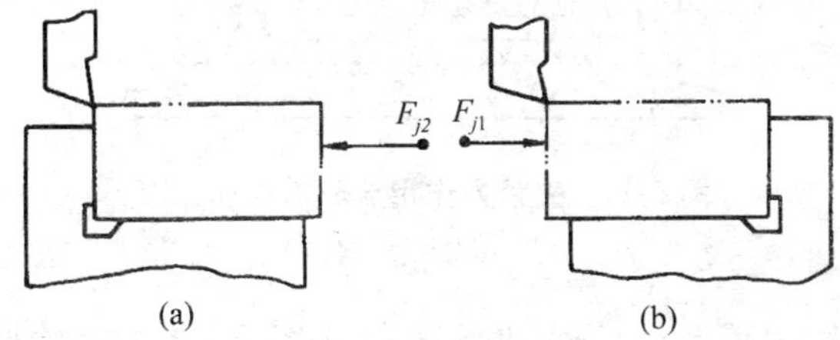

图2-30　在牛头刨床上刨工件平面的夹紧示意图

2. 夹紧力的作用点

对夹紧力的作用点的选择应遵循以下3个原则，即：

(1)夹紧力的作用点应落在支承元件上或几个支承元件形成的支承面内。

(2)夹紧力的作用点应落在工件刚性较好的部位上。

(3)夹紧力的作用点应尽量靠近工件的加工面。

如图2-31所示，图2-31(a)中夹紧力落在支承面范围之外，会使工件倾斜或移动，而图2-31(b)是合理的，能保证工件定位稳固。

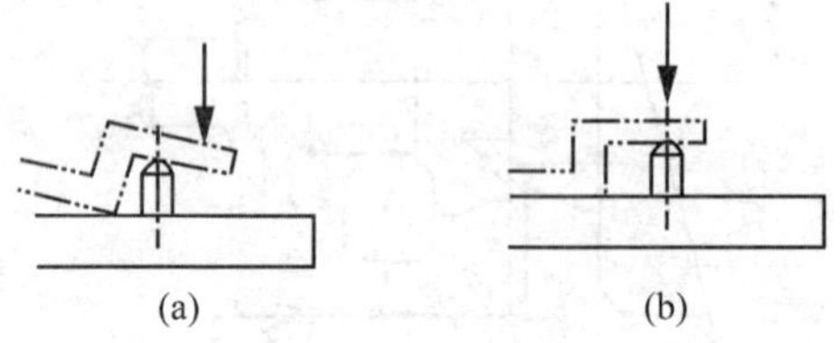

图2-31　夹紧力的作用点应落在支承面上

如图2-32所示，对于薄壁壳体工件，图2-32(a)图中夹紧力作用在工件刚度最弱的位置，工件容易产生变形；图2-32(b)中将作用点由位于中间的位置改成位于两旁，不致因夹紧而引起工件变形，夹紧更加可靠。

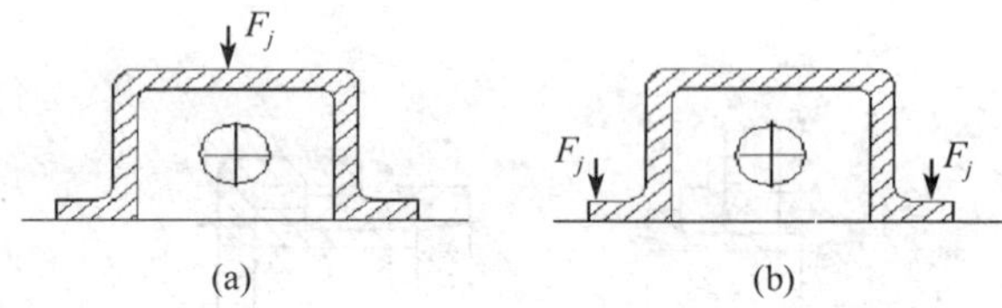

图2-32　夹紧力的作用点应落在刚性较好部位

如图2-33所示的工件，需要铣削加工A和B面，若只采用夹紧力F_{j1}进行夹紧，因为工件刚性差，加工时会产生较大振动，影响加工质量。因此在靠近加工表面的地方增设一个辅助支承，增加夹紧力F_{j2}，可提高工件的装夹刚性，使夹紧稳固，不易产生振动。

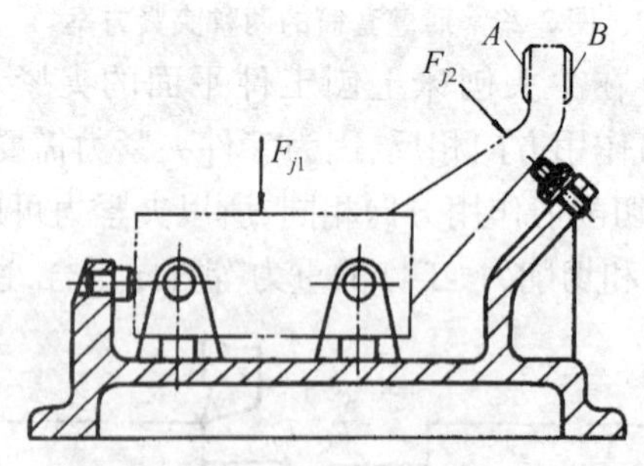

图2-33　夹紧力作用点应靠近加工面

3. 夹紧力的大小

夹紧力大小必须合适。手动夹紧时，夹紧力一般尚可凭人的经验加以控制；但在使用机动(如气动、液压、电力等)夹紧装置时，则必须计算夹紧力大小。

实际工作中，夹紧力可以根据同类夹紧情况按类比法进行经验估算。

计算夹紧力时，为简化起见，通常将夹具和工件看作一个刚性系统，根据工件在切削力、夹紧力(大工件还应考虑重力,运动速度较大的还应考虑惯性力)作用下处于外力平衡,利用静力平衡方程式计算获得理论夹紧力,然后乘上一个安全系数 K 得到实际夹紧力。其中,K 值在粗加工时取 2.5 ~ 3.0,精加工时取 1.5 ~ 2.0。

二、夹紧机构

夹紧机构种类较多,但其结构大都以斜楔夹紧机构、螺旋夹紧机构、偏心夹紧机构和定心夹紧机构为基础,这四类夹紧机构合称为基本夹紧机构。

1. 斜楔夹紧机构

采用斜楔作为传力元件或夹紧元件的夹紧机构称为斜楔夹紧机构。如图 2-34 所示为几种常见的斜楔夹紧机构夹紧工件的实例。如图 2-34(a)所示是在工件上钻互相垂直的两组孔(分别为 Φ8、Φ5)。工件装入后,锤击斜楔大头,夹紧工件。加工完毕后,锤击斜楔小头,松开工件。

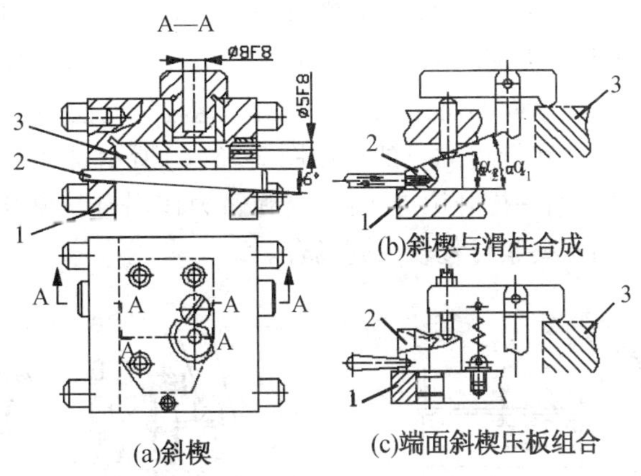

图 2-34　几种常见的斜楔夹紧机构夹紧工件的实例

1—夹具体;2—斜楔;3—工件

虽然斜楔结构较简单,但行程小、操作费时,所以实际很少直接采用,而是将其与其他夹紧机构联合起来使用。如图 2-34(b)所示是将斜楔与滑柱结合成的夹紧机构。如图 2-34(c)所示是由端面斜楔与压板组合而成的夹紧机构。

2. 螺旋夹紧机构

采用螺杆作中间传力元件的夹紧机构称为螺旋夹紧机构。螺旋夹紧机构结构简单,工作可靠,在夹具中得到广泛应用。其主要缺点是夹紧和松开工件比较费时、费力。

(1)单个螺旋夹紧机构

如图 2-35 所示是单个螺旋夹紧机构,它直接用螺钉末端压在工件表面上,这种夹紧机构称为单个螺旋夹紧机构。在夹具体上装有螺母套筒 2,手柄 1 在 2 中转动而起夹紧作用。压块 5 的作用是防止在夹紧时损伤工件表面或带动工件 6 旋转。止动螺钉 3 的作用是防止螺母套筒 2 松动。

(2)螺旋压板夹紧机构

螺旋压板式夹紧机构是利用杠杆原理实现夹紧作用的。螺旋压板夹紧机构在生产中比单个螺旋夹紧机构使用更为广泛。如图 2-36 所示为螺旋压板夹紧机构基本型式。如图 2-36(a)

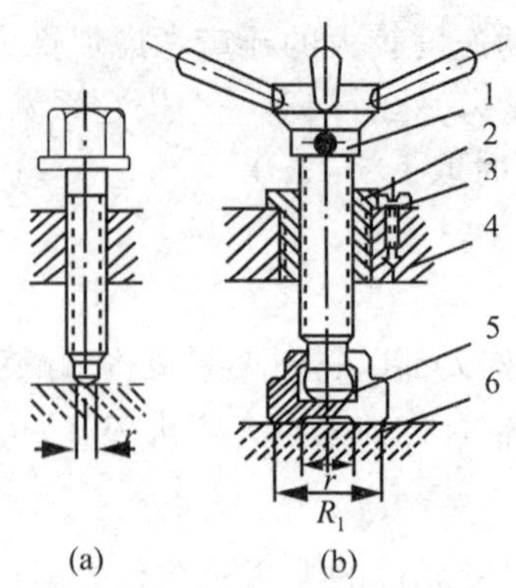

图 2-35　单个螺旋夹紧机构

1—手柄;2—螺母套筒;3—止动螺钉;
4—夹具体;5—压块;6—工件

所示是夹紧点在压板中间的铰链式压板,松开螺母使螺杆顺时针转动,压板绕铰链翻起即可拆卸工件。这种机构常用于增大夹紧力的场合。如图 2-36(b)所示是支点在压板中间的螺旋压板,夹紧力是由螺旋端部受支承面的反作用而产生的。这种机构便于夹紧操作,且可通过调整压杆的支点,实现调整夹紧力和行程的目的。如图 2-36(c)所示是加力点在压板中间的螺旋压板,压板中间开有长圆槽,稍一松开螺母,压板受弹簧力作用自动离开工件。这种机构夹紧力 F_j 小于作用力 P,主要用于夹紧行程较大的场合。

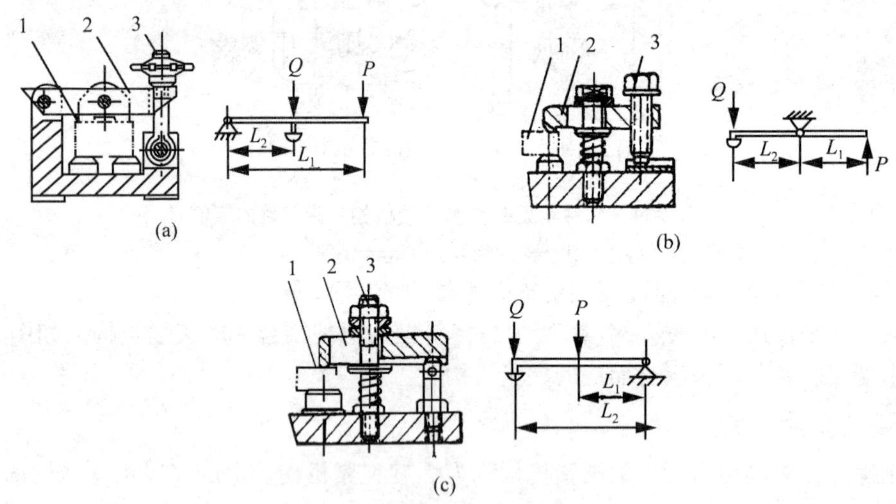

图 2-36　螺旋压板夹紧机构基本形式

1—工件;2—压板;3—螺旋部件

3. 偏心夹紧机构

用偏心件直接或间接夹紧工件的机构称为偏心夹紧机构。偏心夹紧机构动作迅速,工作效率较高。夹紧机构用的偏心轮有圆偏心轮和曲线偏心轮两种。其中,曲线偏心轮制造比较复杂,故很少使用。圆偏心轮结构简单,制造方便,故应用较广泛。

如图 2-37 所示为圆偏心轮结构示意图。偏心转轴中心 O 与圆周中心 O_1 有一偏心距 e。当偏心轮绕转轴中心 O 回转时,圆周上各点到中心 O 的距离都在不断地变化,图 2-37 中阴影部分可以近似地看成一个绕在直径为 D_0 的圆（虚线所示）上的曲线楔块。这样，转动手柄，其回转半径不断增大，相当于曲线楔块向前推进，因而把工件夹紧。将阴影部分展开后其形状如图 2-37(b) 所示。曲线上各点斜率即为该点的升角 α。显然，升角是变化的。

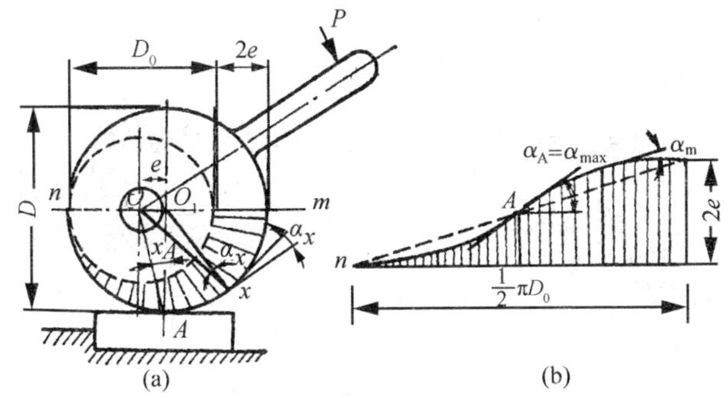

图 2-37　圆偏心轮结构示意图

理论上讲，偏心轮下半部分整个曲线任意点均可用来夹紧工件。但实际上为防止松夹和咬死，常取圆周上 1/6 ~ 1/4 圆弧，即相当于 A 点左右侧 30° ~ 45°所对应的圆弧为工作表面。因为圆偏心轮结构在此范围升角变化小，夹紧力较稳定。

4. 定心夹紧机构

当工件被加工面以中心要素（轴线、中心平面等）为定位基准时，需要采用定心夹紧机构。定心夹紧机构使定位和夹紧两种作用在工件夹紧过程中可以同时实现，这时与工件定位基准相接触的元件既是定位元件又是夹紧元件。卧式车床的三爪自定心卡盘就是最常用的定心夹紧机构。

定心夹紧机构按其定心作用原理分为两种类型：一种是依靠传动机构定心使定心夹紧元件等速移动，从而实现定心夹紧，如螺旋式、杠杆式、楔式机构等；另一种是利用薄壁弹性元件受力后产生均匀的弹性变形（收缩或扩张），来实现定心夹紧，如弹簧筒夹、膜片卡盘、波纹套、液性塑料等。

如图 2-38 所示为螺旋式定心夹紧机构。双向螺杆 4 两端的螺纹旋向相反，螺距相同。当其旋转时，两个 V 形钳口对向做等速移动，从而实现对工件的定心夹紧或松开。

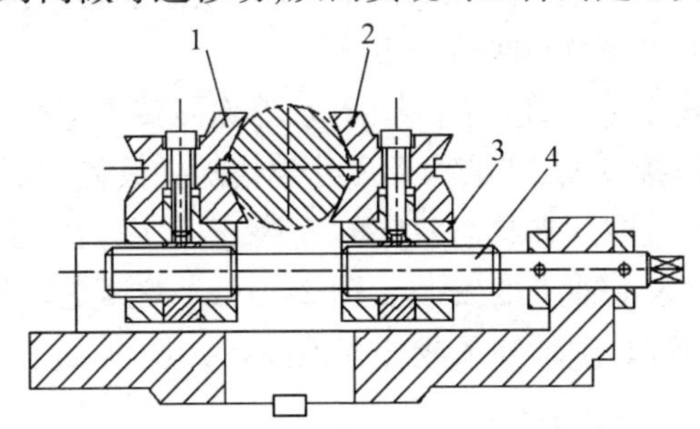

图 2-38　螺旋式定心夹紧机构

1、2—V 形钳口；3—滑铁；4—双向螺杆

如图 2-39 所示为弹簧筒夹式定心夹紧机构。其中如图 2-39(a) 所示为用于装夹以外圆柱面为定位基准工件的弹簧夹头。旋转螺母 4 时，其端面推动弹性筒夹 2 左移，此时锥套 3 内锥面迫使弹性筒夹 2 上的簧瓣向心收缩，从而将工件定心夹紧。如图 2-39(b) 所示是用于以

内孔为定位基面的工件的弹簧心轴。弹性筒夹 2 的两端各有簧瓣。旋转螺母 4 时,其端面推动锥套 3,同时推动弹性筒夹 2 左移,锥套 3 和夹具体的外锥面同时迫使弹簧筒夹 2 的两端簧瓣向外均匀扩张,从而将工件定心夹紧。反向转动螺母,带动锥套,便可卸下工件。

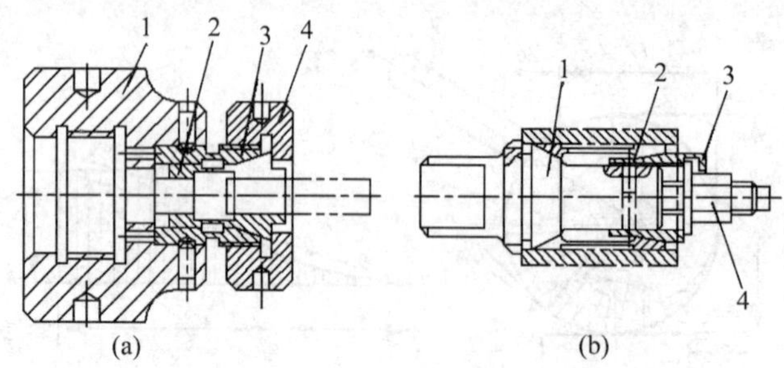

图 2-39　弹簧筒夹式定心夹紧机构

1—夹具体;2—弹性筒夹;3—锥套;4—螺母

5. 动力夹紧装置

以上介绍的各种夹紧机构如果采用手动夹紧,使用时比较费力;为了改善劳动条件和生产效率,目前在大批量生产中均采用气动、液压、电磁、真空等动力装置来代替人力夹紧。

第五节　各类机床夹具

一、车床和内、外圆磨床夹具

在车床和内、外圆磨床上加工的一般都是回转体零件,使用这类夹具时,都将它安装在车床主轴端上并带动工件回转而进行加工。车床上除了使用顶尖、三爪卡盘、四爪卡盘、花盘等一类通用夹具外,常按工件的加工需要设计一些专用心轴和其他专用夹具。在设计这类夹具时要注意车床和内、外圆磨床加工特点,满足以下要求:

(1)由于整个夹具随机床主轴一起回转,结构要紧凑、轮廓尺寸尽可能小,重量轻,重心尽可能靠近回转轴线,以减少惯性力和回转力矩。

(2)对于回转轴线不规则工件,应有平衡措施,消除回转不平衡产生的振动现象。

(3)夹具与机床主轴连接方式、其结构及尺寸规格随夹具使用的机床而异。

在设计卡盘类夹具时,应注意夹具与机床的连接方式,因为它会影响到工件的加工质量。如图 2-40 所示为夹具在机床主轴上的安装。图 2-40(a)夹具是以长锥柄安装在主轴锥孔内的;图 2-40(b)、(c)机床通过其主轴外圆或外圆锥面和夹具连接。

二、钻床夹具

钻床夹具简称钻模,它除了具有定位元件和夹紧元件外,还装有刀具的导向元件——钻套。钻模应用较广,例如柴油机机体、机座等的各种连接螺栓孔的加工都采用钻模。

钻套为钻床夹具上专有的导向元件,主要用来确定钻头、扩孔钻、铰刀等孔加工刀具的轴线位置,引导刀具防止其偏斜,并保证所加工的孔和工件其他表面的相对位置。钻套的结构与

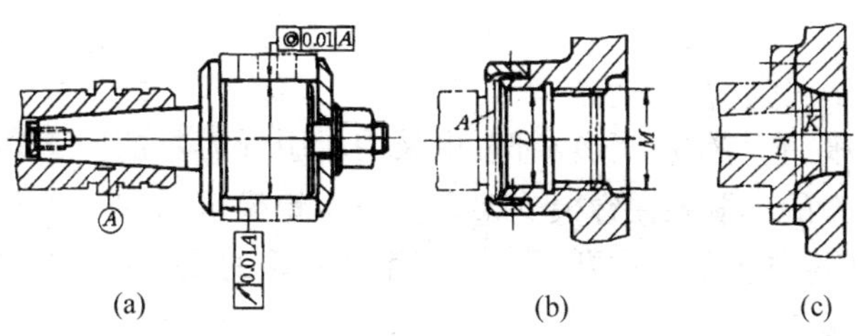

图 2-40　夹具在机床主轴上的安装

尺寸已标准化，钻套的类型如图 2-41 所示。

钻套主要有三种类型：固定钻套、可换钻套和快换钻套。如图 2-41(a)所示为固定钻套，有带凸肩和无凸肩两种。这种钻套以 H7/n6 或 H7/r6 压入夹具体或钻模板的相应孔中。钻套磨损后不能更换，主要用于中、小批生产的钻孔夹具中，或要求孔距精度要求高的场合。如图 2-41(b)所示为可换钻套，钻套装在夹具体或钻模板的固定衬套中，钻套和衬套采用 H7/g6 或 H6/g5 间隙配合。为了防止松动，用固定螺钉固定。钻套磨损后，拧下固定螺钉，即可更换钻套。如图 2-41(c)所示为快换钻套，更换钻套时，不必拧下螺钉，只要将钻套逆时针转动一个角度，使钻套上的缺口正对准螺钉头部即可取出，这种钻套可用在同一个孔的钻、扩、铰加工中。

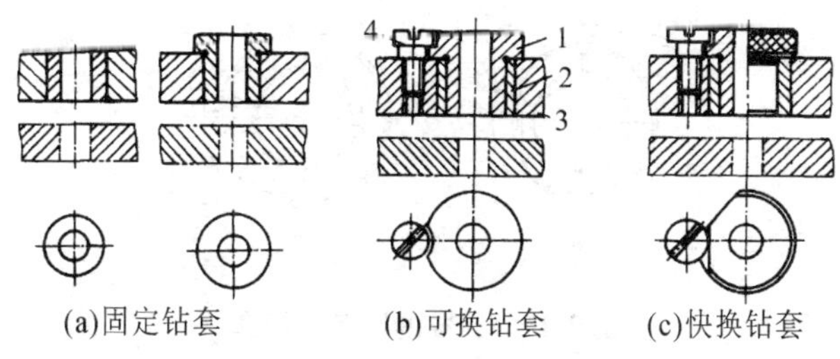

图 2-41　钻套的类型

1—钻套；2—衬套；3—钻模板；4—螺钉

当工件形状或工序的加工条件不能采用标准钻套时，须自行设计特殊钻套，如图 2-42 所示为特殊钻套。如图 2-42(a)所示为两孔间距很小时采用的切边钻套和两孔钻套。如图 2-42(b)所示为在工件凹坑内钻孔用的钻套。如图 2-42(c)所示为斜面钻孔用钻套。

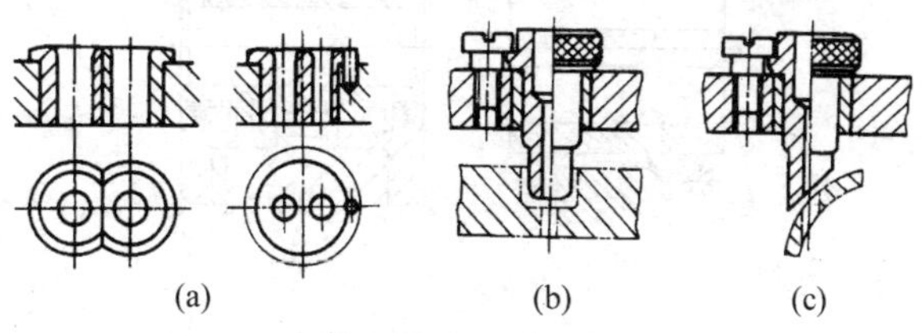

图 2-42　特殊钻套

钻模板本身的形式也很多，包括固定式、回转式、移动式、翻转式、盖板式和滑柱式等。可以根据加工要求和特点选择使用。固定式钻模在使用过程中，其在机床上的位置是固定不动的。这类钻模加工精度较高，主要用于立式钻床上加工直径较大的单孔，或在摇臂钻床上加工平行孔系。

三、镗床夹具

镗床夹具又称镗模，它与钻床夹具相似，也采用了引导刀具的镗套和安装镗套的镗模架。镗套按照零件加工孔系的位置装在镗模支架上。采用镗模可以加工出较高精度的工件，主要用于加工箱体、机座等零件上的孔或孔系。由于箱体孔系的加工精度一般较高，所以镗模本身的制造精度比钻模高很多。

一般镗模所用镗套有两大类型：固定式镗套和回转式镗套（滑动轴承式镗套和滚动轴承式镗套）。固定式镗套与钻套的结构相似，镗套固定在镗模支架上，不随镗杆一起转动，在镗杆与镗套之间因相对转动和移动产生摩擦。标准的固定式镗套如图 2-43 所示。图 2-43(a)中 A 型是在镗杆上滴油润滑，2-43(b)中 B 型具有注油孔和油槽，只要在润滑器中定时注油就能自行润滑。固定式镗套多为可换式，磨损后更换方便。固定式镗套比较容易磨损，只用于速度较低的场合。

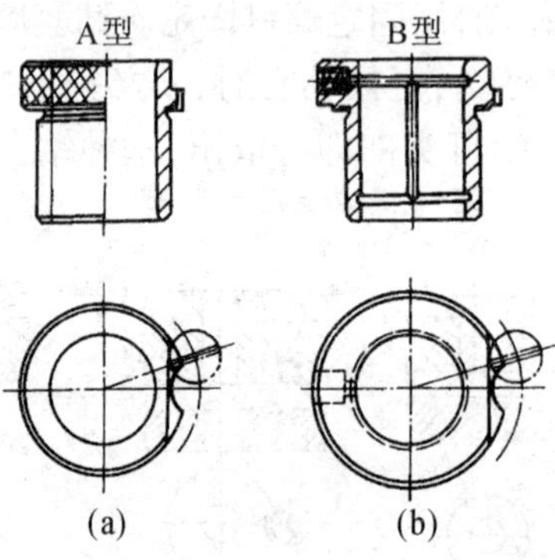

图 2-43　标准的固定式镗套

如图 2-44 所示为回转式镗套。回转式镗套在工作时镗套与镗杆一起转动，所以镗套必须用轴承支承。按所用轴承形式不同，镗套可分为滑动轴承式和滚动轴承式。滑动轴承式镗套结构如图 2-44(a)所示。它由镗套支承在滑动轴承上，轴承材料为青铜。润滑油经过油槽流入转动面内润滑。镗套内开有键槽，用镗杆上的滑键带动镗套一起回转。滑动轴承式镗套回转精度高、外形尺寸小，但若润滑不充分或径向负荷不均易发生镗套和轴承咬死，所以工作速度不能过高。滚动轴承式镗套结构如图 2-44(b)所示。镗套由两个向心轴承支承，轴承安装在镗模支座的孔中，两端由轴承盖封住。这种镗套结构简单，常用于粗加工和半精加工。滚动镗套设计、制造、维修都比较方便，镗杆转速可以较高，但回转精度受滚动轴承精度限制，结构

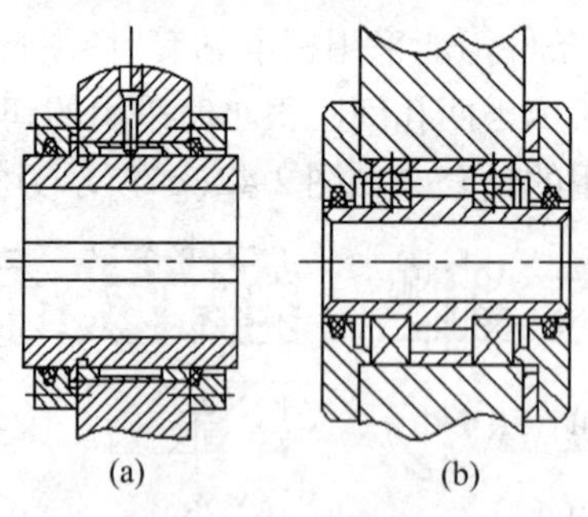

图 2-44　回转式镗套

尺寸较滑动轴承式镗套偏大。

镗杆的引导形式可以分为单支承引导和双支承引导两种。单支承引导是指镗杆只受一个位于刀具前面或后面的镗套引导。这时,镗杆与机床主轴采用刚性连接,机床主轴回转精度影响工件的镗孔精度,故这种引导方式只适用于小孔和短孔的加工。如图 2-45(a)所示为镗套布置在刀具前面的单支承前引导方式。如图 2-45(b)、(c)所示为单支承后引导方式。采用双支承镗模时,镗杆和机床主轴采用浮动连接。镗孔的位置精度主要取决于镗模架镗套孔之间的位置精度,而不受机床主轴的影响。

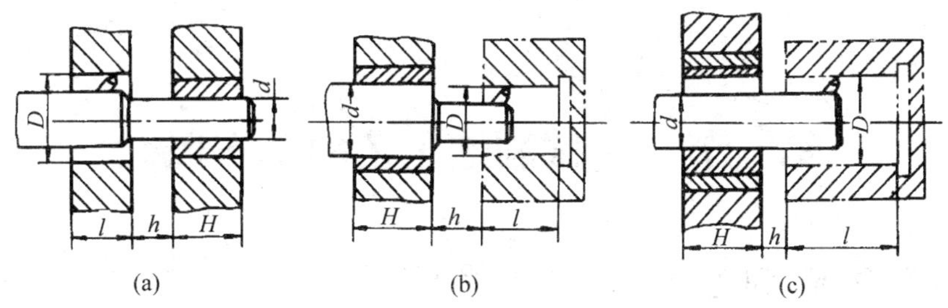

图 2-45　镗杆的引导形式

四、铣床夹具

铣床夹具的设计须考虑铣削的加工特点。铣削过程切削力较大,而且由于铣刀刀齿不是连续工作的,切削中容易产生振动和冲击。因此铣床夹具的设计除了满足定位精度和生产率要求外,还特别要求夹紧力足够大,夹具各部分元件有足够的强度和刚度。

和其他机床夹具相比,铣床夹具通常还配备对刀装置、分度装置等。下面简要介绍对刀装置。铣床对刀装置由对刀块和塞尺组成,它们都已标准化(JB/T8031. 1—1999, JB/T8031. 2—1999, JB/T8031. 3—1999, JB/T8031. 4—1999, JB/T8032. 1—1999, JB/T8032. 2—1999),常用对刀块如图 2-46 所示。如图 2-46(a)所示是铣平面的高度对刀块;如图 2-46(b)所示为铣槽或侧面的直角对刀块;如图 2-46(c)、(d)所示为铣成形面的对刀装置。对刀块和塞尺的材料为 T8,淬火硬度为 HRC55 ~ 60;或 20 号钢渗碳淬火,硬度为 HRC55 ~ 64。对刀块通过定位销和螺钉紧固在夹具体上,其工作表面和定位元件之间尺寸和公差是根据工件加工精度要求确定的。

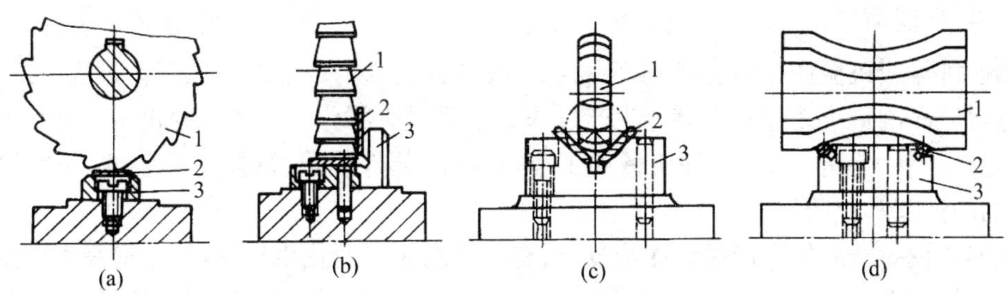

图 2-46　常用对刀块

1—铣刀;2—塞尺;3—对刀块

第三章　工艺规程设计

第一节　机械制造工艺的基本概念

一、生产系统、制造系统和工艺系统

制造是将原材料转化为最终产品的生产过程。它包括产品设计、选材和工艺设计、生产加工、质量保证、生产过程管理等一系列相互联系的活动。

(1)生产系统是指制造企业进行制造和装配,以及开发设计、计划管理、经营决策等活动的总和。生产系统一般由三个层次组成:决策层、计划管理层和生产技术层。一个企业可以看作一个生产系统。

(2)制造系统是生产系统的重要组成部分,是生产系统中生产技术层的主体,包括毛坯制造、加工、装配、存储、运输、检验等工作。制造系统也是一个具有输入与输出的生产系统。机械制造系统一般由物质子系统、信息子系统与能量子系统三部分组成。

(3)工艺系统是指在制造系统中,机械加工所使用的加工设备(机床)、刀具、夹具和工件等组成的一个相对独立的统一体。机械加工所使用的加工设备种类繁多,包括普通加工装备(如机床、磨床、铣床等)、专用加工装备(如曲轴专用磨床、螺旋桨磨床和铣床等)、特种加工装备(如激光切割设备、线切割设备等)等。

二、生产过程和工艺过程及其组成

1. 生产过程

船舶机器或机械产品制造时,从原材料或半成品转变为成品的有关劳动过程的总和,称为生产过程。而制造工艺过程是整个生产过程的重要组成部分。生产过程包括原材料的运输与保管、生产准备、毛坯制造、零件机械加工和热处理、部件装配、机器的总装、产品的检验和试车、成品的油漆和包装等。

机器或设备产品的生产过程相当复杂,有必要组织专业化生产,以利于提高生产效率。例如由柴油机制造厂生产的大型低速柴油机的主要零件,如曲轴、连杆、增压器以及一些仪表,有的进口、有的自制、有的通过外协完成。这样便充分发挥了各自专业厂家的优势,有利于产品质量的提高与产品成本的降低。

2. 工艺过程及其组成

(1)工艺过程

在生产过程中,按一定顺序逐步改变生产对象(原材料或毛坯)的形状、尺寸、相对位置和性质,使其成为成品或半成品的过程称为工艺过程。工艺过程可划分为铸造、锻造、机械加工、热处理、装配等,但不包括生产准备、工件运输、包装以及机床维护等。

(2)机械加工工艺过程的组成

机械加工工艺过程由一系列工序、安装、工位、工步及走刀组成,如图 3-1 所示。

①工序是工艺过程的基本单元。它是指一个(或一组)工人,在一个工作地点(机床或其他设备)上,对一个(或同时对几个)工件所连续完成的那部分加工过程。

当加工对象更换或设备工作地点改变时,或完成工艺工作的连续性改变时,则形成另一道工序。如加工圆轴,先粗车,然后调头,另一次装夹再精车,则为同一道工序;如果生产量大,则完成一批工件粗车,再对这批工件精车,虽其他条件不变,但为两道工序。

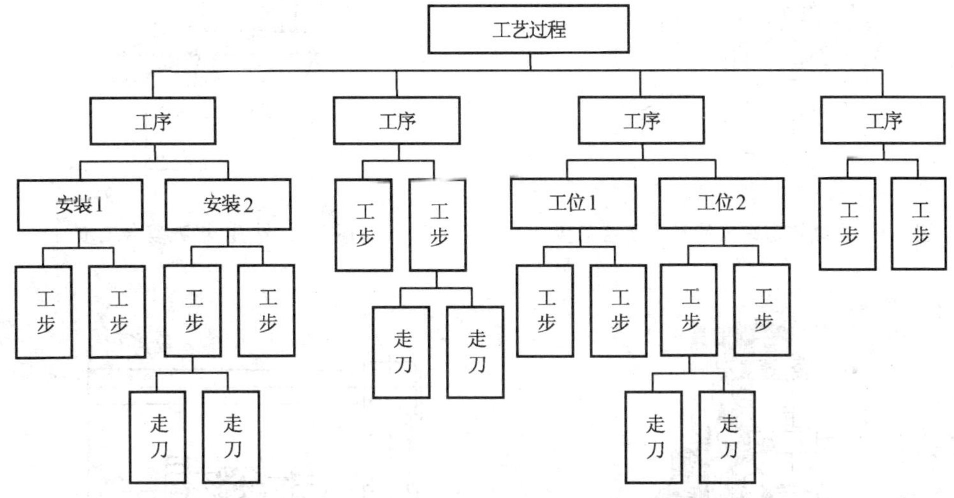

图 3-1　机械加工工艺过程的组成示意图

②安装是指在同一道工序中,工件在机床或夹具中经一次装夹后所完成的那一部分加工过程。各加工工序都有这一安装过程。在某些工序中要进行几次安装,为的是加工不同的表面。装夹(GB486.3—1985)是将工件在机床上或夹具中定位、夹紧的过程。

③工位是指工件在机床上的每一位置上所完成的那一部分加工过程。当加工中采用转位(或位移夹具)回转工作台或在多轴机床上加工时,工件在机床上一次装夹后,要经过若干个位置依次进行加工。

如图 3-2 所示为三轴组合钻床的钻、扩、铰孔工艺,孔加工过程包括了三个工位。与安装不同的是:从一个安装至另一个安装需要重新夹紧固定,而工位至工位不需要重新夹紧固定(保证质量、提高效率、易于加工自动化)。

④工步是指在一道工序(一次安装或一个工位)中,加工表面、加工刀具和切削用量都不变的条件下连续完成的那一部分加工过程。有时为了提高生产效率,经常把几个待加工表面用几把刀具同时进行加工,这也可以看作一个工步,称为复合工步,如图 3-3 至图 3-6 所示。

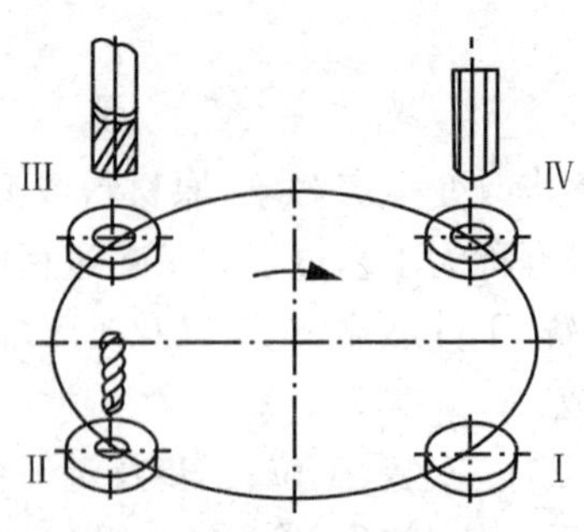

图 3-2　三轴组合钻床的钻、扩、铰孔工艺

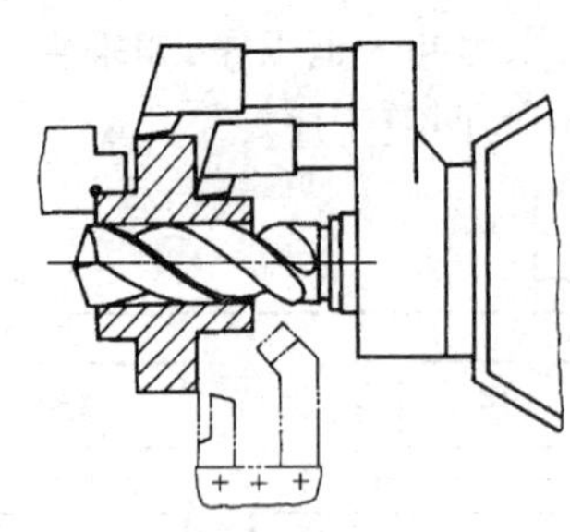

图 3-3　立轴转塔车床的一个复合工步

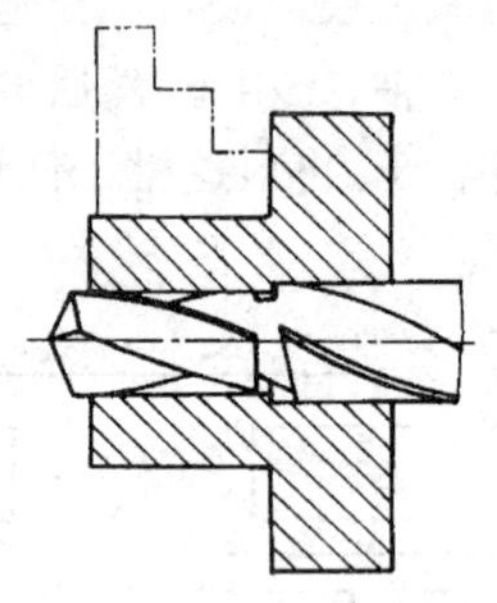

图 3-4　钻孔、扩孔复合工步

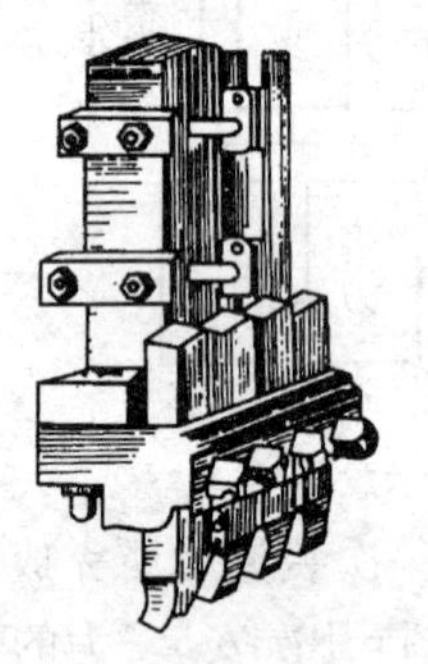

图 3-5　刨平面复合工步

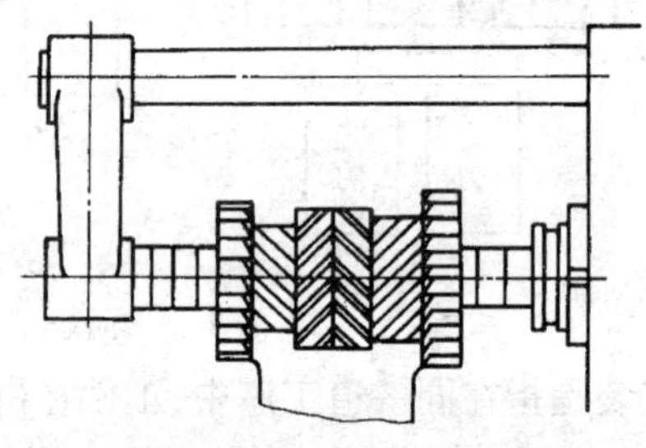

图 3-6　组合铣刀铣平面复合工步

⑤走刀也称工作行程，是指加工刀具在加工表面上切削一次所完成的工步部分。

以上一些基本的术语，可以通过一个零件的加工工艺过程来简要加以说明。如图 3-7 所示为小批量生产的某零件，其工艺过程中，铣床加工键槽的定位装置采用分度盘和对定销来转换不同工位。生产批量对工序划分有影响，本例假设小批量生产。如表 3-1 所示为轴件的机械加工工艺过程。

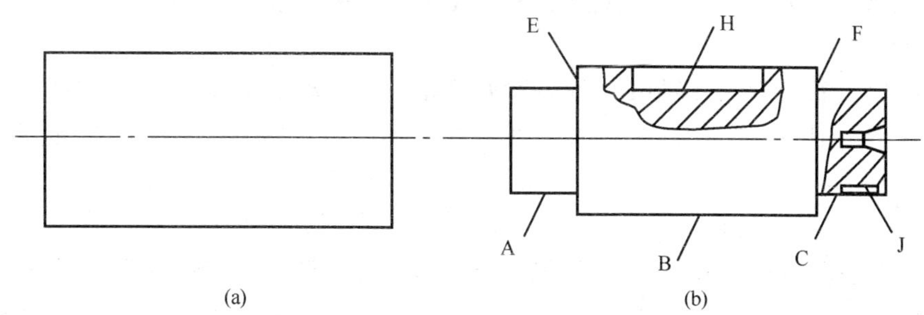

图 3-7　小批量生产的某零件

表 3-1　轴件的机械加工工艺过程

工序	设备	安装	工位	工步
1. 铣两端面	双面铣床			
2. 打中心孔	中心钻床			
3. 粗车 A、B、C、E、F 处	车床	安装 1:夹 A 面,用两中心孔定位		1. 粗车 B 处 2. 粗车 C 处 3. 粗车 F 处
		安装 2:夹 C 面,用两中心孔定位		1. 粗车 A 处 2. 粗车 E 处
4. 精车 A、B、C、E、F 处	另一台车床	同上		同上
5. 铣 H、J 键槽	铣床		工位 1 工位 2	铣键槽 H 铣键槽 J

三、生产纲领、生产类型及其工艺特征

1. 生产纲领

生产纲领是指企业在计划期内应当生产的产品产量和进度计划。计划期常定为 1 年,所以生产纲领也称年生产量(包括废品率和备品率在内的年产量)。

零件的生产纲领是考虑废品率和备品率的年产量,可以按下式进行计算

$$N = Q \cdot n(1 + \alpha\%)(1 + \beta\%)$$

式中,N——零件的年生产纲领,件/年;

Q——产品的年生产量,台/年;

n——每台产品中,该零件的数量,件/台;

$\alpha\%$——备品率;

$\beta\%$——废品率。

生产纲领的大小对生产组织和零件加工工艺过程起着重要的作用。它决定了各工序所需专业化和自动化的程度,决定了所应选用的工艺方法和工艺装备。

2. 生产类型及其工艺特征

企业(或车间、工段、班组、工作地)生产专业化程度的分类称为生产类型。根据生产纲领

的大小，可把生产分为单件生产、成批生产和大量生产三种类型。

(1)单件生产

单件生产是指每种产品仅制造一个或少数几个。大多数工作地点的加工对象是经常改变的。例如船用柴油机厂按照用户订制生产少数几台某一型号的大型低速柴油机，就属于这种生产类型。

(2)成批生产

成批生产是指每种产品均有一定数量，年产量以十(大型机械)或百(中型机械)计算。各种产品是分期分批轮番进行生产的。例如一些船用中速或高速柴油机厂就属于这种生产类型。

(3)大量生产

产品数量很大，大多数工作地点经常重复地进行某一个零件的某一道工序的加工。如一些中小型柴油机零部件专业化生产厂长期生产活塞、活塞环、连杆、轴瓦、喷油泵等，其生产类型就是大量生产。

生产类型和生产纲领的关系如表 3-2 所示。

表 3-2　生产类型与生产纲领的关系

<table>
<tr><th colspan="2" rowspan="2">生产类型</th><th colspan="3">零件的年生产纲领(件)</th></tr>
<tr><th>重型零件
(30 kg 以上)</th><th>中型零件
(4 ~ 30 kg)</th><th>轻型零件
(4 kg 以下)</th></tr>
<tr><td colspan="2">单件生产</td><td><5</td><td><10</td><td><100</td></tr>
<tr><td rowspan="3">成批生产</td><td>小批生产</td><td>5 ~ 100</td><td>10 ~ 200</td><td>100 ~ 500</td></tr>
<tr><td>中批生产</td><td>100 ~ 300</td><td>200 ~ 500</td><td>500 ~ 5 000</td></tr>
<tr><td>大批生产</td><td>300 ~ 1 000</td><td>500 ~ 5 000</td><td>5 000 ~ 50 000</td></tr>
<tr><td colspan="2">大量生产</td><td>>1 000</td><td>>5 000</td><td>>50 000</td></tr>
</table>

不同生产类型零件的加工工艺有很大的不同。产量大、产品固定时，有条件可采用各种高生产率的专用机床和专用夹具，以提高劳动生产率和降低成本。但在生产量小、产品品种多时，目前多采用通用机床和通用夹具，生产率较低；当采用数控加工时，生产率将有较大的提高。各种生产类型的工艺特征如表 3-3 所示。

表 3-3　生产类型和工艺特性的关系

项目	小批生产	中批生产	大批生产
加工对象	经常变换	周期性变换	固定不变
毛坯及余量	木模手工造型，自由锻，毛坯精度低，加工余量大	部分铸件金属模，部分模锻，毛坯精度和余量中等	广泛采用金属模机器造型和模锻。毛坯精度高，余量小
机床设备	通用机床，机群式排列，数控机床	部分专用机床，部分流水排列，部分数控机床	广泛采用专用机床，按流水线布置
工艺设备	通用工装为主，必要时专用夹具	广泛采用专用夹具、可调夹具，部分采用专用的刀量具	广泛采用高效专用工装

（续表）

项目	小批生产	中批生产	大批生产
工件装夹方法	通用夹具和划线找正	广泛采用专用夹具装夹，少数采用划线找正	全部采用夹具装夹
装配方法	广泛采用修配法	大多数采用互换法	互换法
操作工人技术水平	高	一般	低
工艺文件	工艺过程卡	工艺卡，内容详细	工艺过程卡、工序卡，内容详细
生产率	低	一般	高
成本	高	一般	低

为了适应产品品种、规格不断增多和生产批量逐渐减少的生产趋势，采用以成组批量为基础的成组技术则是最有效的。本教材后续章节将具体介绍成组技术的内容。

四、机械加工工艺规程

1. 工艺规程的定义和作用

在零件制造过程中，必须根据零件的加工工艺规程和机器的装配工艺规程进行零件的加工和机器的装配。鉴于一个零件的工艺过程可以是各种各样的，工艺技术人员的任务是要制订出一个结合实际的最佳工艺过程，并将其写成工艺文件，作为组织生产和技术准备的指导和依据。这个用文件规定下来的工艺过程就叫作工艺规程。

2. 工艺规程的格式

通常机械加工工艺规程采用表格（卡片）形式，如表 3-4 所示为大批量生产时的工艺过程卡片。其格式和生产类型密切相关。

3. 制订工艺规程的基本原则和步骤

制订加工工艺规程一般要遵循以下原则：

（1）零件的工艺过程要能可靠地保证图纸上所有技术要求得到实现。

（2）确保以最经济的办法获得所要求的年生产纲领，也就是说，人力、物力消耗最少而生产率要足够高。

制定机械加工工艺规程的步骤大致如下：

（1）收集制订工艺规程的原始资料（包括生产条件、零件图纸及生产纲领等），分析零件图和产品装配图。

（2）按零件结构和工艺的特征将其分类分组；根据生产纲领确定生产组织形式。

（3）毛坯的选择和结构工艺性分析。

（4）拟订工艺路线（确定加工设备，划分加工阶段和工序）。

（5）确定每一工序所需机床的工装、工件装夹和定位、工夹具和量具，绘制必要的工夹具草图，并对已拟订的加工顺序做某些必要的修改。

（6）在拟订详细的工艺规程时，应确定切削用量、时间和规定完成各工序所需生产工人的等级。

(7)对工艺方案进行技术经济分析。

(8)填写工艺文件。

表 3-4　大批量生产时的工艺过程卡片

(工厂名)	机械加工工序卡片	产品名称及型号	零件名称	零件图号	工序名称	工序号	第 页
							共 页
(画工序简图处)		车 间	工 段	材料名称	材料牌号	力学性能	
		同时加工件数	每料件数	技术等级	单件时间(min)	准备时间终结时间(min)	
		设备名称	设备编号	夹具名称	夹具编号	工作液	
		更改内容					

工步号	工步内容	计算数据(mm)			走程次数	切削用量				工时定额(min)			刀具量具及辅助工具				
		直径或长度	进给长度	单边余量		切削深度(mm)	进给量(mm/r 或 mm/min)	转速(r/min 或双行程数 min)	切削速度(m/min)	基本时间	辅助时间	工作地点服务时间	工步号	名称	规格	编号	数量

编制		抄写		校对		审核		批准	

第二节　零件结构工艺性分析及确定毛坯

一、零件结构工艺性的概念

零件结构工艺性是指所设计的零件在能满足使用要求的前提下制造的可行性和经济性。在不同的生产类型和生产条件下,同样结构的制造可行性和经济性可能不同。如图 3-8 所示为双联斜齿轮的结构。两齿圈之间的轴向距离很小,因而插斜齿需专用螺旋导轨,因而它的结构工艺性不好。若能采用电子束焊,先分别滚切两个齿圈,再将它们焊成一体,这样的制造工艺就较好,且能缩短齿轮间的轴向尺寸。由此可见,结构工艺性要根据具体的生产类型和生产条件来分析,它具有相对性。

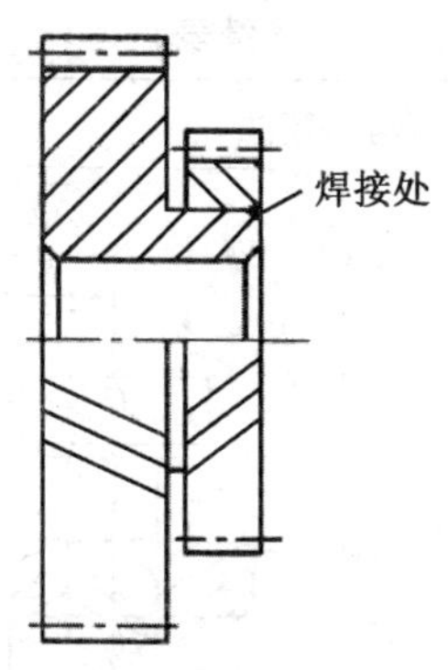

图 3-8　双联斜齿轮的结构

二、零件要素的工艺性

零件要素是指组成零件的各个加工面。零件要素的切削加工工艺性归纳起来有以下三点要求：

(1)各要素的形状应尽量简单,面积应尽量小,规格应尽量标准或统一。

(2)能采用普通设备和标准刀具进行加工,且刀具易进入、退出和顺利通过加工表面。

(3)加工面与非加工面应明显分开,加工面之间也应明显分开。

如表 3-5 所示列出了最常见零件结构要素的工艺性实例,供分析时参考。

表 3-5　最常见零件结构要素的工艺性实例

主要要求	结构工艺性		工艺性好的结构的优点
	不好	好	
1. 加工面积应尽量小			1. 减少加工量; 2. 较少材料及切削工具的消耗量
2. 钻孔的入端和出端应避免斜面			1. 避免刀具损坏; 2. 提高钻孔精度; 3. 提高生产率
3. 避免斜孔			1. 简化夹具结构; 2. 几个平行的孔便于同时加工; 3. 减少孔的加工量

（续表）

主要要求	结构工艺性		工艺性好的结构的优点
	不好	好	
4. 孔的位置不能距壁面太近	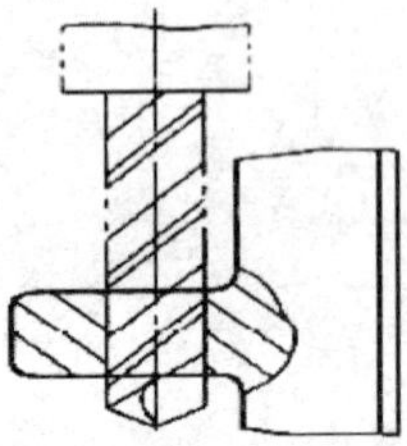	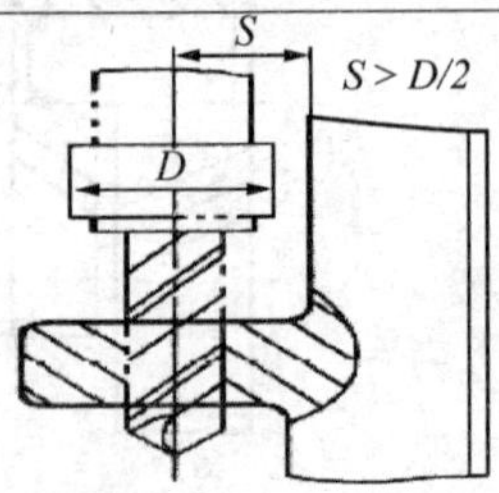 S $S>D/2$ D	1. 可采用标准刀具和辅具； 2. 提高加工精度
5. 封闭平面有与刀具尺寸及形状相应的过渡面	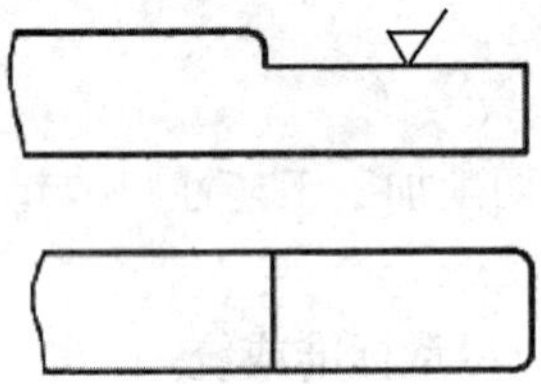	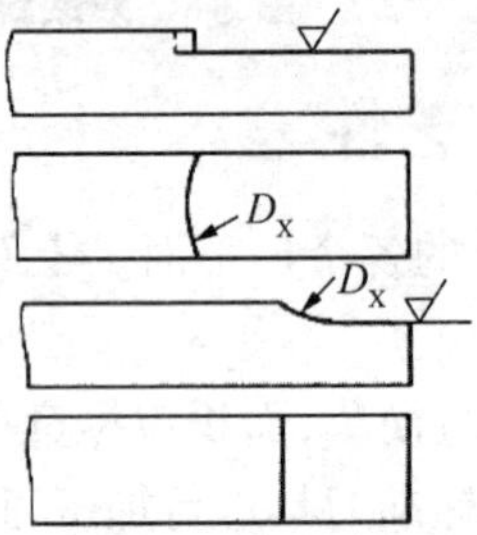 D_X D_X	1. 减少加工量； 2. 采用高生产率的加工方法及选用标准刀具
6. 槽与沟的表面不应与其他工面重合	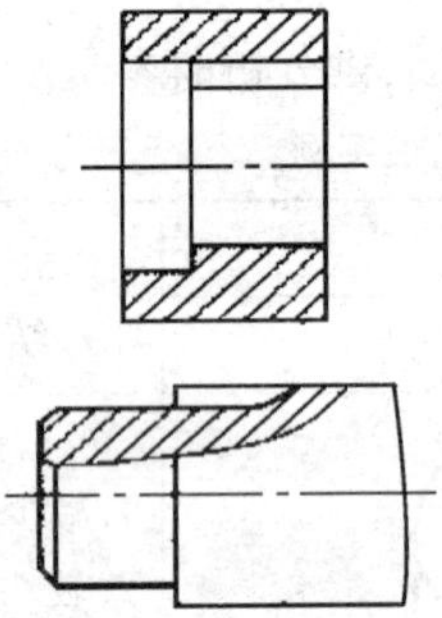	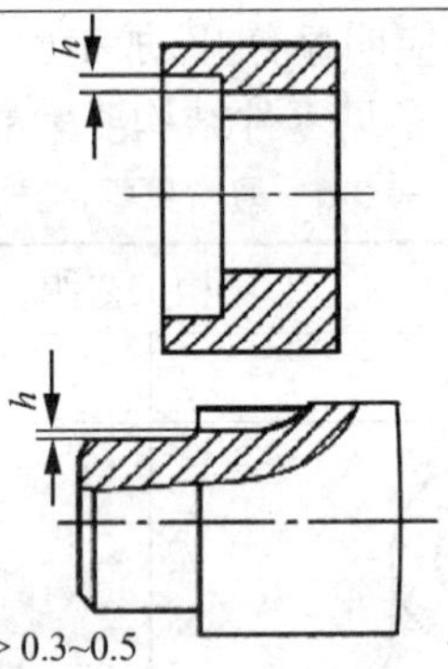 h h $h>0.3$~0.5	1. 减少加工量； 2. 改善刀具工作条件； 3. 在已调整好的机床上有加工的可能性

三、零件整体结构的工艺性

零件是各要素、各尺寸组成的一个整体，所以更应考虑零件整体结构的工艺性，具体有以下五点要求：

(1)尽量采用标准件、通用件、借用件和相似件。

(2)有便于装夹的基准。

(3)有位置要求或同方向的表面能在一次装夹中加工出来。

(4)零件要有足够的刚性，便于采用高速和多刀切削。

(5)节省材料，减轻质量。

四、确定毛坯

在制订零件机械加工工艺规程前，还要确定毛坯，包括选择毛坯类型、精度及制造方法。

第三节　工艺路线与工序内容的拟订

一、工艺路线的拟订

工艺路线是指零件在生产过程中,从毛坯到成品所经过的工序的先后顺序。

1. 表面加工方法的选择

(1)加工经济精度是指在正常的加工条件下所能保证的加工精度。正常的加工条件是指采用符合质量标准的设备、工艺装备和标准技术等级的工人,不延长加工时间。各种加工方法都有一个加工经济精度和表面粗糙度范围。

(2)工件材料的性质、工件的形状和尺寸。

(3)在选择加工方法时还应该考虑生产率对加工方法有无特殊的要求。

(4)具体生产条件。

2. 典型表面的加工路线

根据上述因素确定某表面的最终加工方法后,还必须同时确定前面的预加工方法,形成一个表面的加工路线。以下介绍几种常见表面的典型加工路线,供选用时参考。

(1)外圆表面的加工

如图 3-9 所示是常用的外圆表面的加工路线。常用的加工路线有:

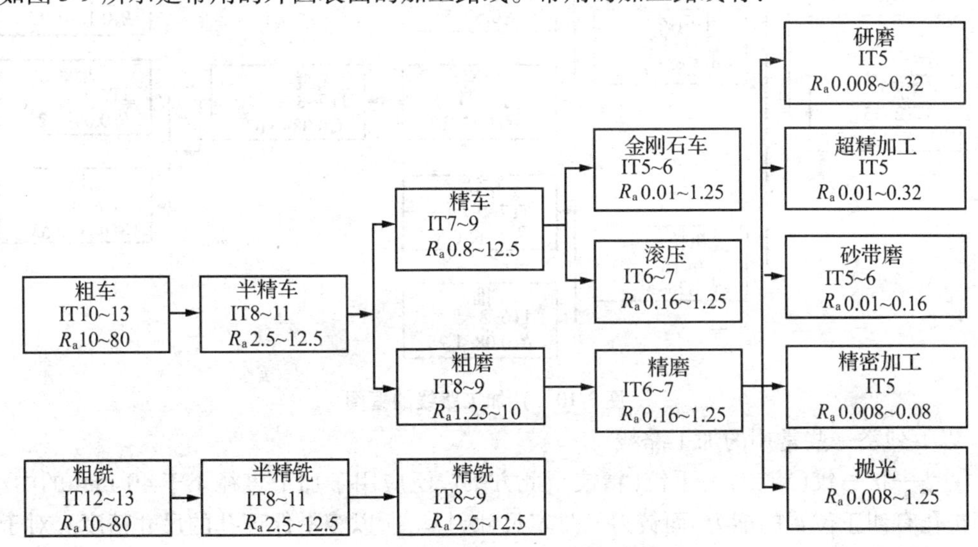

图 3-9　常用的外圆表面的加工路线

①粗车(加工精度为 IT10 ~ 13,粗糙度为 R_a10 ~ 80 μm),适合除淬火钢以外的各种金属。

②粗车—半精车(加工精度为 IT8 ~ 11,粗糙度为 R_a2. 5 ~ 12. 5 μm),适合除淬火钢以外的各种金属。

③粗车—半精车—精车(加工精度为 IT7 ~ 9,粗糙度为 R_a0. 8 ~ 12. 5 μm),适用加工有色金属。如果零件表面质量要求更高,则可在精车后采用滚压或金刚石精细车削;在加工大型零

件时也常采用精细车代替磨削加工。

④粗车—半精车—粗磨(加工精度为 IT8 ~ 9,粗糙度为 R_a1.25 ~ 10 μm),该方案最适合加工淬火钢件,也可用于未淬火钢件和铸铁件等。但对于有色金属,由于其韧性很大,粗磨时容易堵塞砂轮,难以得到光洁的表面,一般不采用。

如果零件精度要求更高,则把磨削分为粗磨和精磨两个阶段,加工路线成为粗车—半精车—粗磨—精磨(加工精度为 IT6 ~ 7,粗糙度为 R_a0.16 ~ 1.25 μm)。

如果外圆表面要求特别高或表面粗糙度要求特别小时,在以上精磨基础上还要增加精密加工或光整加工方法(研磨、超精加工、精密磨削和抛光),这时的加工路线为粗车—半精车—粗磨—精磨—精密加工(加工精度为 IT5,粗糙度为 R_a0.008 ~ 0.08 μm)。

除了以上典型的外圆加工路线,对于大直径的外圆,还可以采用铣削加工来提高生产率。

(2)孔加工

如图 3-10 所示为孔加工路线的框图。孔的粗加工方式主要取决于毛坯形式和孔直径的大小。对于直径小于 30 mm 的孔,毛坯一般都是实心的,因此第一道工序都是钻孔;而直径大于 50 mm 的孔,毛坯一般都是铸或锻出的,所以第一道工序采用粗镗工序;直径为 30 ~ 50 mm 的孔,毛坯是否有孔,需视具体情况而定。

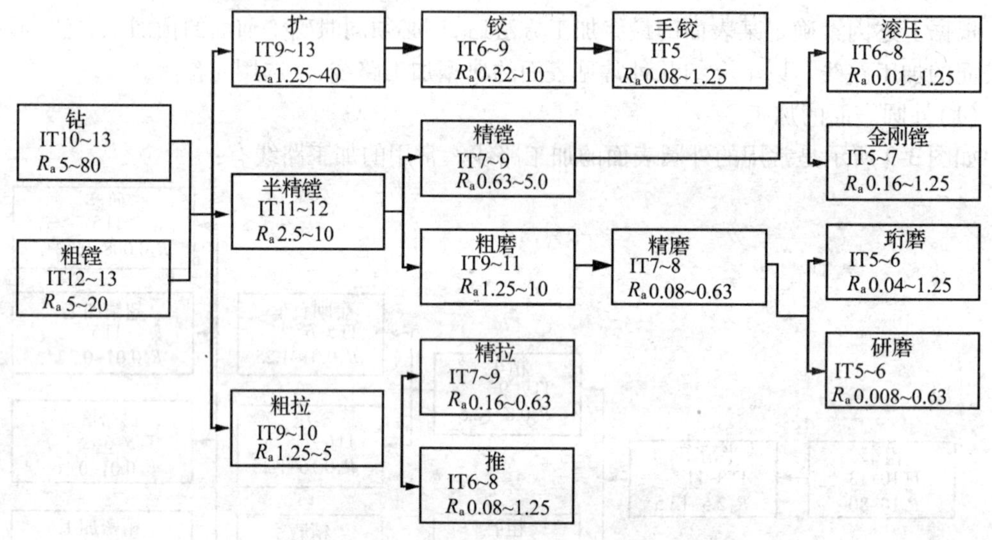

图 3-10 孔加工路线的框图

以下列举一些常用的加工路线:

①钻—扩—铰(粗铰)—手铰(精铰),此方案广泛应用于加工直径小于 40 mm 的中小孔。由于扩孔有纠正位置的能力,而铰刀又是定尺寸刀具,所以容易保证孔的尺寸精度。对于直径较小的孔,有时只需铰一次就能达到要求的加工精度。

②粗镗(钻)—半精镗—精镗,这条加工路线适用于直径较大、位置精度要求高的孔,或单件小批生产中的非标准孔,或有色金属材料上的孔。当孔的加工要求更高时,可在精镗后再安排滚压(加工精度为 IT6 ~ 8,粗糙度为 R_a0.01 ~ 1.25 μm)和金刚镗(加工精度为 IT5 ~ 7,粗糙度为 R_a0.16 ~ 1.25 μm)等其他精密加工方法。

③钻—拉,多用于大批大量生产中加工盘套类零件的圆孔、单键孔及花键孔。拉刀为定尺寸刀具,其加工质量稳定,生产率高。加工精度要求较高时,拉削可分为粗拉和精拉。船用产

品中，小型有键连接的螺旋桨的键槽就是采用这种加工路线进行加工的。

④粗镗—半精镗—粗磨—精磨，该方案主要用于中小型淬硬零件的孔加工。当孔的精度要求更高时，可再增加研磨（加工精度为 IT5～6，粗糙度为 R_a0.008～0.63 μm）或珩磨（加工精度为 IT5～6，粗糙度为 R_a0.04～1.25 μm）等精加工工序。

（3）平面加工

平面加工一般要求采用铣削或刨削，要求较高的表面铣或刨以后还需安排精加工。如图 3-11 所示为平面加工路线的框图。

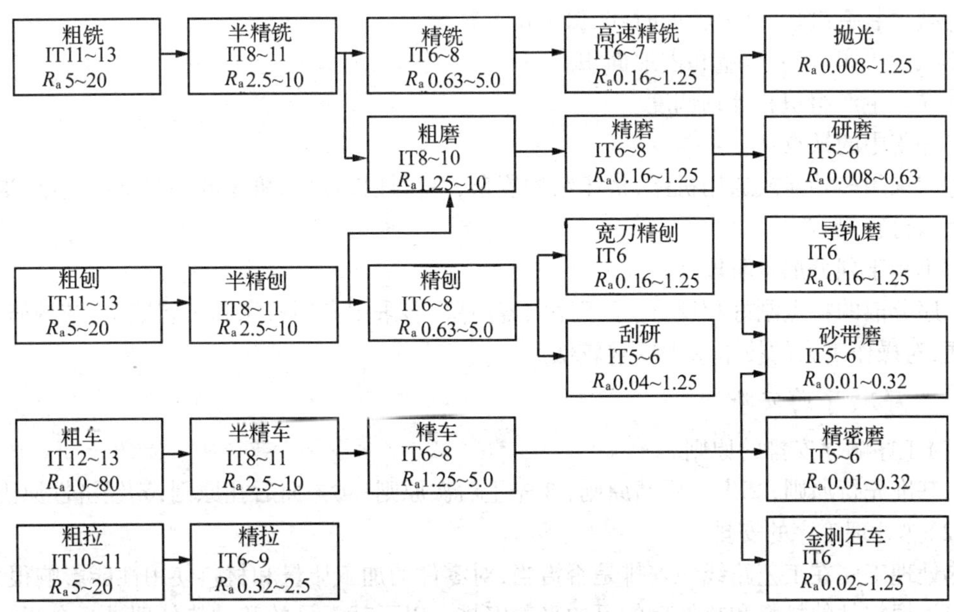

图 3-11　平面加工路线的框图

常用的平面加工方法有以下几种：

①磨削。磨削可以得到较高的加工精度和较小的表面粗糙度（IT6 和 R_a0.32 μm），且可以磨淬硬表面，因此广泛应用于中小型零件的平面精加工。要求更高的零件可以在粗磨—精磨后再安排研磨或其他精密加工方式。

②刮研。刮研是获得精密平面的传统方法。由于这种方法劳动量大、生产率低，在大批量生产下已逐步被磨削所取代，但在单件小批生产和修配工作中仍有广泛应用。

③高速精铣或宽刀精刨。高速精铣不仅能获得高的精度和低的表面粗糙度，而且生产率高，应用于不淬硬的中小型零件平面精加工；宽刀精刨多用于大型零件特别是狭长平面的精加工。

3. 划分加工阶段

工件上每一个表面的加工，总是先粗后精。粗加工去掉大部分余量，要求生产率高；精加工保证工件的精度要求。高精度零件的工艺过程可以划分为粗加工阶段、半精加工阶段、精加工阶段、精密和光整加工阶段。在各个加工阶段之间往往还要安排热处理工序。

4. 工序的集中和分散

（1）工序集中与分散的概念

安排零件的工艺过程还需要解决工序的集中与分散问题。

工序集中,就是使每个工序中包括尽可能多的工步内容,因而使总的工序数目减少,夹具的数目和工件的安装次数也相应减少。

工序分散与上述情况相反,工序分散是指将工艺路线中的工步内容分散在更多的工序中去完成,因而每道工序的工步少,工艺路线长。

(2)工序集中与分散的特点

工序集中的优点:

①减少装夹次数,缩短辅助时间,保证位置精度。

②减少机床、工人数量和占地面积。

③简化生产组织和计划调度。

工序集中的缺点:

①因采用多功能或通用机床,机床结构复杂,一次性投资大,机床的调整维修复杂,准备工作量大,转换产品费时。

②不利于划分加工阶段。

工序分散的特点刚好相反,由于工序内容简单,多采用专用机床和工艺装备,结构简单,调整方便,对操作工人的技术水平要求较低。

5. 工序顺序的安排

(1)工序顺序安排的原则

①基准先行原则;②先粗后精原则;③先主后次原则;④先面后孔原则;⑤经济性原则。

(2)热处理工序的安排

热处理工序在工艺路线中安排是否恰当,对零件的加工质量和材料使用性能影响很大,因此应当根据零件的材料和热处理的目的妥善安排。以下就常见的几种热处理进行介绍。

①退火与正火:退火与正火一般安排在机加工之前进行。

②时效:对于一般铸件,常在粗加工前或后安排一次时效处理;对于要求较高的零件,在半精加工后再安排一次时效处理;对于一些刚性较差、精度要求特别高的重要零件(如精密丝杠、主轴等),常常在每个加工阶段各安排一次时效处理。

③淬火与调质:经淬火和调质处理后零件会产生较大的变形,所以调质处理一般安排在机械加工以前,而淬火处理则因其硬度高且不易切削,一般安排在精加工阶段的磨削加工前进行。

④渗碳淬火和渗氮 :渗碳变形较大,一般安排在精加工之前进行,但表面渗碳常预先安排粗磨,以便控制渗碳层厚度和减小以后的磨削余量。渗氮处理是为了提高表面硬度和抗蚀性,它的变形较小,一般安排在工艺过程的最后阶段——该表面的最终加工之前进行。

(3)辅助工序的安排

常见的辅助工序有:①检验工序; ②清洗和去毛刺工序;③其他工序(根据需要安排平衡试验、去磁处理等其他工序)。

二、工序内容的拟订

工序内容包括为每一道工序选择机床和工艺装备,划分工步和确定定位基准,确定加工余量,计算工序尺寸和公差,确定切削用量和工时定额等。

1. 机床和工艺装备的选择

机床选择的原则包括：

①机床的加工规格范围与零件外部形状、尺寸相适应。

②机床的精度应与工序要求的加工精度相适应。

③机床的生产率应与工件的生产类型相适应。

④对于精度要求高、加工内容复杂的工序，尽量考虑采用数控加工。

⑤机床的选择应与现在生产条件相适应。工艺装备的选择主要包括夹具、刀具和量具。

2. 确定定位基准

(1)基准

基准是指决定零件上被研究的面、线或点的位置所依据的一些面、线或点。按照零件的基准在生产过程中的不同用途，可将基准分为设计基准和工艺基准两大类，如图 3-12 所示。

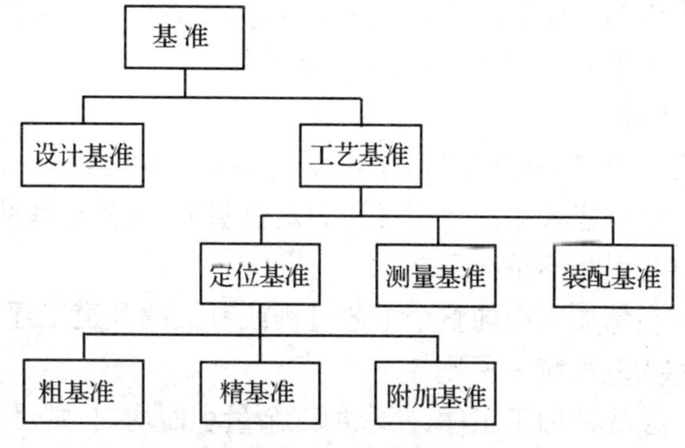

图 3-12　基准的分类

①设计基准。在零件设计图纸上，需要确定标注尺寸(角度)的起始位置，这个起始位置称为设计基准。如图 3-13 所示，零件的右端面 3 和台阶面 2 的水平位置是根据左端面 1 位置标注的，所以平面 1 是右端面 3 和台阶面 2 在水平方向上的设计基准。

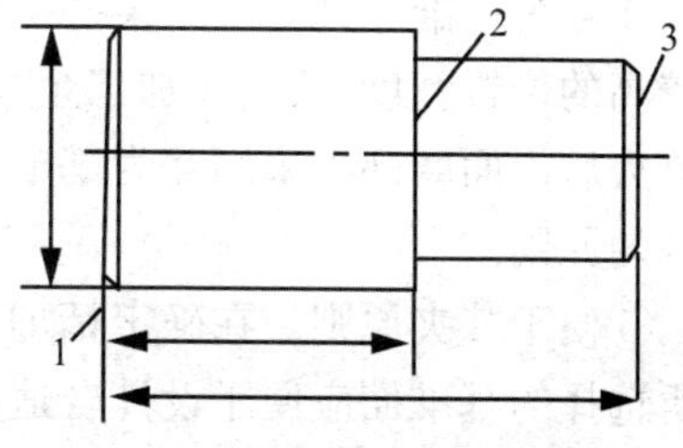

图 3-13　设计基准举例

1—左端面；2—台阶面；3—右端面

②工艺基准。在零件加工、测量和装配过程中使用的基准称为工艺基准。按照工艺基准用途又可以分为工序基准、测量基准、定位基准和装配基准。

工序基准是指在工序图上用来确定本工序所加工表面加工后的尺寸、形状、位置的基准。测量基准是指在加工中或加工后用来测量工件的形状、位置和尺寸误差所采用的基准。定位基准是指在加工时用于工件定位的基准。在定位基准中，未加工过的毛坯面称为粗基准，已加工过的面称为精基准。为了满足工艺需要，在工件上专门设计的定位面，称为辅助基准(附加基准)。装配基准是指在装配时用来确定零件或部件在产品中的相对位置所采用的基准。

(2) 基准选择的原则

①选最大尺寸的表面为安装面(限制 3 个自由度)，选最长距离的表面为导向面(限制 2 个自由度)，选最小尺寸的表面为支承面(限制 1 个自由度)。基准选择的原则举例如图 3-14 所示，零件采用图 3-14(a)方案选择较长的表面作为定位面，其定位精度高于采用小平面定位

的图 3-14(b)方案。

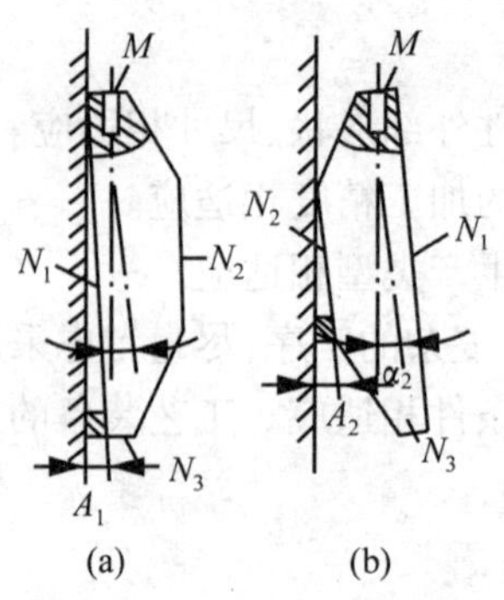

图 3-14　基准选择的原则举例

②首先考虑空间位置精度,然后考虑保证尺寸精度。

③应尽可能选择零件的主要表面为定位基准,因为主表面往往是设计基准。

④定位基准应有利于夹紧,在加工过程中稳定可靠。

(3)选择精基准的原则

具体在选择精基准时要以保证加工精度和装夹方便为出发点。一般应考虑下述原则:

①基准重合原则。尽可能采用设计基准作为定位基准,这就是基准重合原则,因为定位尺寸与设计基准不重合时会引起不重合误差。

②基准统一原则。在精加工中的整个工艺过程或有关的几道工序尽量采用同一个(或一组)定位基准来定位,称为基准统一原则。

③自为基准原则。某些精加工工序,要求加工余量小而均匀,则可选被加工表面本身作为精基准。这就是自为基准原则。

④互为基准原则。对于某些空间位置精度要求很高的零件。零件加工中为了使加工面间有较高的位置精度,又使其加工余量小而均匀,可采用互为基准原则进行反复加工。此外,渗碳淬火后齿面磨削也采用互为基准原则进行加工。自为基准原则和互为基准原则可统称为余量均匀原则。

⑤便于装夹原则。在确定精加工定位基准时,在考虑定位精度等因素的前提下,还需要考虑所选择的基准面应便于设计合适的定位夹紧机构,以提高装夹效率。

(4)确定粗基准的原则

在确定粗基准时,一般要依据以下原则:

①(保证不加工面)位置正确原则。如果必须保证工件加工面和不加工面之间的相互位置要求,则应以不加工面作为粗基准。

②余量均匀原则。粗基准应能保证精度要求高的各表面有足够的、均匀的加工余量。

③粗基准平整光洁,定位可靠原则。粗基准必须使定位可靠,便于夹紧,夹具结构简单。

④(粗基准只能有效)使用一次原则。粗基准一般只在第一道工序中使用一次,应尽量避免重复使用,因为粗基准本身是毛面,精度低,表面较粗糙,不能保证工件精确定位,从而影响加工精度。

第四节　确定加工余量、工序尺寸及其公差

一、确定加工余量

加工工艺路线确定以后，在进一步安排各个工序的具体内容时，应正确地确定各工序的工序尺寸。而确定工序尺寸，首先应确定加工余量。

1. 加工余量的概念

由于毛坯不能达到工件所要求的精度和表面粗糙度，因此要留有加工余量，以便经过机械加工来达到这些要求。

加工余量是指加工过程中从加工表面切除的金属层厚度。

(1)总加工余量和工序加工余量

为了得到工件上某一表面所要求的精度和表面质量，从毛坯这一表面上切除的全部多余的金属层厚度，称为该表面的总加工余量。完成一个工序而从某一表面上切除的金属层厚度，称为工序加工余量。

总加工余量与工序加工余量的关系为

$$Z_{总} = \sum_{i=1}^{n} Z_i$$

式中，$Z_{总}$——总加工余量；

Z_i——第 i 道工序的加工余量；

n——工序数目。

(2)公称加工余量、最大加工余量和最小加工余量

在制订工艺规程时，应根据各工序的性质来确定工序的加工余量，进而求出各工序的尺寸。由于在加工过程中各工序尺寸都有公差，所以实际切除的余量也是变化的。因此，加工余量又可分为公称加工余量、最大加工余量、最小加工余量。

通常所说的加工余量是指公称加工余量，其值等于前后工序的公称尺寸之差，如图 3-15 所示为加工余量示意图，即

$$Z_b = |a - b|$$

式中，Z_b——本工序的加工余量；

a——前工序的公称尺寸；

b——本工序的公称尺寸。

加工余量有双边余量和单边余量之分。平面的加工余量是单边余量，它等于实际切削的金属层厚度。对于外圆和孔等回转表面，加工余量是双边余量，即以直径方向计算，实际切削的金属为加工余量数值的一半。

对于外表面的单边余量：$Z_b = a - b$［如图 3-15(a) 所示］

对于内表面的单边余量：$Z_b = b - a$［如图 3-15(b) 所示］

对于轴：$2Z_b = d_a - d_b$［如图 3-15(c) 所示］

对于孔：$2Z_b = d_b - d_a$［如图 3-15(d) 所示］

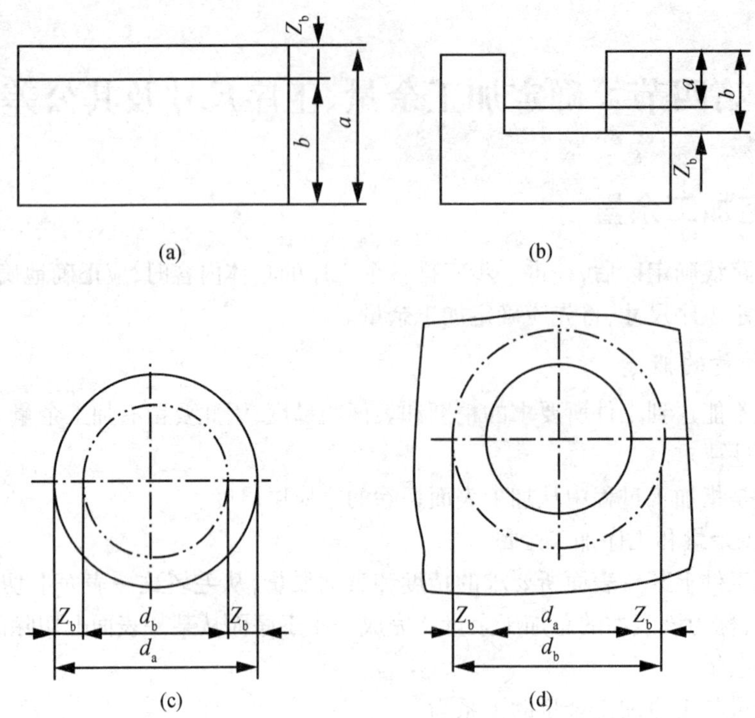

图 3-15　加工余量示意图

对于外表面,最大加工余量是前工序上极限尺寸和本工序下极限尺寸之差;最小加工余量是前工序下极限尺寸与本工序上极限尺寸之差。工序加工余量的变动范围(即加工余量公差)等于前工序与本工序两道工序尺寸公差之和。

2. 影响加工余量的因素

加工余量的大小对工件的加工质量和生产率均有较大的影响。加工余量过大,不仅增加了机械加工的劳动量,降低了生产率,而且增加了材料、工具、电力的消耗,提高加工成本。但是,加工余量过小,又不能保证消除前工序的各种误差和表面缺陷,甚至产生废品。因此,应该合理地确定加工余量。

此外,对于需要进行热处理的工件,还需了解热处理后工件变形的规律;否则,往往会因为变形过大,加工余量不足而造成工件的成批报废。

3. 确定加工余量的方法

确定加工余量一般有三种方法:(1)分析计算法;(2)查表修正法;(3)经验估算法。

二、确定工序尺寸及其公差

1. 基准重合时工序尺寸及公差的确定

例题　某法兰盘工件上有一个孔,孔径 Φ 为$60_{0}^{+0.03}$ mm,表面粗糙度数值 R_a 为 0.8 μm,如图 3-16 所示为内孔工序尺寸计算,毛坯为铸钢件,需淬火处理,其工艺名称如表 3-6 中的第 1 列所示。

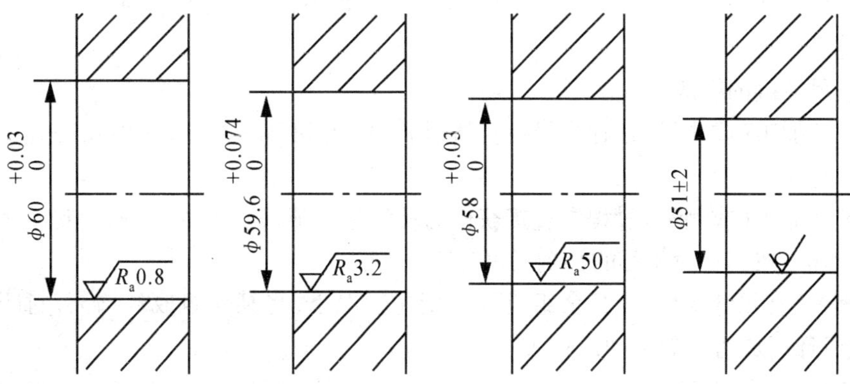

图 3-16 内孔工序尺寸计算

解题步骤：

(1)确定各工序的加工余量。根据各工序的加工性质，查表得它们的加工余量，如表 3-6 中的第 2 列所示。

(2)根据查得的余量计算各工序尺寸。其顺序是由最后一道往前推算，图样上规定的尺寸，就是最后的磨孔工序尺寸，计算结果如表 3-6 中的第 4 列所示。

表 3-6 工序尺寸及其公差的计算

1	2	3	4	5
工序名称	工序余量	工序所能达到的公差等级	工序尺寸(最小工序尺寸)	工序尺寸及其上、下极限偏差
磨孔	0.4	$H7^{+0.03}_{0}$	60	$60^{+0.03}_{0}$
半精镗孔	1.6	$H9^{+0.074}_{0}$	59.6	$59.6^{+0.074}_{0}$
粗镗孔	7	$H12^{+0.30}_{0}$	58	$58^{+0.30}_{0}$
毛坯孔		±2	51	51 ±2

(3)确定各工序的尺寸公差及表面粗糙度。最后磨孔工序的尺寸公差和粗糙度就是图样上所规定的孔径公差和粗糙度。各中间工序的公差及粗糙度是根据其对应工序的加工性质，查有关经济加工精度的表格得到，查得结果如表 3-6 中的第 3 列所示。

(4)确定各工序的上、下极限偏差。查得各工序公差之后，按“入体原则”确定各工序尺寸的上、下极限偏差。对于孔，公称尺寸值为公差带的下限，上极限偏差取正值(对于轴，公称尺寸为公差带的上限，下极限偏差取负值)；对于毛坯，尺寸的极限偏差应取双向值(孔与轴相同)，得出的结果如表 3-6 中的第 5 列所示。

以上是基准重合时工序尺寸及其公差的确定方法。当基准不重合时，就必须应用尺寸链的原理进行分析计算。

2. 工艺尺寸链

(1)工艺尺寸链的概念

①工艺尺寸链的定义:在机器装配或工件加工过程中,由相互连接的尺寸形成封闭尺寸,称为尺寸链。

②工艺尺寸链的组成:

封闭环。加工(或测量)过程中最后自然形成的一个环称为封闭环,用A_o表示。每个尺寸链只有一个封闭环。

组成环。加工(或测量)过程中直接获得的环称为组成环。尺寸链中,除封闭环外的其他环都是组成环。按其对封闭环的影响又可分为:

(a)增环。在尺寸链中,当其余组成环不变的情况下,将某一组成环增大,封闭环也随之增大,该组成环即成为"增环",用A_z表示。

(b)减环。在尺寸链中,当其余组成环不变的情况下,将某一组成环增大,封闭环却随之减小,该组成环即成为"减环",用A_j表示。

(2)工艺尺寸链计算的基本公式

工艺尺寸链的计算有两种方式:极值法和概率法。目前生产中多采用极值法计算。

当计算多环尺寸链时,封闭环的基本尺寸为:

$$A_o = \sum_{z=1}^{n} A_z - \sum_{j=n+1}^{m} A_j$$

式中,n为增环的个数,m为减环的个数。

封闭环的极限尺寸可写成如下公式:

$$A_{omax} = \sum_{z=1}^{n} A_{zmax} - \sum_{j=n+1}^{m} A_{jmin}, A_{omin} = \sum_{z=1}^{n} A_{zmin} - \sum_{j=n+1}^{m} A_{jmax}$$

封闭环的上、下偏差可用如下公式计算:

$$ES_o = \sum_{z=1}^{n} ES_z - \sum_{j=n+1}^{m} EI_j, EI_o = \sum_{z=1}^{n} EI_z - \sum_{j=n+1}^{m} ES_j$$

式中,ES为组成环的上偏差,EI为组成环的下偏差。

例题 如图3-17(a)所示为一个齿轮内孔的简图。内孔直径Φ为$85_{0}^{+0.035}$ mm,键槽的深度尺寸为$90.4_{0}^{+0.20}$ mm。内孔及键槽的加工顺序如下:(1)精镗孔直径Φ至$84.8_{0}^{+0.07}$ mm;(2)插键槽深至尺寸A_3(通过尺寸换算求得);(3)热处理;(4)磨内孔直径Φ至$85_{0}^{+0.035}$ mm,同时保证键槽深度尺寸为$90.4_{0}^{+0.20}$ mm。

解题步骤:根据以上加工顺序可以看出磨孔后必须保证内孔尺寸,还要同时保证键槽的深度。为此必须计算出以镗孔后作为测量基准的键槽深度加工工序尺寸A_3。如图3-17(b)所示为尺寸链简图,其中精镗孔后的半径$A_2 = 42.4_{0}^{+0.035}$ mm,磨孔后的半径$A_1 = 42.5_{0}^{+0.0175}$ mm以及键槽加工的深度尺寸A_3都是直接获得的,为组成环。磨孔后所得的键槽深度尺$A_0 = 90.4_{0}^{+0.20}$ mm是自然形成的,为封闭环。

根据工艺尺寸链的公式计算A_3及上下偏差值如下:

$A_o = A_3 + A_1 - A_2$, $A_3 = 90.3$ mm;

$ES(A_o) = ES(A_3) + ES(A_1) - EI(A_2)$, $ES(A_3) = 0.1825$ mm;

$EI(A_o) = EI(A_3) + EI(A_1) - ES(A_2)$, $EI(A_3) = 0.035$ mm。

因此,插键槽的工序尺寸$A_3 = 90.3_{+0.035}^{+0.1825}$ mm。

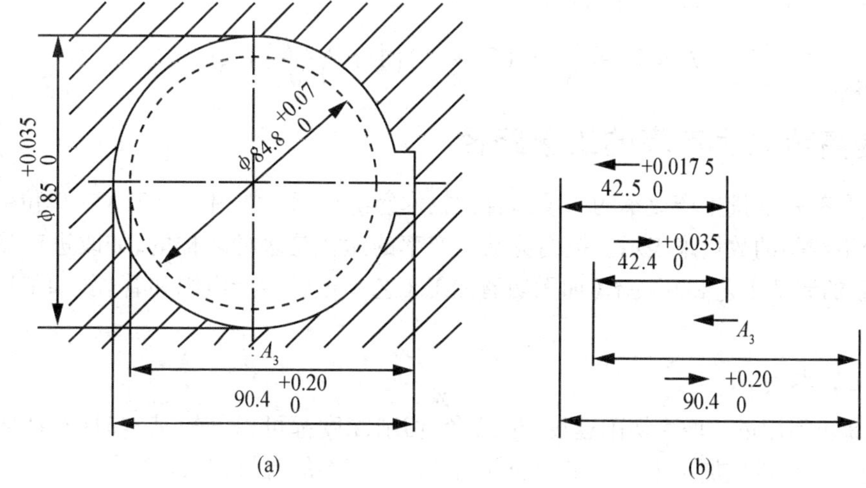

图 3-17 内孔与键槽加工尺寸换算

第五节 时间定额和提高劳动生产率的工艺途径

一、时间定额及其组成

时间定额是指在一定生产条件下，规定生产一件产品或完成一道工序所消耗的时间。时间定额由以下几个部分组成：

(1)基本时间 T_j。直接改变生产对象尺寸、形状、相对位置、表面状态或材料性质等的工艺过程所消耗的时间。对切削加工来说，就是切除余量所消耗的时间，包括刀具切入和切出时间在内。

(2)辅助时间 T_f。实现工艺过程而必须进行的各种辅助动作所消耗的时间。包括装卸工件、起动和停止机床、改变切削用量、测量工件、手动进刀和退刀等手动动作。

基本时间和辅助时间的总和称为作业时间。

(3)布置工地时间 T_b。为使加工正常进行，工人照管工地(如更换刀具、润滑机床、清理切削、收拾工具等)所消耗的时间。一般按作业时间的 $\alpha\%$ (一般为 2% ~7%)估算。

(4)休息和生理需要时间 T_x。工人在工作班内为恢复体力和满足生理需要所消耗的时间。对于机床操作工人，一般按作业时间的 $\beta\%$ (一般为 2%)估算。

上面四部分时间的总和即为单件时间 T_d：

$$T_d = T_j + T_f + T_b + T_x = (T_j + T_f)\left(1 + \frac{\alpha + \beta}{100}\right)$$

(5)准备与终结时间 T_z。工人为了生产一批零部件，进行准备和结束工作所消耗的时间。包括熟悉工艺文件，领取毛坯、材料、刀具和夹具，调整机床，交付检验，发送成品，归还刀具和夹具等耗费的时间。准备与终结时间对一批工件只有一次，批量越大，摊到每个工件上的时间 T_z/N 越少，所以大量生产时可忽略不计。

综上所述,工件在某工序的单件时间定额 T 为:

$$T = T_d + \frac{T_z}{N} = (T_j + T_f)\left(1 + \frac{\alpha + \beta}{100}\right) + \frac{T_z}{N}$$

二、提高劳动生产率的工艺路径

劳动生产率是衡量生产效率的一项综合性技术经济指标。常用一个工人在单位劳动时间内制造出合格产品的数量来表示。提高劳动生产率的途径是多种多样的,如改进产品的结构设计、采用新的制造工艺和新技术(如无切屑加工工艺)、改善生产组织和管理(如采用敏捷制造模式)等。

1. 缩短基本时间

(1)提高切削用量。增大切削速度、进给量、切削深度都可以缩短基本时间,从而减少单件加工时间。这是机械加工中广泛采用的提高劳动生产率的有效方法。

(2)减少切削行程长度。用几把车刀同时加工同一个表面,用宽砂轮做切入磨削,均可显著提高生产率。

(3)合并工步。用几把刀具或一把复合刀具对同一个工件的几个不同表面或同一个表面同时进行加工,把原来单独的几个工步集中为一个复合工步。

2. 缩短辅助时间

(1)直接缩短辅助时间。可以通过采用先进的夹具或采用各种快速换刀、自动换刀装置。

(2)使辅助时间与基本时间重合。可以采用连续回转的工作台和多工位回转工作台式组合机床,使装卸工件的辅助时间和基本时间重合,从而大大提高生产率。

3. 同时缩短基本时间和辅助时间

这可以通过多件加工和自动加工来实现。

(1)多件加工。在一次装夹下,同时加工多个工件,能使生产率大大提高。

(2)采用先进的、自动化水平高的机床设备。如专用机床、组合机床、数控机床、自动生产线等,能够实现集中控制、自动调速与自动换刀,从而缩短开、停机床和改变切削用量、换刀等的时间。

4. 缩短准备终结时间

(1)使夹具和刀具调整通用化。

(2)采用可换刀架或刀夹。

(3)采用刀具的微调和快调。

(4)减少夹具在机床上的安装找正时间。

(5)采用准备终结时间极短的先进加工设备。

第四章　典型船机零件的制造工艺

第一节　活塞制造工艺

活塞是构成柴油机燃烧室的重要部件。由活塞、活塞环和活塞销等组成的活塞组件的主要功用包括:与气缸盖、气缸壁组成的燃烧室承受燃气作用力并把它传递给连杆,连杆传来的侧压力也通过活塞传递给气缸壁;将活塞顶部接受的热量通过气缸壁传入冷却介质中;密封气缸可以防燃气泄漏及润滑油窜入燃烧室。

活塞组件承受很大的机械负荷。活塞组件承受的机械负荷包括燃气压力 P_z、往复惯性力 P_j及侧作用力 P_N。目前,非增压柴油机爆发压力 P_z为 6 ~ 9 MPa,而增压柴油机爆发压力为 13 ~ 15 MPa。活塞组件还承受很高的热负荷,活塞顶直接受到高温燃气周期性加热。活塞温度过高将导致活塞的热应力与热变形过大,活塞材料强度急剧下降,并且易引起润滑油变质结胶,使活塞环在环槽中卡死。此外,由于工作表面所处的温度、压力较高,运动速度和方向又处于不断变换中,故活塞组件工作的润滑条件差,导致磨损较严重。磨损的形式有:腐蚀性磨损、磨料磨损和黏着磨损等。

因此活塞工作的主要特点是在高温高压下做长期连续往复变负荷运动,容易出现各种故障,如:第一环岸断裂,严重时甚至整圈脱落;环槽、销座和裙部的严重磨损;销座内侧上部出现裂纹以及燃烧室边缘被烧蚀。为了提高活塞的工作性能和寿命,它必须满足在高温高压下具有足够的强度和刚度,具备较轻的重量、良好的耐磨性和耐腐蚀性能、良好的导热性,热膨胀性要小,而且保证气缸内部空间密闭。合理的制造工艺对保障活塞以上性能十分重要,本节将对活塞加工相关技术要求、工艺要求以及成品检验等内容进行介绍。

一、活塞的材料、毛坯和加工技术要求

1. 活塞的材料和毛坯

活塞一般由顶面、环槽、油孔、横直槽、裙部、销孔、止口等加工表面构成,活塞结构如图 4-1 所示。由于活塞在高温高压和高速往复运动条件下工作,承受着很大的机械应力和热应力,故要求选择优质的活塞材料。一般活塞材料采用铝合金以减少高速往复运动时的惯性力。

活塞按结构分为整体活塞和组合活塞。

整体活塞在中小功率高速柴油机上应用较广。船用柴油机活塞一般采用铸铁(HT25 - 47、HT30 - 54、球墨铸铁)、铝合金(ZL108、66 - 1、LD8、LD11)和铸钢。现代高速柴油机采用

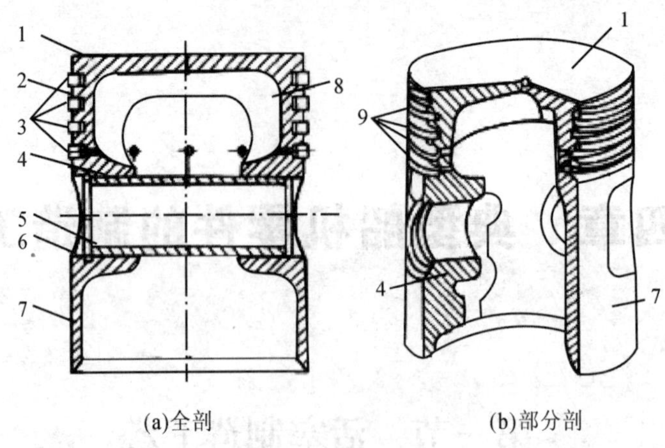

(a)全剖　(b)部分剖

图 4-1　活塞结构

1—活塞顶；2—活塞头；3—活塞环；4—活塞销座；5—活塞销；6—活塞销销环；7—活塞裙；8—加强筋；9—环槽

陶瓷材料活塞（喷镀 ZrO_2）、镶嵌材料活塞（Si_3N_4、SiC）。

负荷很高的柴油机（如大功率船舶主推进柴油机）需采用组合活塞。组合活塞要求强制冷却，制造成本相对较高。其活塞顶可用铸钢、锻钢或球铁（要求耐腐蚀、耐高温，如不锈耐热钢材料），下体（裙部与销座）可用铸铁（HT25－47、HT30－54）或铸铝、锻铝制造。

对于整体式铸铁活塞，其毛坯采用砂模浇铸或金属模浇铸。对于整体式铝活塞，其毛坯的制造工艺有重力铸造、低压铸造与锻造。重力铸造成本低，应用于普通低负荷柴油机；锻造成本高，对工艺要求严格，因此仅用于高强化柴油机；低压铸造工艺对提高材料性能大有好处，应用范围不断扩大。此外，液态模锻也是一种进一步提高活塞毛坯质量的新工艺。液态模锻毛坯具有组织紧密、晶粒细小均匀、表面光滑等特点。

2. 活塞加工技术要求

(1)活塞各部位要求

①活塞顶部。活塞顶部的基本形状为平面形，因为与其他形式的活塞相比，平顶式活塞具有制造简单、重量轻和受热面积小等优点，但为保证工作过程更有效地进行，常做成较复杂的形状，如凸形、盆形等。有时考虑进排气阀的布置情况，顶部还加工出避阀坑。活塞顶厚度 δ 要根据强度、刚度和散热条件来确定。因 δ 值越大，顶部热应力也越大，因此在满足强度要求的前提下，尽量使 δ 值取得小些。

②活塞头部。活塞头部截面形状影响活塞热流及温度分布，头部通常设计成导热良好的“热流型”，即根据活塞热流通路，将活塞顶部到四周侧壁采用较大的过渡半径，以增加从顶部到裙部的传热截面，降低头部与第一道环槽温度，同时也有利于消除应力集中，这可提高活塞的承载能力。头部型面像裙部型面一样也有各种不同的造型：锥形—圆形，锥形—椭圆形等结构形式。

③活塞裙部。裙部是指活塞油环槽以下的部分。活塞做直线往复运动时，靠裙部起导向作用。为防止活塞在气缸内卡死或引起局部加速磨损，必须将裙部截面的外形轮廓线设计为椭圆形，并把活塞销轴线作为椭圆的短轴。活塞工作时沿高度方向温度分布很不均匀，越接近顶部温度越高，且环带部分温度梯度比裙部大。因此，各断面的膨胀量也不一样，上大下小。

为使活塞在工作状况下接近圆柱形，必须把活塞做成上小下大的一系列型面，例如锥形和腰鼓形等。

④活塞销座。销座位于活塞裙部内，为减少受力变形，在顶部与销座之间要设置加强筋。为提高销座的承载能力，在销孔中常压入锻铝或青铜衬套。活塞销与活塞一般采用浮动方式连接，以保证活塞销的磨损均匀。但间隙过大会引起额外冲击，过小不能保证润滑，使活塞销被咬死，所以对销孔的配合精度要求高。浮动式活塞销轴向采用弹性挡圈定位、挡塞定位或挡盖定位等几种方式。销孔中还需要开设油孔和油槽以保证润滑。

⑤活塞环与环槽间的间隙。活塞环在环槽中的轴向间隙过大，会加剧环对环槽冲击磨损，使间隙加速扩大而导致活塞报废；间隙过小，使环在环槽中运动时排除结炭困难而失去密封作用。当活塞环装入环槽进入工作状态时，不允许与环槽底径相碰，因此需有一最小径向间隙。此外还要考虑环槽底面与侧面之间要有 0.3 mm 的圆角半径。

(2)尺寸精度要求

活塞加工中主要表面的尺寸精度要求很高，例如：

①活塞头部通常按 h8 加工、裙部外圆按 h7 加工。

②活塞销孔精度对于高速柴油机为 H6，中、低速柴油机为 H7。

③活塞环槽高度偏差对于环槽高度为 6 ~ 8 mm 的四冲程柴油机为 +0.03 ~ +0.04 mm。

(3)形状精度要求

对主要表面形状精度要求也相当高，例如：

①活塞裙部外圆为圆形的圆度公差要求小于其尺寸公差的四分之一。

②活塞销孔的圆度及圆柱度公差不得超过下列规定：销孔直径小于等于 100 mm 时不大于 0.0075mm；销孔直径大于 100 ~ 200 mm 时不大于 0.01 mm，销孔直径大于 200 ~ 300 mm 时不大于 0.015 mm。

③活塞顶部成形表面用样板检查时，其间隙不大于 0.2 mm。

(4)位置精度要求

除了要保证以上各主要加工表面的尺寸精度和形状精度以外，对各表面之间的位置精度也有严格的要求，例如：

①活塞销孔轴线的同轴度。

②活塞销孔轴线应与活塞轴线垂直。

③活塞销孔轴线应与活塞轴线相交。

④活塞环槽平面与活塞外圆轴线垂直。

⑤活塞头端面与活塞轴线垂直。

⑥减磨环外圆与裙部外圆同轴。

⑦对于组合活塞，裙部端面与外圆及内孔垂直。

⑧组合活塞组装后，活塞头外圆与活塞裙外圆同轴。

(5)表面粗糙度要求

各主要加工面的粗糙度要求为：

(1)活塞裙部外圆对于高速柴油机为 $R_a0.8\ \mu m$，低速柴油机为 $R_a1.6\ \mu m$。

(2)活塞销孔不低于 $R_a1.6\ \mu m$。

(3)活塞环槽不低于 $R_a1.6\ \mu m$。

(4)组合活塞与活塞头、活塞杆配合定位面不低于 $R_a1.6\ \mu m$，其他加工面不低于 $R_a3.2\ \mu m$。

此外，高速柴油机活塞重量误差不得大于±1.5%，中速柴油机活塞不得大于±2%，低速柴油机活塞不得大于±2.5%。

二、筒形整体活塞机械加工

1. 定位基面的选择

活塞是薄壁筒形零件，径向刚度差，在加工中较易产生变形。活塞主要工作表面是头部各种环槽、裙部变椭圆外形、顶面和销孔等，都有较高的尺寸、形状和位置精度要求。根据基准重合原则，应选择活塞销孔、顶面和外圆作为精基准。但是，活塞加工的难点是径向刚度差，而其主要表面又集中在外圆上，所以必须采用能轴向夹紧、减少工件变形的辅助精基准——止口(内孔和端面)，它符合基准统一和工序集中原则，同时还便于配件生产。因为各气缸孔磨损程度不同，要求各活塞外圆的尺寸也不同，由于止口尺寸相同，可采用一套夹具。目前活塞生产厂大多采用止口和端面，或止口处的锥面和顶面上的中心孔定位。

采用下端面和止口作定位基准具有如下好处：

(1)一次装夹可加工裙部、头部、顶面、环槽和销孔等主要表面，显著提高生产效率。

(2)采用轴向夹紧，并可进行多刀切削，减小夹紧过程中的变形。

(3)修理时也可以采用下端面和止口作为基准。

采用下端面和止口定位的缺点是：

(1)增加一道该基准的加工工序。

(2)加工环槽和活塞销孔时与设计基准不重合，其位置精度受一定影响。

影响发动机工作压缩比的活塞销孔沿活塞轴线方向位置尺寸的设计基准是顶面。在精镗销孔时以顶面为轴向基准，符合基准重合原则。另外，止口的精加工也是以顶面和外圆为基准的，这样可以减少基准不重合而产生的定位误差，能比较完美地保证加工要求。

活塞加工的粗基准选择有两种方案：一是选内腔不加工的毛面，可保证壁厚均匀；二是选要加工的外圆和顶面，可使它们以后的加工都留有均匀的余量。由于毛坯采用液态模锻后，毛坯精度较高，活塞的壁厚差较小，采用外圆和顶面作为粗基准加工止口是可以保证产品质量的。该工艺过程是先以内腔不加工毛面定位加工外圆和顶面，再以外圆和顶面加工止口，是既保证壁厚均匀，又保证外圆和顶面在精加工时余量均匀的较佳方案。

2. 活塞加工阶段组成

活塞加工由两个加工阶段组成：粗加工和精加工，中间插入热处理。粗加工阶段包括的主要工序是粗车外圆和顶面；精加工阶段包括的主要工序是精车外圆、环槽，精镗活塞销孔，加工顶部和裙部椭圆等。需要注意的是具体活塞加工工艺过程的制定，随批量大小、活塞结构类型及要求、毛坯制造方法、各工厂的工艺条件等因素的变化而有所不同。

例如，年产约30万只汽车用活塞的生产流水线的加工工艺过程一般设计如下：粗车止口→粗镗销孔→粗车外圆、顶面、环槽→钻油孔→铣直横槽→精车止口、打中心孔→精切环槽→精车外圆→精磨外圆→精车顶面及倒角→精镗销孔→切挡圈槽→滚压销孔→终检。有的工厂为提高活塞销孔轴线对裙部轴线的垂直度，将精镗销孔工序提到紧接精车止口工序之后。

又如，对于年产约 5 000 只船用柴油机镶圈铝活塞，某厂采用专用机床和部分普通机床。其加工工艺过程如下：打中心孔、荒车外圆→车顶面→车止口、打顶尖孔→粗镗销孔→粗车外圆及顶面→粗切铝槽→粗车铸铁槽及岸部→钻油槽孔→精车铝环槽→精车铸铁槽→精车顶面→铣气门坑及其边缘→半精车岸部外圆→精车岸部→半精车裙部→去毛刺倒角→精车裙部→粗车燃烧室→精车燃烧室→精镗销孔→钻吊装孔并攻丝→车销孔内圆角→车挡圈槽→滚压销孔→成品检验。

3. 活塞止口的加工

在粗加工中，比较重要的工序是止口的加工。采用如图 4-2(a)所示的长三爪装夹方式粗车止口存在壁厚不均匀的问题。如毛坯精度较差，内外表面同轴度误差较大，则用该法加工就会造成较大的壁厚差。

比较好的方法应是用内表面定位加工止口，使止口与内表面同心，然后用止口定位加工外圆，从而保证活塞有较小的壁厚差。用内表面定位的夹具如图 4-2(b)所示。在夹具的前端有支承头，用以确定工件的轴向位置。在夹具体的前后两个圆周上，有两排柱塞。前排四只，对称分布（避开销孔的内搭子）；后排三只，均匀分布。当心轴及套筒（用螺纹固定在一起）向前移动时，依靠心轴上的斜面使前排的柱塞向外推，撑紧在活塞内表面上，同时套筒通过弹簧使带斜面的套筒向右移动，把后面一排柱塞撑紧在活塞裙部的内表面上。这种定位夹紧方式可同时加工外圆、顶面、环槽、止口和端面，不仅可以提高精度，而且可以提高生产率。

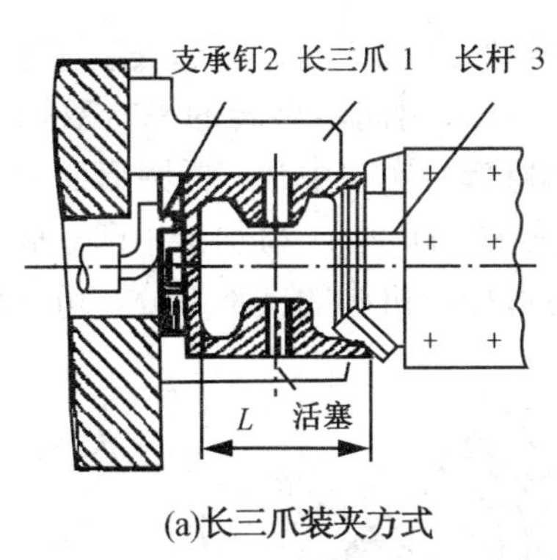

(a)长三爪装夹方式

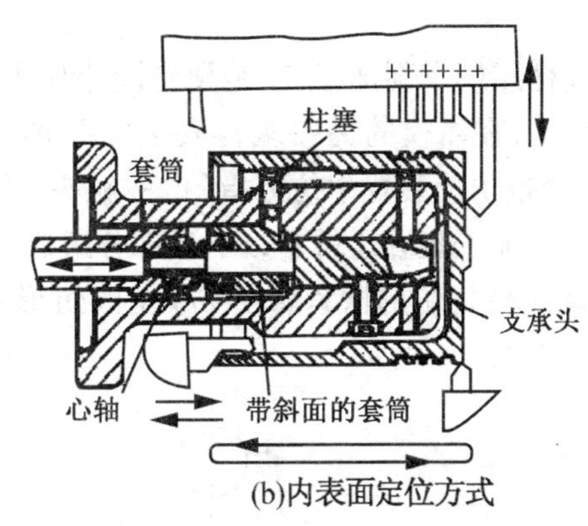

(b)内表面定位方式

图 4-2　粗车止口加工示意图

在进行各主要表面的精加工之前，必须精车止口和打中心孔。如图 4-3 所示为精车止口、打中心孔的加工示意图。

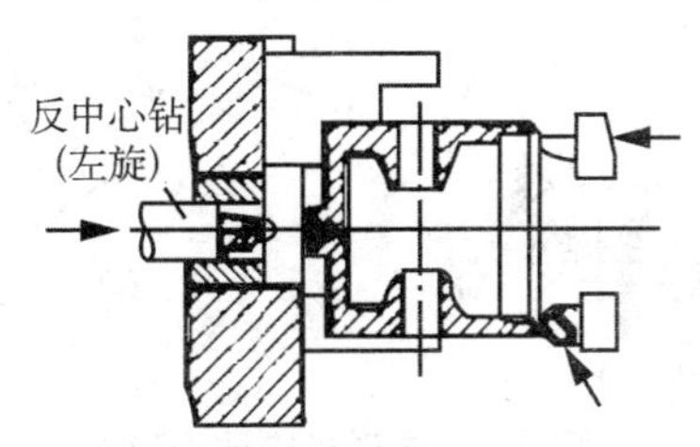

图 4-3　精车止口、打中心孔的加工示意图

4. 活塞外圆表面的加工

采用金属硬模浇铸时,活塞外圆表面的粗加工以内表面作为定位基准,进行外圆表面加工,粗车活塞外圆表面的撑开式夹具如图 4-4 所示。对于中、大尺寸活塞,在粗车外圆时在活塞顶部加顶针支承,使安装夹紧牢固可靠,如图 4-5 所示为粗车活塞外圆的顶针支承方式。有时,也可用活塞外圆表面定位,在两次安装中粗车外圆,但用该法加工易造成较大的壁厚差。

为适应柴油机发展的需要,活塞外圆形面由以前的单锥形裙部发展成中凸变椭圆裙部和锥椭圆顶岸及环岸等复杂形状,加工难度日趋复杂。因此加工方法必须不断改进。头部和裙部一般可以采用立体靠模车、计算机数控(CNC)车削等方式进行加工。精加工活塞外圆表面时,定位基准采用止口和活塞下端面(或止口倒角和顶针孔)。

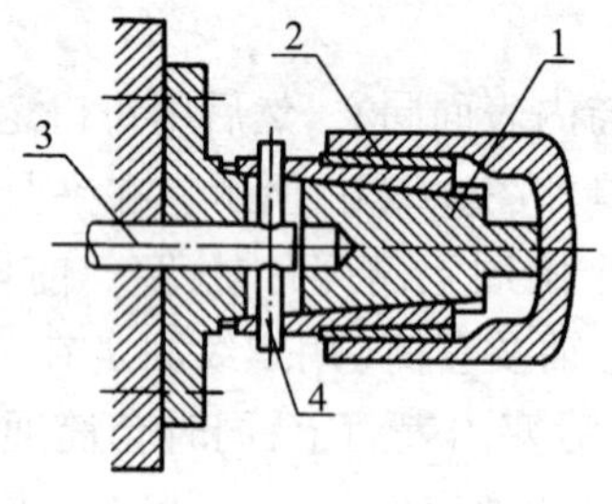

图 4-4　粗车活塞外圆表面的撑开式夹具

1—定位器;2—卡爪;3—拉杆;4—销子

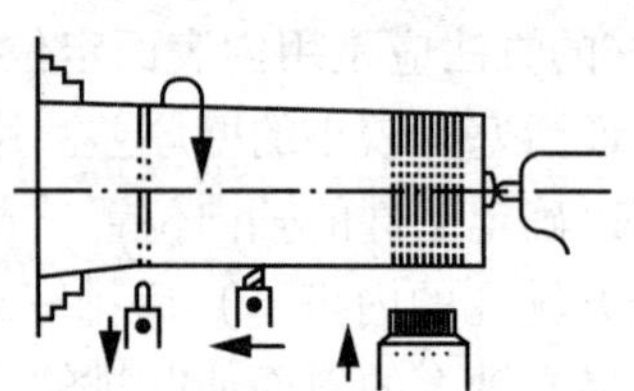

图 4-5　粗车活塞外圆的顶针支承方式

立体靠模车削加工,就是预先设计制造一个与活塞外形相似的立体靠模,安装在车床主轴的法兰上,在靠模的另一端再安装需要加工的活塞(也可采用同步旋转的平行双轴结构形式)。通过仿形装置中仿形指(也称触头)在靠模上接触移动,实现中凸—椭圆形面活塞的加工。仿形加工装置通常由以下几部分组成:(1)压着靠模的仿形指;(2)加工中凸—椭圆形面的刀具;(3)将仿形指紧靠在靠模上的仿形弹簧;(4)仿形摆动机构的支承部分。仿形机构结构形式如图 4-6 所示。

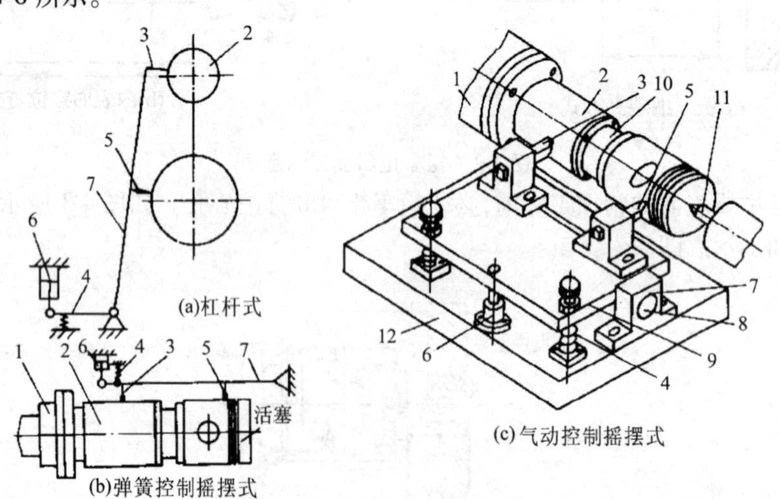

图 4-6　仿形机构结构形式

1—车床主轴;2—立体靠模;3—触头;4—弹簧;5—刀具;6—抬刀油缸;7—杠杆;8—摇板轴;9—摇板;10—止口座;11—顶尖;12—中拖板

立体靠模车床仿形系统简单，调整方便，容易操作，仿形精度高，头部与裙部能一次装夹加工，质量稳定可靠。但存在如下问题：靠模制造较困难，成本高，且不能通用；靠模系统都靠机械或液压实现随动仿形，因此切削速度不能太高，一般为 300 ~ 800 r/min，最高为1 000 r/min。

计算机数控（CNC）系统的工作原理：把活塞的中凸型线、椭圆度变化规律、横截面的形状按活塞设计图纸数据输入计算机，由计算机自动转换为数学模型；生成的控制数据称为“软靠模”，由计算机根据“软靠模”控制加工过程。计算机根据刀尖在活塞上的实际部位，控制刀尖运动到图纸所要求的径向位置上，完成对活塞外部形状的加工。因此，所得到的活塞外部形状与图纸要求的一致。

与活塞立体靠模车床相比，活塞计算机数控车床有如下优点：(1) 对活塞外型面加工具有很好的适应性，且随型面设计的进一步优化而得到充分显示；(2) 更换新产品只需调用新程序，大大减少加工准备时间；(3) 车床机械部分简单，运动质量小，允许高速加工；(4) 机电一体结构达到普通车床达不到的精度，提高了产品质量，降低了废品率；(5) 增加了一次装夹中的工艺内容，有利于提高加工精度和工效；(6) 自动化程度高，劳动强度低。

5. 活塞销孔的加工

为便于脱模，活塞毛坯一般都铸出锥形销孔。由于销孔是许多工序中施加夹紧力的部位，是活塞加工中保证精度的关键工序之一，所以在粗车止口后立即进行销孔粗镗。销孔的尺寸、形状和位置精度及粗糙度的要求都很高，一般都需采用高精度的镗头进行加工。

影响活塞销孔加工质量的主要因素有两个：定位基准的选择和加工设备的选择。精镗活塞销孔时，常用的定位基准有两种：

(1) 以下端面和止口粗镗后的销孔定位。

(2) 以头部端面和外圆粗镗后的销孔定位，如图 4-7 所示。

一般采用第二种定位夹紧方式，因为设计基准和工艺基准重合，采用适当的夹紧方式可减少活塞裙部薄壁产生的弹性变形，但也容易产生较大的活塞销孔轴线对裙部轴线的垂直度误差。

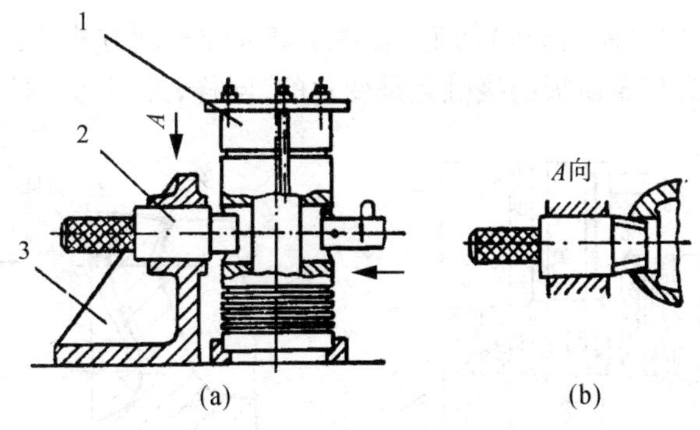

图 4-7　以头部端面和外圆粗镗后的销孔定位

1—活塞；2—锥形浮动定位销；3—支架

为保证活塞销孔轴线对裙部轴线的垂直，可采用卧式镗孔方式加工，如图 4-8 所示为卧式镗孔夹具示意图，即用 V 形铁以加工好的活塞裙部和粗镗后的销孔为定位基准，在活塞内腔加力压紧进行精镗。与前面两种方法相比，这种精镗定位方法使销孔轴线对裙部轴线的垂直度、销孔直径尺寸、压缩高度尺寸都较易达到规定的要求。

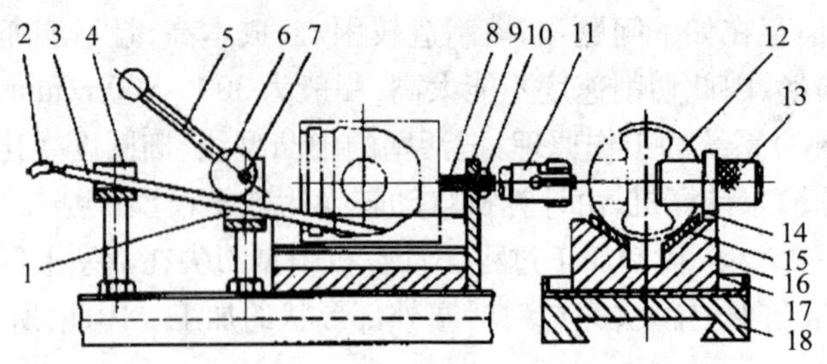

图 4-8　卧式镗孔夹具示意图

1—前支架;2—冷却油管;3—压板;4—后支架;5—手柄;6—偏心;7—销子;8—调整螺钉;9—支撑板;10—螺母;11—镜面镗刀;12—活塞;13—定位杆;14—调整垫块;15—垫板;16—V 形铁;17—油池;18—小拖板

对于高速柴油机的活塞销孔,主要采用金刚镗床进行高速细镗精加工;对于中低速柴油机活塞销孔,当生产批量不大时,可以在精密镗床或精密车床上进行精镗加工。如果采用专用的双面数控镗床,工件一次装夹可完成销孔粗镗、车挡圈槽及倒角,使产品达到较高的尺寸形状和位置精度及表面粗糙度的要求。

由于异形销孔对改善销座的应力集中状况具有明显效果,目前,活塞制造业先进的国家已采用这种设计结构。这种销孔加工包括椭圆销孔加工、喇叭形销孔加工等,为此在制造中需要采用专用的异形销孔镗床。

6. 活塞燃烧室的加工

柴油机活塞燃烧室为成形表面,是由已知圆弧和圆弧、圆弧和直线的轮廓组成的。一般采用成形车刀加工、靠模加工和数控加工等完成。

成形车刀加工多采用高速钢制造的成形车刀。成形车刀切削刃的刃磨要用样板对刀。同样,在检验加工燃烧室时也要用这种样板。燃烧室样板工作表面的尺寸精度高、粗糙度较低,且圆弧之间或圆弧与直线之间要求光滑连接。尽管这样,采用成形刀加工的燃烧室尺寸精度与表面粗糙度还是较差,劳动强度较大,废品率也较高。

活塞燃烧室一般采用靠模(仿形)加工,活塞燃烧室的车削方式如图 4-9 所示。在整个仿形车削过程中,仿形触头与靠模板的接触点是变化的,同样,刀刃与工件型面接触点也是变化

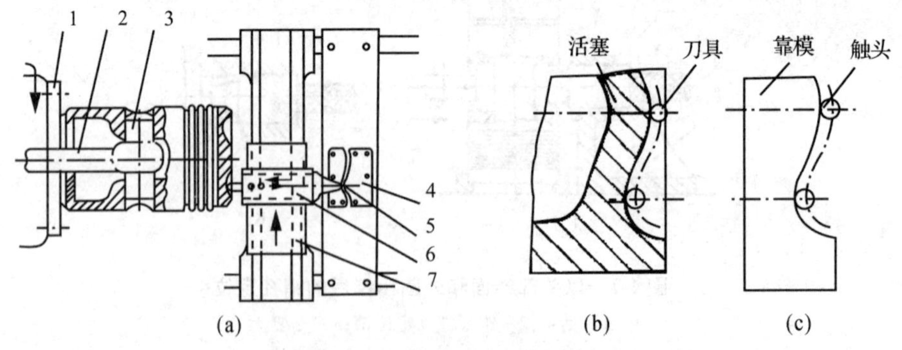

图 4-9　活塞燃烧室的车削方式

1—定位盘;2—拉杆;3—拉紧销;4—双面靠模;5—触头;6—横向导板;7—纵向导板

的。为确保燃烧室精度,刀刃圆弧 R 一定要刃磨正确。靠模加工系统简单,调整方便,容易操

作,仿形精度高,质量稳定可靠。但存在靠模制造较困难、成本高,且不能通用的缺点;靠模系统都靠机械或液压实现随动仿形,因此切削速度也不能太高。

使用数控机床加工不同燃烧室时,无须再用不同形状的成形刀和靠模,只需改变零件加工程序即可;而要编制加工不同形状的燃烧室程序,需对其形状做出较精确的分析与计算。可以采用专用的软件辅助自动编程,自动编程速度快,只需 3 ~ 5 min;计算准确,能自动补偿刀尖半径和磨损量等;实用性强,操作者只需向计算机数控系统中输入数控程序即可。

7. 活塞环槽的加工

环槽侧面的垂直度、圆跳动、粗糙度和槽宽的尺寸精度都有较高的技术要求,因此环槽加工是活塞加工中重要的工序之一。

活塞环槽的定位基准采用止口和活塞下端面(或止口倒角和顶针孔),活塞外圆表面的精加工采用统一的定位基准,满足基准统一原则。

在成批生产活塞环槽时采用成组切刀进行加工,如图 4-10 所示为环槽的精切加工及其切刀。此时,环槽宽度决定于切槽刀宽度;槽间距离决定于各切刀间垫片的厚度。在单件小批生

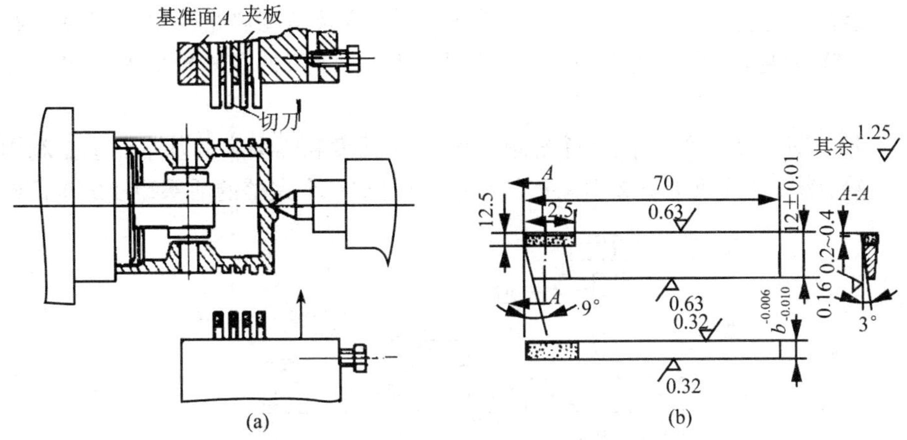

图 4-10 环槽的精切加工及其切刀

产时需逐个切出环槽,这时环槽之间的尺寸可用测量方法来保证。为保证槽的侧面与裙部的轴心线垂直,除刀架溜板的运动方向应与槽部的轴心线垂直外,还必须将切槽刀安装得与裙部轴线垂直。影响环槽侧面粗糙度的主要因素是切槽刀侧面和刃口的粗糙度,因此要降低其表面粗糙度。另一方面,如图 4-10(b)所示,在刀刃部分磨出一条宽为 0.2 ~ 0.4 mm 的棱边,后角为 0 °,起了压光作用,减小了环槽侧面的粗糙度。对于质量要求高的铸铁环槽,采用金刚石滚轮成形整体砂轮进行加工,并用成形砂轮磨削铸铁环槽。

三、活塞成品的检验

活塞各部位不仅有较高精度的尺寸公差要求,而且还有较多的形状公差要求。检验活塞成品时,每个活塞主要检查项目示意图如图 4-11 所示:(1)外径、裙部轮廓和椭圆度;(2)环槽底径与宽度;(3)顶岸高度;(4)销孔直径;(5)挡圈槽间距;(6)销孔轴线对裙部轴线的垂直度;(7)压缩高;(8)环槽岸边缘。

活塞的其他检查项目还有:销孔轴线与活塞轴线的相交度,环槽平面与活塞外圆轴线的

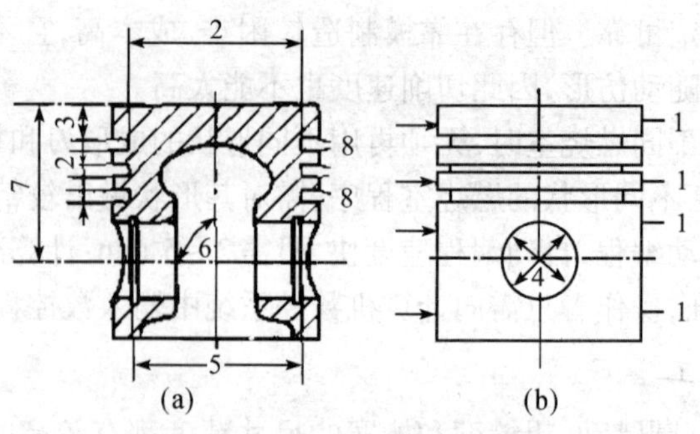

图 4-11　每个活塞主要检查项目示意图

1—外径、裙部轮廓和椭圆度;2—环槽底径与宽度;3—顶岸高度;4—销孔直径;5—挡圈槽间距;6—销孔轴线对裙部轴线的垂直度;7—压缩高;8—环槽岸边缘

垂直度,燃烧室与气阀坑的位置及其深度,活塞重量等。

对活塞的尺寸形位检测可采用专用检测仪器。如:(1)活塞椭圆度中凸度测量仪;(2)环槽粗糙度、波纹度、底径圆度测量仪;(3)梯形环槽粗糙度及角度测量仪;(4)活塞外径及高度测量仪;(5)销孔粗糙度、同心度与直径、环槽尺寸形状、活塞外径与轮廓及重量等综合检测仪等。

如图 4-12 所示为万能测长仪示意图,测量活塞中凸度和椭圆度的基本原理是利用电感量仪的和差运算,辅以计算机进行数据采集与处理,以得到一个完整的活塞型线的全部数据。测

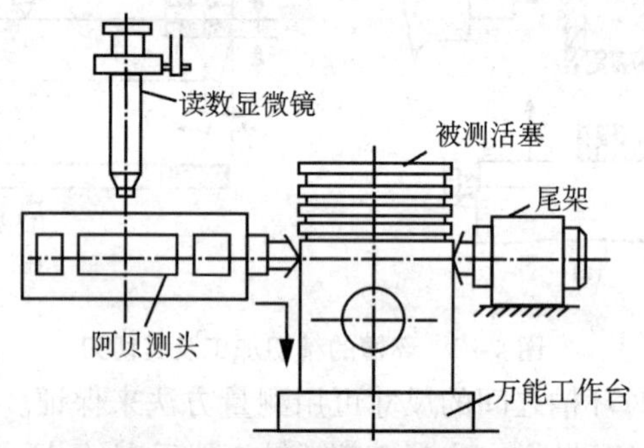

图 4-12　万能测长仪示意图

量仪由测量台体、传感器和计算机组成。测量台体包括回转工作台、立柱、测量架、细分脉冲当量步进电机。它完成测量时的两个独立动作:一是测椭圆度时回转工作台转动;二是测型线时传感器上下移动。传感器采用新型数字化通用测量仪——光电测长仪,它除有传感器外,还带有数字显示器。计算机部分包括微机、控制接口板和与之配套的系统软件等,它一方面控制整个测量系统运动,另一方面处理传感器传来的数据。该测量仪以止口定位采用双测头单传感器浮动式结构测椭圆度及型线。测量中两测头在高精度滑轨和弹簧的作用下,始终与工件接触,所测得的数据为该测点的直径值。

环槽测量仪的结构与原理如图 4-13 所示。仪器采用压力式气动测量原理,对环槽宽度测量是利用一个喷嘴向被测环槽表面喷射空气流,环槽表面接近喷嘴时,产生的节流效应与两者之间的距离有一定线性关系。据此关系,环槽宽度尺寸的变化转换成气路中压力的变化,继而通过压力传感器将压力变化转换成电量变化,再经测量电路进行处理,最后以数字形式显示环

槽宽度尺寸的变化量。

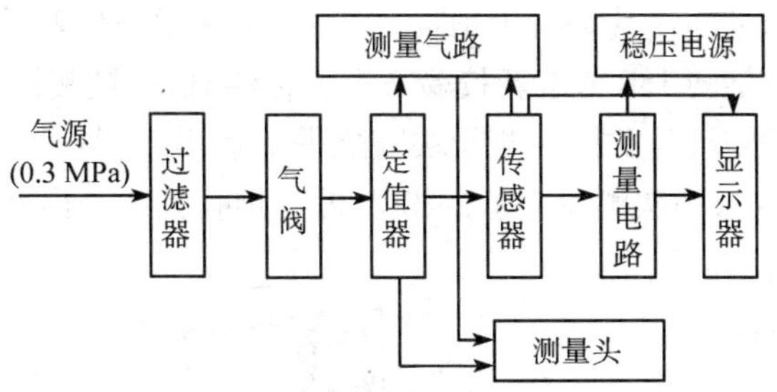

图 4-13　环槽测量仪的结构与原理

有关环槽形位公差的测量方法如图 4-14 所示。测量台架上的精密回转工作台可对中心和水平进行调整。通过步进开关的简单转换,工作台的回转运动和水平移动,与记录仪的极坐标和直角坐标实现同步运转。记录仪可将测规感应的偏差信号记录下来,再经过数据处理得出有关的形位误差值。

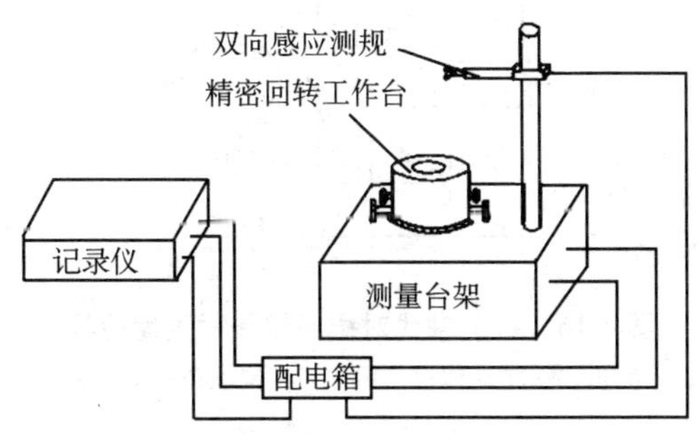

图 4-14　环槽形位公差的测量方法

如图 4-15 所示为活塞压缩高检具组成图,由测杆、千分表、手柄、丝杆、螺钉、调节架和底座组成。其操作与调整方法是:将总高度等于活塞压缩高的量块组置于底座平板上,将测杆测

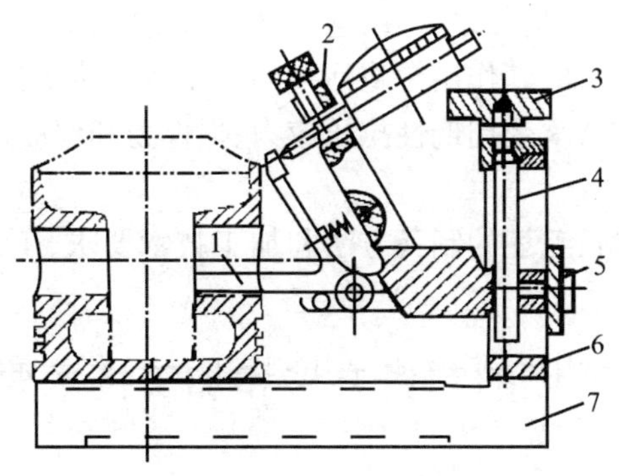

图 4-15　活塞压缩高检具组成图

1—测杆;2—千分表;3—手柄;4—丝杆; 5—螺钉;6—调节架;7—底座

头触及量块的上平面,此时将千分表上的读数调到零(清零),校验后进行测量;将被测活塞顶平面置于底座平板上,测头伸入销孔内并触及下圆弧,轻微左右摆动活塞找最低点,记下此时千分表读数;最后结合量块组尺寸计算出压缩高值。

如图 4-16 所示为销孔轴线对裙部轴线垂直度检具,由测爪、转动体、螺母、销轴、千分表、测量块和底座组成。其调整方法为:将校正件套入销轴,调整四个测爪位置,使测爪与校正件外圆紧密贴合;校正测爪平面使其平行于销轴,校对校正件顶面使其平行于转轴线;调整千分表读数位置,再将校正件旋转 180 °,重新校验一次。检测时,将被测活塞套入销轴使裙部外圆与测爪自由浮动到紧密贴合,与此同时测量块随之做前后微动,带动千分表测杆显示检测值;将活塞旋转 180 °再测一次,两次测量差值的 1/2,即为销孔轴线对裙部轴线垂直度的误差值。

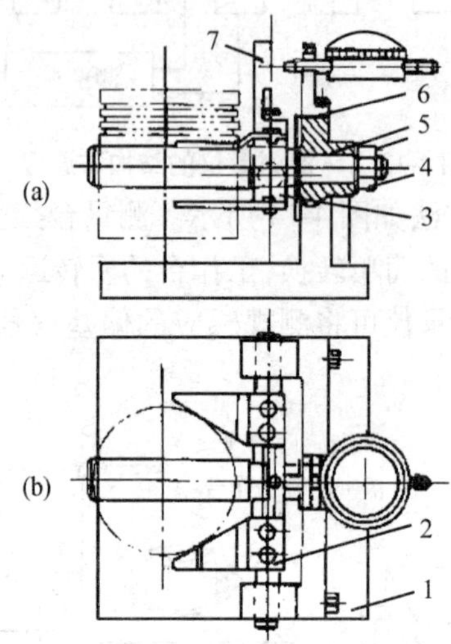

图 4-16 销孔轴线对裙部轴线垂直度检具

1—底座;2—测爪;3—转动体;4—螺母;5—销轴;6—千分表;7—测量块

第二节 连杆制造工艺

连杆是柴油机主要的传动构件之一,由连杆体、大端连杆盖、连杆螺栓、大端轴瓦、小端衬套等组成。它连接活塞和曲轴,其作用是将活塞的往复运动转变为曲轴的回转运动,以输出功率。连杆在传递力的过程中,承受周期性拉压应力、惯性力和弯曲力。这就要求连杆应具有高的强度、韧性和疲劳性能。

本节将介绍连杆的材料、毛坯的制备方法和加工技术要求、工艺过程、主要工序中的定位基准、成品检验的内容和方法。

一、连杆的材料、毛坯的制备方法和加工技术要求

1. 连杆的材料

连杆的结构设计和材料选择必须考虑有足够的强度和刚度,尤其是要有较高的疲劳强度。因此,连杆选材必须满足以上要求。船用柴油机连杆材料多为钢质,常用材料如下:

(1)对于船用大型低速柴油机,连杆主要用 35、40、45 号优质碳素结构钢制造,连杆螺栓用 40 号钢、35CrMo、40Cr 等中碳合金结构钢制造。

(2)对于中、高速柴油机,连杆杆身和端盖采用 35、40、45 号优质碳素结构钢制造或采用 40Cr、45Cr、35CrMo、40CrMo、42CrMo、40CrMnMo 等中碳合金钢制造。通常小功率的柴油机

连杆采用碳素钢,大功率的柴油机连杆采用合金钢。连杆螺栓用 20CrNi、18CrNiWA、35CrMoA、40Cr 等中碳合金钢制造。

(3)连杆小端的衬套或轴承常采用青铜制造,或采用钢壳(如 10、15 号钢)在其内表面上浇注耐磨合金。常用的青铜有 ZCuSn10Pb1、ZCuSn6Pb6Zn3 等。浇在钢壳上的耐磨合金有 ZSnSb11 - 6 锡基白合金(巴氏合金)或 ZCuPb30 铜铅合金。

(4)连杆大端轴瓦材料除了不用青铜以外,其他与小端轴承相同。

2. 连杆毛坯的制备方法

连杆毛坯的制备方法依其尺寸大小、材料及生产批量而定。

(1)自由锻毛坯:用于制造大、中型柴油机的连杆毛坯。自由锻毛坯的余量特别大,需耗费大量机加工工时和金属材料,其优点是锻造设备简单。

(2)模锻毛坯:用于制造成批生产的中、小型工字形断面的连杆毛坯。与自由锻相比,其劳动生产率约高 10 倍,节约钢材一半左右,但需要较大的锻造设备。

由于连杆大端端盖是剖分的,因此连杆的毛坯锻造工艺有两种,即将连杆本体与端盖分开锻造和整体锻造。分开锻造的连杆端盖金属纤维是连续的,因此有较高的强度;而整体锻造的连杆,经切断后,金属纤维不连续,因此这种连杆端盖的强度较弱。但整体锻造可以提高材料的利用率,减少结合面的加工余量,并只需要一套锻模一次锻成,便于组织生产。所以一般船用柴油机连杆尽可能采用整体锻造。

3. 连杆加工的技术要求

对连杆的加工技术要求可以归纳为尺寸和形状精度、位置精度、表面粗糙度要求。

(1)尺寸和形状精度要求

连杆尺寸、形状精度要求有:①大小端孔的精度;②大小端孔的圆度和圆柱度公差(一般为 0. 005 mm);③大小端孔轴线距离偏差(一般为 ±0. 05 mm);④连杆螺栓孔的公差;⑤十字头式连杆上下平面度在每米长度上公差值。

(2)位置精度要求

连杆位置精度要求有:①大、小端孔轴线必须平行;②大、小端孔的轴线必须与杆身轴线垂直并相交;③可拆式连杆大端与连杆的结合平面与大端孔轴线的平行度要求;④连杆大端和大端端盖螺母的支承平面与连杆螺栓孔轴线的垂直度公差要求;⑤连杆大、小端螺栓孔轴线应与大小端孔轴线对称;⑥十字头式连杆杆身上下结合平面应与杆身轴线垂直。

(3)表面粗糙度要求

对连杆表面粗糙度有要求的表面包括:①小端孔采用衬套(为 $R_a1.6 \sim 0.8$ μm);②大端孔(采用薄壁轴瓦时为 $R_a1.6$ μm,采用厚壁轴瓦时为 $R_a3.2$ μm);③大端与端盖的结合平面(为 $R_a3.2$ μm);④十字头式连杆上、下接合平面(为 $R_a3.2$ μm);⑤连杆螺栓孔(中、高速机为 $R_a6.3$ μm;低速机为 $R_a6.3$ μm);⑥连杆杆身(为 $R_a6.4$ μm)。

此外,高速柴油机各缸连杆的重量差通常不超过 1/100 连杆重量,以保证运转平稳。某型柴油机连杆结构及技术要求如图 4-17 所示。

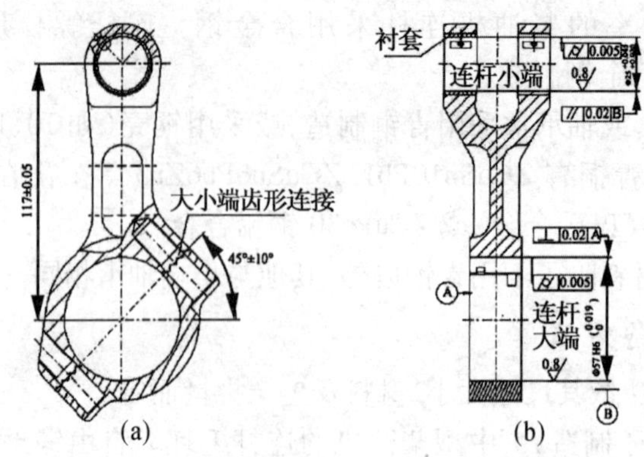

图 4-17　某型柴油机连杆结构及技术要求

二、筒型活塞柴油机连杆的加工

1. 加工阶段划分

锻造连杆毛坯时大端与小端一起锻造成形，连杆在毛坯制成后的加工可以分为三个加工阶段：粗加工、中间热处理后精加工、小端孔衬套和装合大端端盖后的加工。

以下为各阶段的特点：

(1)粗加工阶段：加工粗基准(如顶针孔、孔端面)，加工的主要内容有小端孔、大端孔和与其垂直的两端平面，以及连杆杆身和螺栓孔。

(2)热处理：一般用碳钢锻造的毛坯应进行正火，粗加工后退火；合金钢的毛坯通常在正火后进行粗加工，而后进行调质等热处理。例如：某型连杆材料采用优质合金钢，毛坯锻造时大端与小端一起模锻成形，锻件调质处理，最后机械强度能达到 980 MPa 以上。

(3)精加工：连杆机械加工的主要内容有小端孔、大端孔和与其垂直的两端平面，以及连杆杆身和螺栓孔，这些表面都要求达到一定的精度。为了提高疲劳强度，各表面要求有较小的表面粗糙度数值，不允许有细微的伤痕或裂纹；高速机连杆杆身有时对非工作表面进行喷丸处理，圆角及过渡部分都应抛光。

(4)小端孔衬套和装合大端端盖后的加工：连杆小端孔中压有衬套，为保证小端孔的精度，在压入衬套后进行精加工。为了保证大端孔的尺寸、形状精度，应在连杆杆身与端盖合装后(有的要在大端孔装入轴承后)再进行精镗。

2. 连杆主要表面加工工艺

(1)大、小端孔端面的加工

大、小端孔端面常常先加工好，使其作为后续工序的定位基准。大、小端孔端面常用铣削及磨削方法加工。粗加工时，一般按划线先加工一边端面，然后将连杆翻转 180 °，以加工过的端面为基准加工另一边端面，粗加工后应留有足够的加工余量(一般为 2 mm)。在成批生产中可用四轴专用铣床在一次安装中对连杆大、小端四个面同时进行加工。在精加工阶段，将杆身与大端装合后进行精磨到所要求的厚度。

(2)大、小端孔的加工

大、小端孔常常作为孔本身加工和其他表面加工时的定位基准，其加工精度和表面粗糙度要求都很高，通常分为粗、半精及装合后的精加工三次进行。

①小端孔加工:对尺寸较小的高速机连杆,锻造毛坯没有冲出小端孔,因此需要经钻、扩、铰、金刚镗、压入衬套、金刚镗衬套孔等工序。对于尺寸较大的连杆,锻造毛坯已冲出小端孔,一般只经过粗镗、半精镗、精镗、压入衬套、精镗衬套孔(或金刚镗)等程序。粗镗孔时以端面为定位基准,孔中心以不加工平面定位(或按划线痕找正定位)。小端孔的粗加工,一般都安排在大端孔粗加工之前,这是由于小端孔在后续加工中将作为主要定位基准。

②大端孔的加工:它与锻造毛坯上已冲出的小端孔加工一样,一般要经过粗镗、半精镗、精镗、连杆大端盖组装后精镗轴承孔。镗大、小端孔粗加工可以在镗床或车床上分别进行,也可以在双轴专用镗床上一次安装中同时加工出大、小端孔,以减少装夹时间,并可稳定地保证两孔轴线间距离尺寸的精度。精加工在专用精密镗床或双轴金刚镗床上进行,这些精密机床常带自动测量和刀具补偿功能,保证加工精度和表面粗糙度。连杆大端盖组装后镗大、小端孔时先以小端孔定位镗大端孔,再以大端孔定位镗小端孔,保证大、小端孔之间的位置精度。

(3)杆身的加工

杆身的加工以大、小端孔及端面定位。对于具有工字形截面的杆身,其工字形凹槽可在立铣或万能铣床上用立铣刀或圆盘铣刀进行加工,而连杆的外形用靠模铣床或用靠模在万能铣床上加工出来。对于具有圆形截面的杆身,其精加工在车床上用靠模进行。

(4)杆身与端盖上结合面齿形的加工

杆身与端盖一般采用45°斜切口齿面结合形式。通过精铣、锯等工艺分开杆身与端盖面后,即可进行齿形的加工。齿形可用铣、磨、拉等方法加工。用成形刀粗、精铣后,表面粗糙度可达 $R_a6.3\ \mu m$,为确保齿形接合面积达70%以上,应进行钳工研齿。如图4-18所示为用成形砂轮磨削连杆齿形示意图。连杆杆身3与端盖4同时装夹在夹具5上,一次安装磨削成形。粗磨后修整砂轮再进行精磨,用红丹涂色法检验上下体齿面的贴合度,确保接合面积满足要求。目前也有采用电火花线切割工艺,直接分开杆身与端盖面并进行齿形的加工。

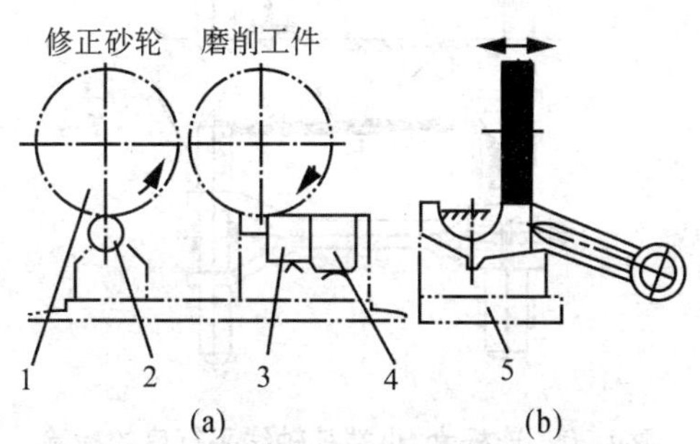

图4-18　成形砂轮磨削连杆齿形示意图

1—成形砂轮;2—金刚石滚轮;3—杆身;4—端盖;5—夹具

(5)连杆螺栓孔的加工

连杆螺栓孔通常需经过钻、扩、粗铰、精铰或钻、扩、铰、拉等工序,以保证其加工精度和表面粗糙度的要求。加工通常安排在切开连杆端盖和铣、磨结合面后进行,以保证螺栓孔与接合面垂直度的要求。在工序安排上有三种方式:第一种是将端盖和杆身分开钻、扩,然后将两者合起来精加工(铰或拉);第二种是将端盖和杆身合起来加工;第三种是将端盖和杆身上螺栓孔的粗、精加工都分开进行。第二种方式应用较多。如图4-19所示为端盖和杆身合起来加工螺栓孔的安装简图。

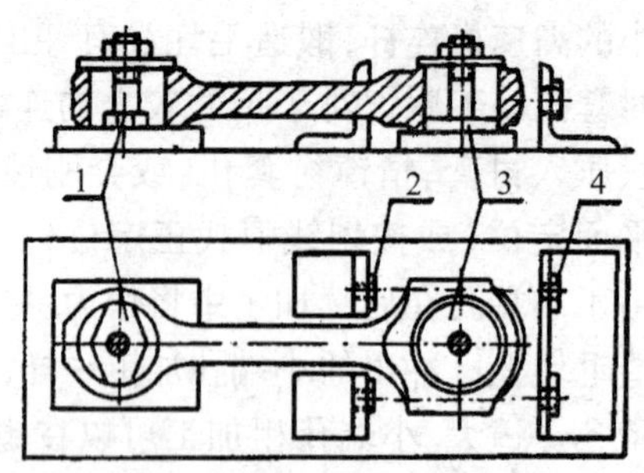

图 4-19　端盖和杆身合起来加工螺栓孔的安装简图

1—削边定位销；2—前导向套；3—圆柱定位销；4—后导向套

三、连杆成品的检验

对加工好的连杆，应按各项技术要求进行检验。大、小端孔圆度和圆柱度主要采用内径千分尺进行测量。而主要表面位置精度（平行度）的检验方法如下：

1. 连杆大、小端孔轴线平行度的检验

连杆大、小端孔轴线平行度的检验如图 4-20 所示，在连杆大、小端孔中插入检验轴 1 和 2，并将它置于检验平台 3 上。连杆大端用两个千斤顶 6 支持，小端用 V 形块 4 支持，并用水平仪 8 或用百分表 5 调节检验轴 1 与平台平行。然后用百分表 5 在小端检验轴的两端测量检验轴 2 与平台的平行度误差。此值即为连杆大、小端孔轴线在水平方向上的平行度误差。

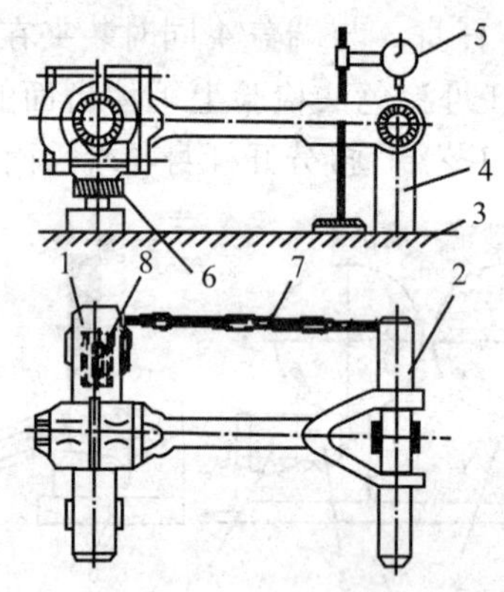

图 4-20　连杆大、小端孔轴线平行度的检验

1、2—检验轴；3—检验平台；4—V 形块；5—百分表；6—千斤顶；7—内径千分尺；8—水平仪

2. 筒形活塞柴油机可拆大端的连杆杆身下端结合面的检验

筒形活塞柴油机带可拆大端的连杆，加工好连杆杆身和大端后，应分别检验杆身下端结合面与小端孔轴线的平行度和大端结合面与大端孔轴线的平行度。连杆大、小端孔轴线与结合面平行度误差的检验如图 4-21 所示，在大端及小端孔中插入检验轴，并以结合面置于平台上，然后用百分表测量检验轴与平台的平行度误差。其中图 4-21（a）所示为连杆下端结合面与小端孔轴线平行度测量，图 4-21（b）所示为连杆下端结合面与大端孔轴线平行度测量，其值即为所检验的平行度误差。

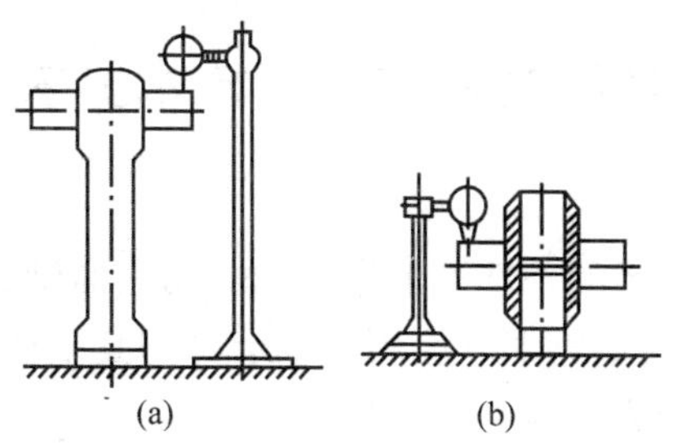

图 4-21　连杆大、小端孔轴线与结合面平行度误差的检验

3. 十字头式连杆杆身的上、下结合面平行度的检验

十字头式连杆杆身的上、下结合面平行度的检验如图 4-22 所示。检验时将连杆置于平台上用千斤顶 1 支承,然后按角尺 2 调节连杆的位置,使连杆下端结合面与平台垂直,再按角尺 3 检验连杆上端结合面与平台垂直情况(用厚薄规测量连杆两端结合面与角尺的间隙),可得出十字头式连杆杆身的上、下端结合面的平行度误差。

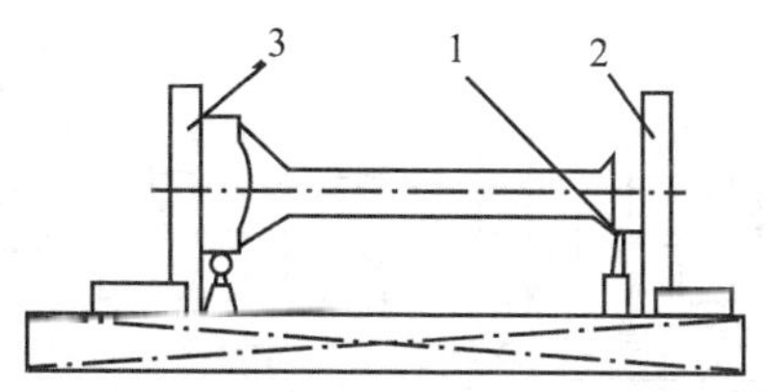

图 4-22　十字头式连杆杆身的上、下结合面平行度的检验

1—千斤顶;2、3—角尺

第三节　曲轴制造工艺

曲轴是柴油机中极其重要的零件之一,其造价占整台柴油机造价的 10% ~20% 。曲轴的功用是将柴油机各缸的往复功汇总起来,并以回转运动的形式传递出去。此外,曲轴还带动保证柴油机正常运转的各种附件,如定时凸轮轴、滑油泵、燃油泵、冷却水泵、扫气泵等。

一般曲轴由首端、尾端和中部若干个曲柄所组成,每个曲柄(曲拐)又包括曲柄销、曲柄臂和主轴颈。曲轴的首端(自由端)有时装有减振器。曲轴的尾端(飞轮端)是柴油机功率的主要输出端,尾端通过其端面的法兰盘(凸缘)连接飞轮;此外曲轴尾端(或首段)通常安装定时齿轮或链轮带动凸轮轴和冷却水泵等。有些船舶主柴油机本身带有推力轴承,则曲轴在尾端上装有推力环。

曲轴在运转中的受力情况非常复杂,它总是兼受着弯曲、扭转和压缩等多种负荷的作用。对大型船用曲轴的强度、刚性、抗疲劳性能和加工精度等的要求极高。合理的制造工艺对保证曲轴使用性能和耐久性能十分重要。

本节将介绍曲轴的材料、毛坯的制备方法和加工技术要求、工艺过程、主要工序中的定位基准、成品的检验内容和方法。

一、曲轴的材料、毛坯的制备方法和技术要求

1. 曲轴的材料

由于曲轴在极其复杂和恶劣的条件下工作,因此,制造曲轴的材料应具有足够高的强度、冲击韧性、疲劳强度和优良的耐磨性能。船用曲轴选材和其结构形式以及柴油机功率等因素有关。船用曲轴按照结构可分为两类:

(1)整体式曲轴(即全纤维曲轴):此类曲轴是由一整根钢料毛坯锻造而成,主要用于中小型船舶的柴油发动机和发电机以及高速柴油机,整体曲轴的结构和技术要求如图 4-23 所示。

(2)组合式曲轴:此类曲轴主要用于大中型船舶的低速二冲程柴油机。组合式曲轴又可分为全组合式曲轴和半组合式曲轴。全组合式曲轴是把主轴颈、曲柄销、曲臂分别加工,然后用过盈配合(如红套)组合起来;半组合工式曲轴是将曲柄和主轴颈分别制造,然后组合而成。

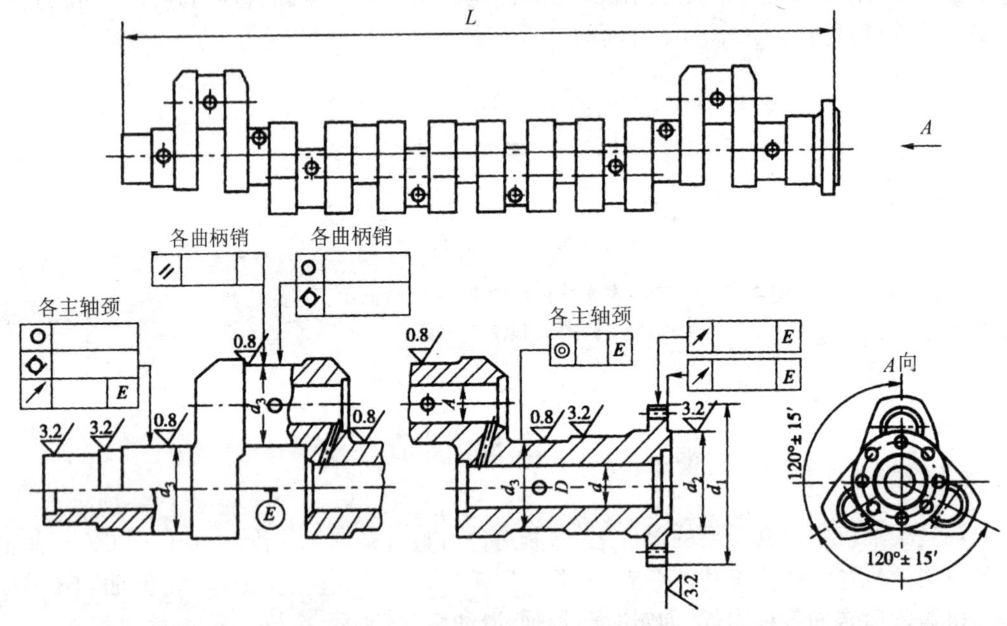

图 4-23　整体曲轴的结构和技术要求

曲轴材料包括锻钢、球墨铸铁、铸钢三种。

(1)锻钢: 35、40、45 号中碳优质碳素结构钢,常用于小型柴油机曲轴,这类钢价格便宜、热处理方便、工艺性好、机械性能也良好;40Cr、45Cr、35CrMoA、42CrMoA、42CrMo4V、45Mn2、42Mn2V、18CrNiMoA、18CrNiWA、18 Cr2Ni4WA 等合金钢,其机械性能和疲劳极限更高,常用于中、高速或强载大功率柴油机整体式曲轴。

(2)球墨铸铁:球墨铸铁曲轴价格低廉、制造方便、耐磨性好,疲劳强度可接近中碳钢,但综合性能仍不如中碳钢,应用于一些强载度不太高的中高速柴油机。常用球墨铸铁材料有 QT600 – 3、QT700 – 2、QT800 – 2、QT800 – 6、QT900 – 2 等,用于整体式曲轴的铸造。

(3)铸钢:大型低速柴油机曲轴多采用组合式制造,这时主轴颈常用 35、40 和 45 号钢,曲柄则采用 ZG270 – 500、ZG310 – 570、ZG25MnV 等铸钢,也可以采用锻造用合金钢材料。

2. 曲轴毛坯的制备方法

根据曲轴材料和尺寸,常用毛坯制造方法有两种:

(1)铸造法:当选用球墨铸铁时,则用铸造方法获得曲轴毛坯。大型半组合曲轴的曲柄可用铸钢件。

(2)锻造法:当选用钢材时,常用锻造法制造毛坯。其中制造小型(例如缸径小于 200 mm 的柴油机曲轴)、生产批量不大的曲轴时采用模锻;中、大型整体曲轴采用自由锻或镦锻。

曲轴的锻造方法,因其尺寸和结构不同而异,目前曲轴毛坯的主要制造方法如图 4-24 所示。通常缸径小于 200 mm 的柴油机曲轴采用整体模锻;缸径在 200 ~ 600 mm 的柴油机曲轴,多采用自由锻与特殊锻造;缸径大于 600 mm 的曲轴受到冶炼和锻造能力的限制,要采用组合法分开锻造。

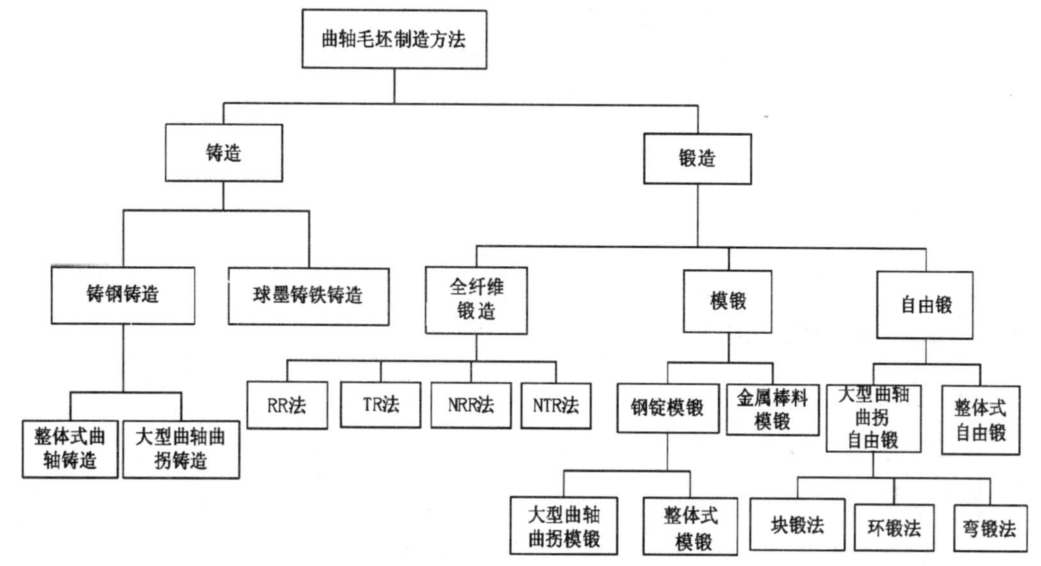

图 4-24　曲轴毛坯的主要制造方法

特殊锻造法中制造较成功的是镦锻弯曲法。此法优点是能使锻件纤维沿曲轴的形状连续分布,扭曲少,材料利用率高。曲轴毛坯的镦锻法如图 4-25 所示。它是先把钢锭锻成圆棒,在其上锻出主轴颈、曲柄臂和曲柄销部位;在曲柄销和相邻两主轴颈部位分别用锻模压住,并由压力机从轴的两端向中部挤压,使曲柄部分被挤压成形;与此同时压力机向下挤压曲柄销部位。这样,曲轴的一个曲柄便一次成形。用同样的方法完成其他各曲柄,使整根曲轴锻造成功。

组合式曲轴的曲柄有锻造和铸造两种制造方法,锻造方法需要用压力机等装备,制造成本高,但由于使用压力加工,锻造曲轴结构紧凑,抗疲劳强度可提高。铸造方法与锻造方法比,在成本上有优越性,可批量生产,但抗疲劳强度比锻造的低,容易出现铸造缺陷。一般选择锻造方法。

对于单个大型曲柄的锻造,有以下几种锻造方法:块锻法、环锻法和弯锻法。对于大型曲轴曲柄锻造,弯锻法是一种比较好的方法,目前应用较多。弯锻法的变形过程如图 4-26 所示。将毛坯压成扁坯,然后经分料后压成弯曲毛坯,并在弯曲模架上弯曲成“V”形,最后将“V”形曲臂压平修整成形。弯锻法的优点是操作简便,金属纤维流向好,弯曲时所用模具相对简单,

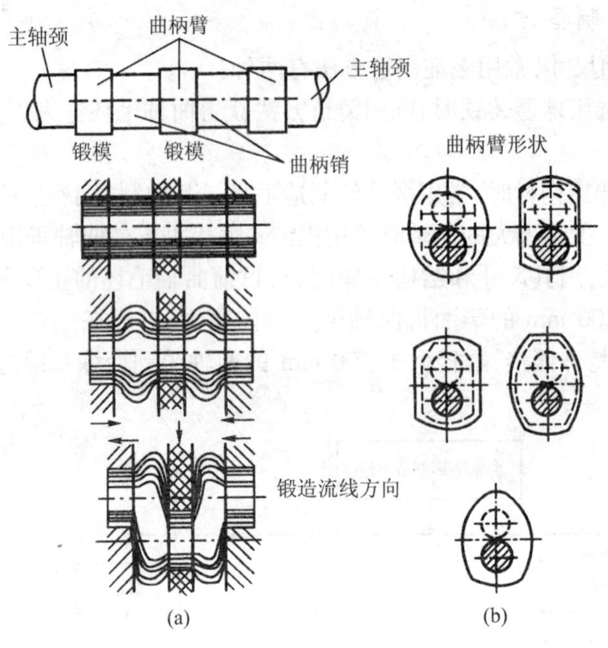

图 4-25 曲轴毛坯的镦锻法

所需设备成形力小。但是毛坯和模具形状尺寸对最终成形工件影响较大,弯曲压平时不易控制,易出现锻造缺陷,材料利用率也较低。

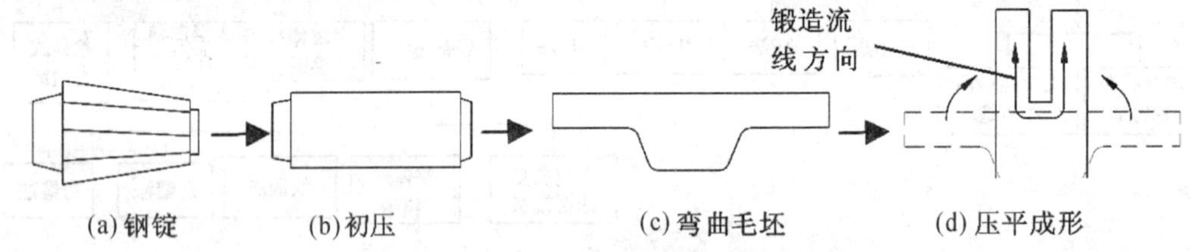

图 4-26 弯锻法的变形过程

为了改善坯件材料组织和机械性能,消除内应力,对曲轴应进行必要的热处理。对碳素钢曲轴锻件应进行正火处理,粗加工后进行退火处理,硬度为 HB180 ~ 240。对合金钢曲轴锻件应经退火处理,粗加工后进行调质处理,硬度为 HB207 ~ 286(有时可达 HB302 ~ 364)。对球墨铸铁曲轴应经正火处理,精加工前应进行退火或回火处理,硬度为 HB220 ~ 290。

3. 曲轴加工的技术要求

曲轴结构和它在运转中的受力情况复杂,要求其形状、尺寸、精度和粗糙度等必须满足较高的技术要求。以下是曲轴在制造中有关的几项技术要求:

(1)尺寸精度和形状精度

曲轴的制造对主轴颈和曲柄销的直径尺寸、中心距和形状公差(圆度和圆柱度)均有较高要求。例如对低速柴油机直径尺寸按 IT7 级公差加工,对中、高速柴油机按 IT6 级或更高一级的公差加工。对于低速柴油机,通常其形状公差约为尺寸精度 IT9 级公差的四分之一,对于中、高速柴油机则为 IT7 级公差的四分之一。为了减小应力集中,曲柄臂与主轴颈和曲柄销连接的过渡处必须制成圆角，加工时应保证正确的圆角半径。

（2）位置精度

①所有主轴颈的轴线应在一条直线上（同轴度要求）。一般对高速柴油机，主轴颈对曲轴轴线的径向圆跳动量为0.02～0.04 mm，对于中、大型柴油机则为0.04～0.08 mm。

②对曲柄销轴线与主轴颈轴线的平行度误差及各曲柄间的夹角误差的要求：曲柄销轴线与主轴颈轴线在每100 mm长度上平行度误差不大于0.01 mm；曲轴各曲柄间的夹角误差应不大于正负15′～20′。

③其他位置精度要求包括：曲轴法兰盘端面与曲轴轴线垂直度要求（法兰盘直径小于300 mm时垂直度不大于0.03 mm；法兰盘直径大于300 mm时垂直度应为0.05 mm）、法兰盘外圆与曲轴轴线同轴度要求（不大于0.02～0.05 mm）、曲轴的臂距差（每米活塞行程不大于0.075 mm/m，当活塞行程小于400 mm时，可放松为不大于0.1 mm，但总数值不大于0.03 mm）。

（3）表面粗糙度

曲轴表面粗糙度不但会影响轴颈和轴承的耐磨性，还会影响曲轴的疲劳强度及耐腐蚀性能。曲轴对粗糙度有要求的表面有：主轴颈和曲柄销、油孔孔口和过渡圆角处、法兰盘外圆和端面、曲柄臂侧面及曲轴减轻孔（钢曲轴）等。如果曲轴材料是合金钢，因它对应力集中非常敏感，故粗糙度等级须相应提高一级。

（4）其他方面的要求

曲轴所有加工表面不允许有裂纹、麻点、凹陷、毛刺和碰伤等缺陷，非加工表面不允许有氧化皮、分层、裂纹、折叠及过烧等缺陷。对于高速柴油机曲轴，其动平衡精度为0.005 N·m。

二、整体式曲轴的加工

1. 曲轴加工阶段划分

一般将中小型整体曲轴的加工分成粗加工、精加工和光整加工三个阶段。有些曲轴在粗精加工之间还插入半精加工阶段，在粗加工前可安排荒车阶段（去掉大量多余金属并及时发现表面缺陷）。

以下为各阶段的特点：

（1）粗加工阶段：划线及加工定位基准（打顶针孔等），粗加工主轴颈，曲柄成形（自由锻曲轴）、法兰盘螺孔加工，粗加工曲柄销和曲柄臂，粗加工曲轴减轻孔（锻造曲轴）。粗加工后一般需进行中间热处理。

（2）精加工：修正精加工定位基准，精加工主轴颈，精加工曲柄销和曲柄臂，精加工曲轴减轻孔（锻造曲轴），斜油孔和键槽加工。

（3）光整加工：主轴颈和曲柄销光整加工（采用砂带磨床）。

对于中、大型整体曲轴，不论是自由锻造毛坯还是铸造毛坯，在拟定工艺路线时，均应按工序集中的原则，此外应尽量采用专用夹具和专用机床，以提高曲轴加工精度和生产率。

2. 主轴颈的加工

主轴颈的加工通常经过粗车、半精车、精车（或精磨）以及光整加工等多道工序才能达到加工要求。

加工小型曲轴主轴颈时，可以顶针孔和主轴颈外圆面为定位基准；对于中、大型自由锻整体曲轴，以其两端主轴颈（或其中一端用法兰盘外圆）和端面为定位基准。加工较大型曲轴主轴颈时，法兰盘端（或自由端）一般装夹在机床四爪卡盘中，可以根据划线调整旋转中心位置。

对于中、大型曲轴主轴颈，半精加工和精加工时，都必须加装中心架，以便提高曲轴加工的刚性（例如对六曲柄曲轴精加工时通常可加装3～4个中心架），如图4-27所示为曲轴在卡盘中安装示意图。有时为了便于校中调整和防止轴颈被夹毛，必须在轴颈与卡盘的卡爪间加垫小铜棒或铜垫，如图4-28所示为半精车法兰盘外圆和端面装夹简图。

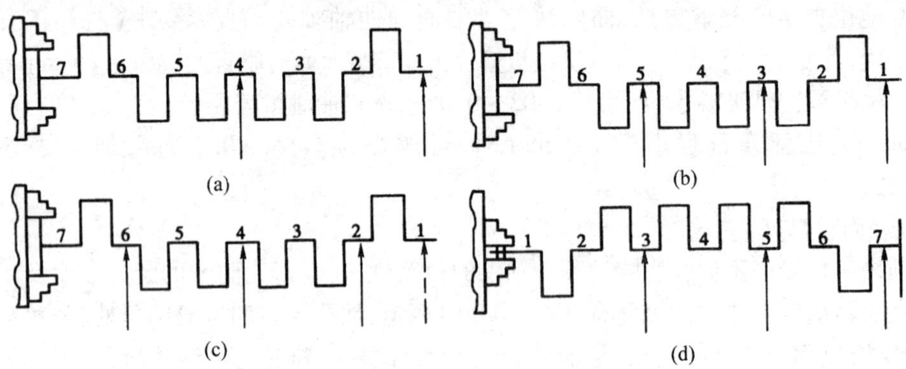

图4-27　曲轴在卡盘中安装示意图

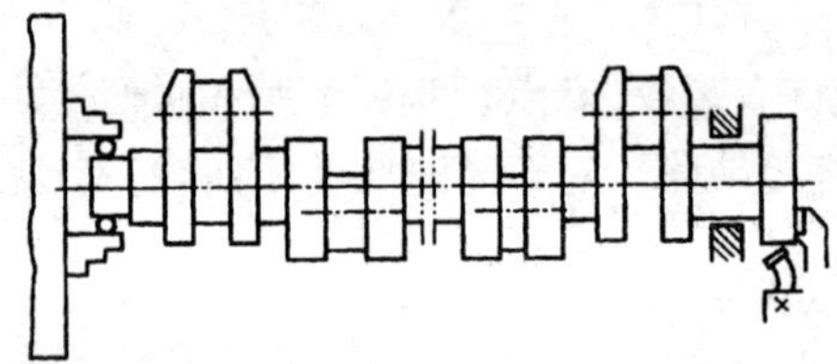

图4-28　半精车法兰盘外圆和端面装夹简图

主轴颈的光整加工，对于成批或大量生产的中小型曲轴，可以采用超精密加工；在小批生产条件下，对于中、大型柴油机曲轴，一般在精车后采用细砂布抛光，或者采用专用夹具抛光，或者采用轴颈专用机床抛光。

对于曲轴可采用喷丸强化法来提高其疲劳强度，也可采用滚压器进行冷压光加工来达到光整加工的要求。轴颈表面和圆角处经冷滚压后，不仅可提高表面硬度和降低粗糙度，而且可提高疲劳强度，延长使用寿命。此外，对轴颈圆角光整加工可采用细砂布在车床上进行抛光，也可采用风动工具进行抛光。

3. 曲柄销加工

曲柄销车削或磨削加工是曲轴加工中较难的工序，它比主轴颈加工多了两个问题，即角度定位和曲轴旋转时的不平衡问题。

曲柄销的加工工序安排和主轴颈类似，但曲柄销在曲轴专用加工机床上的定位需要借助于机床上的偏心夹具来实现。该偏心夹具代替普通机床的卡盘和尾顶针，圆盘偏心夹具加工曲柄销的定位原理定位原理如图4-29所示。通过偏心夹具，工件以主轴颈、法兰盘外圆和端面及曲柄销的轴线为定位基准安装在夹具中，并使待加工的曲柄销轴线调整到与车床回转轴线同轴位置。其中曲柄夹角的角度公差则是以曲柄销加工专用夹具上的分度装置的分度孔定位来达到要求的。

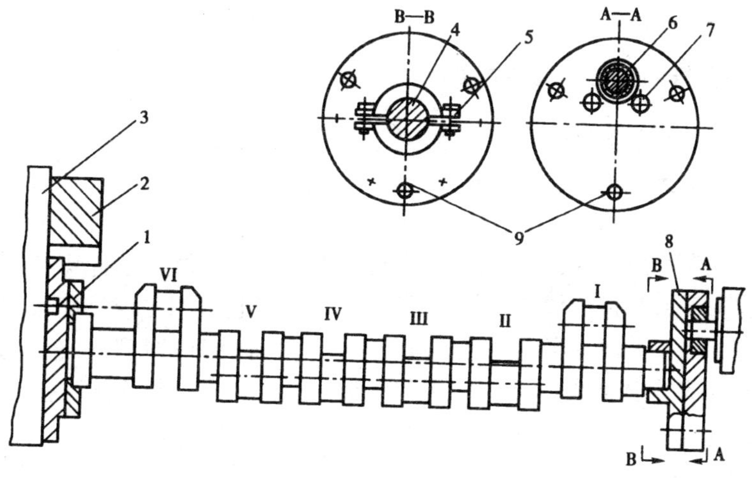

图 4-29 圆盘偏心夹具加工曲柄销的定位原理

1—车头夹具;2—平衡重;3—车床花盘;4—小端轴颈;5—尾轴承座;6—尾顶针;7—车曲柄臂圆弧顶针孔;8—尾座夹具;9—分度孔

4. 其他轴颈表面的加工技术

传统上,主轴颈和曲柄销轴颈表面加工是采用车削和磨削进行的。随着技术的发展,数控加工技术得到广泛应用,并出现了一些特种的和新的加工方式。

(1)车、铣复合数控加工:车、铣复合加工技术是20世纪90年代发展起来的加工工艺方法。其核心就是在一台专用机床上,通过一次装夹实现对零件车、铣、钻、镗及攻等多种加工内容。由于工序集中,对于曲轴加工,既可保证精度,又可提高效率、降低成本。

(2)宽刃刀具加工:用于船用曲轴主轴颈和曲柄销外圆精加工的硬质合金宽刃刀具,其刀刃长度同曲轴主轴颈和曲柄销长度一致,一般为200～370 mm。采用宽刃刀具加工时,吃刀量(切深)仅为0.01mm,进给量为0.01mm/min,加工时切削速度也较低。目前,世界上半组合式曲轴的生产企业均采用宽刃刀对曲轴主轴颈和曲柄销进行精加工。

(3)全轴车削加工:在一个工位上,在一个工序内,把曲轴的全部轴颈车削完,同时,为了防止在加工过程中曲轴变形,需在中间部位设置中心架。全轴车削工艺所使用的设备为双工位靠模曲轴车床,适用于大批量的曲轴生产。对于多品种曲轴的加工,需要定期更换刀架和靠模,因此适应性较差。

(4)轴颈的外铣和内铣加工:铣削加工效率高、稳定性好。曲轴采用主轴颈在机床旋转夹具(如三爪卡盘)上定位。曲柄销轴颈外铣加工时,曲轴也进行低速旋转,而高速旋转铣刀对工件轴颈进行随动加工(类似砂轮的仿形削磨加工)。目前很多的厂商更青睐于内铣加工,曲轴内铣加工技术可同时完成主轴颈和曲柄销轴颈的加工,内铣加工和外铣加工类似,但采用内铣刀盘,铣削速度可高达350 m/min。

(5)轴颈的车拉加工:车拉加工结合了车削和拉削两种工艺,车拉工艺又可以分为直线、旋转两种车拉加工方式。其刀具由分度刀片组成,拉削采用切向进给能提高工作效率,轴颈、圆角、曲柄臂侧面的加工可以由车拉技术一次性完成,一般用于小余量工件的加工和规模化生产。

除了以上方法外,用于曲轴加工的技术还包括:用于深油孔加工的枪钻技术、表面滚压工艺、滚磨光整工艺、砂带抛光工艺等。

三、组合式曲轴的组合方法

船用大型低速柴油机的曲轴又长又重,对于这样的曲轴如果仍采用整根制造,就会遇到浇铸、锻造、热处理、起运和机械加工等困难。因此,这类曲轴都是采用"组合(套合)"方法制造的。

组合制造方法又分成两种:全组合和半组合。全组合就是将曲轴上每一个曲柄的主轴颈、曲柄臂和曲柄销分开来制造和加工,再用过盈套合方法把它们相互连接起来,成为整根曲轴,最后经过少量修整加工而成。半组合就是将曲轴上各主轴颈和曲柄分开来制造和加工,再用过盈套合方法套合成整根曲轴,最后经少量修整加工而成。目前半组合制造方法应用较广泛。

一般零件套合工艺有红套、冷套和液压套合三种。对于大型组合曲轴,目前广泛采用红套方法。红套方法是利用金属材料的热胀冷缩特性,将比主轴颈直径小的曲臂孔加热,使其胀大;当胀大到孔的直径大于主轴颈直径时,速将主轴颈套入曲臂的孔中;冷缩后主轴颈与曲臂就形成能传递扭矩的结合体,这种工艺称为曲轴红套工艺(半组合式红套工艺)。曲轴的红套方法按曲轴零件红套时放置的方向不同而分成两种:立式红套法(简称立套法)和平式红套法(简称平套法)。立套法使用的工具简单,但需具备必要的吊装高度空间,对于红套较长的曲轴还需要有一个深坑;平套法需要有一套专用的红套设备,但它可以在一个曲柄上同时进行两个主轴颈的红套操作。红套工艺应考虑过盈量、加热温度、加热方法和加热设备等因素。

曲轴红套过盈量根据柴油机功率与曲轴尺寸(即曲臂和轴颈的尺寸)而定,一般为1.5~2.5 mm。曲轴红套时,将曲柄加热,使红套孔受热膨胀而孔尺寸变大,然后与轴连接,待温度降低后则孔复原,产生对轴的紧箍力,使两个零件连接。

传统曲轴红套使用燃气加热的方法。这种加热的方法存在不足之处,例如被加热的部位表面积炭和氧化严重、加热时间长、变形量不易控制等。目前多采用中频电磁感应加热技术。中频电磁感应采用0.2~10 kHz的交流电源,加热深度较深、匀称,加热温度可准确调控,符合曲柄红套孔加热的技术要求,可以大大提高曲轴红套的效率和质量。

四、曲轴成品的检验

曲轴在制造过程中必须进行一系列的检验。与加工有关的检验大致上有:(1)曲轴表面缺陷检验;(2)裂纹的检验;(3)轴颈表面粗糙度检验;(4)轴颈直径检验;(5)主轴颈跳动量检验;(6)各曲柄中心距检验;(7)主轴颈与曲柄销轴线距检验;(8)曲柄销轴线与主轴颈轴线平行度检验;(9)曲轴法兰盘对曲轴轴心线的端面跳动和径向跳动检验;(10)曲柄夹角检验;(11)曲轴臂距差检验;(12)曲轴平衡试验等。

下面介绍其中几种主要检验项目的检验方法:

1. 轴颈直径、圆度和圆柱度检验

一般曲轴制造厂对曲轴的主要检测项目在专用检测平台上进行。曲轴两端主轴颈用V形支架支撑,中间可布置V形活动支架消除因曲轴自重产生的干扰。

轴颈直径通常用外径测量卡尺测量。测量时,在轴颈长度方向选择三个截面,即距离两端圆角各为10~30 mm的两个截面和中间的一个截面,分别测量其水平和垂直方向的直径,如

图 4-30 所示为轴颈测量位置。将测量结果记入专门的表格中。

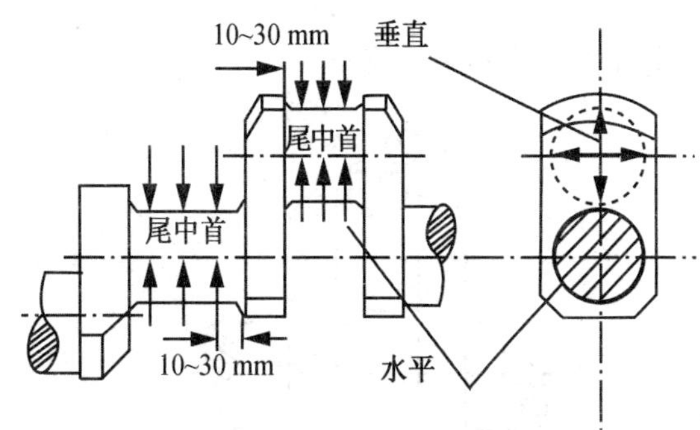

图 4-30　轴颈测量位置

2. 主轴颈与曲柄销轴线距检验

对新造曲轴还应检验每个曲柄中主轴颈与曲柄销的轴线距(如图 4-31 所示),即曲柄半径。检验时将曲轴放在平台上。由若干个 V 形架支承,调整它们的高低,使曲轴轴心线与平台平行。然后把需检验的曲柄销转到下止点位置,用仪表或内卡尺分别测量该曲柄两主轴颈下部顶面至平台的距离 H_1 和 H_2,测量曲柄销下部顶面至平台的距离 h。再用外卡尺分别测量此两主轴颈直径 d_1、d_2 和该曲柄销直径 d'。按下式即可算出主轴颈与曲柄销的轴线距 $S/2$:

$$\frac{S}{2} = \frac{(H_1 + d_1/2) + (H_2 + d_2/2)}{2} - (h + d'/2)$$

式中,S——活塞行程。

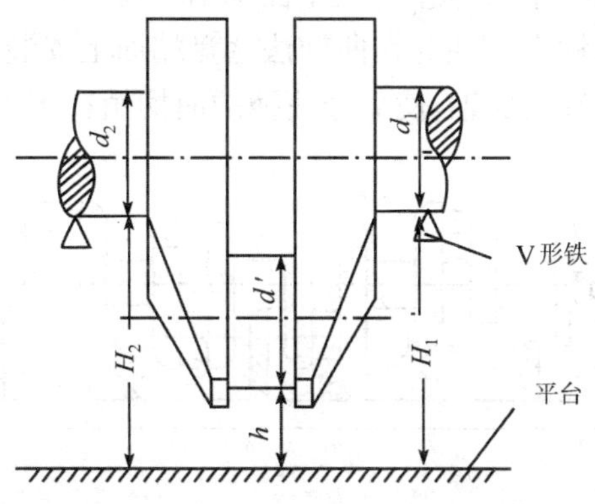

图 4-31　主轴颈与曲柄销轴线距检验

3. 曲柄销轴线与主轴颈轴线平行度检验

曲柄销轴线与主轴颈轴线平行度一般都是在车间平台上检验的(如图 4-32 所示)。将曲轴放在平台上,由若干个 V 形铁支承,调整它们的高低,使曲轴轴心线与平台平行。将需检验的曲柄销转到曲柄圆周上的某一位置,例如上止点位置,然后用百分表在曲柄销上部顶面相距一定距离 l 之首尾两测量位置上进行测量,即测量数值 a 和 b,测出它们的相对值。接着将曲柄转过 180 °,在曲柄销原来的两个测量位置上再分别测量一次,测出两数值 c 和 d,然后按下式进行计算:

$$\delta = \frac{(a - b) + (c - d)}{2l}$$

式中，δ——曲柄销轴线与主轴颈轴线不平行度。

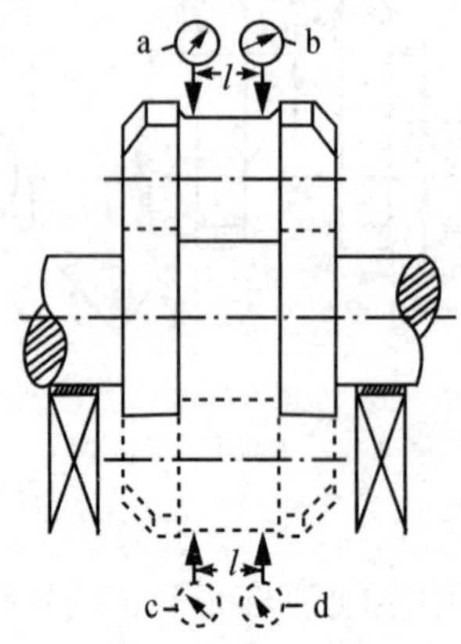

图 4-32　曲柄销与主轴颈平行度检验

此外，还有用水平仪检验、用测量杆结合百分表检验等方法。

4. 曲柄夹角的检验

曲柄夹角的检验大致有划线法、测量计算法和光学象限仪检验法等，如图 4-33 所示为光学象限仪检验曲轴夹角。

检验步骤是：将曲轴放在平台支承上并校平曲轴轴心线。然后转动曲轴，将 1 号曲柄的曲柄销转到有一定高度的 V 形铁上搁住。在曲轴法兰盘端面上安装测量平板，并校平后夹紧。将 V 形铁移到第二个位置再转动曲轴，使 2 号曲柄的曲柄销在 V 形铁上搁住。这时，将光学

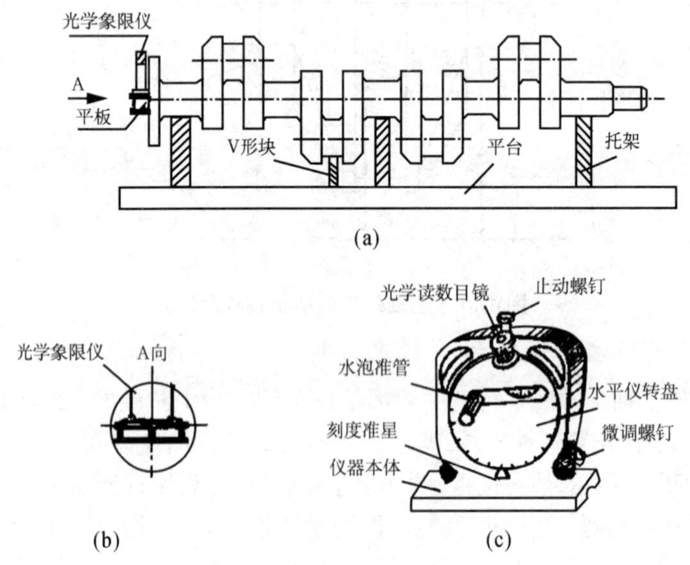

图 4-33　光学象限仪检验曲轴夹角

象限仪放到测量平板上，转动仪器中的水平仪转盘到水平位置，通过光学读数目镜便可读出水

平仪转盘所转过的角度，此角度就是 1 号和 2 号曲柄间的夹角。同理可测出其余曲柄间的夹角。

5. 平衡试验

曲轴由于加工不正确或允许的偏差不对称以及材料内部组织的不均匀等原因，在回转中存在不平衡质量，它会使柴油机工作不平稳，引起振动和发出噪声，甚至使主轴承及其他部件因附加负荷增加而损坏。因此，新造和经大修后的曲轴都需要做平衡试验。对中、低速柴油机曲轴应做静平衡试验；对高速柴油机曲轴应做动平衡试验。后者进行试验时最好将飞轮与曲轴连接在一起进行。

中小型曲轴静平衡试验是将它放在具有两个平行轴或刀口的设备上进行，如图 4-34 所示为中小型曲轴静平衡检验方法，也可以将它的两端放在两个滚轮上进行。多次重复滚动曲轴，若它总是在相同方向上停止，则说明此处存在不平衡质量。可以在位于下方曲柄（它比较重）的两个曲臂上铲去一些金属，再次进行试验，直至曲轴多次滚动时，在任一方向上均能停止为止，此时说明曲轴质量已均衡。

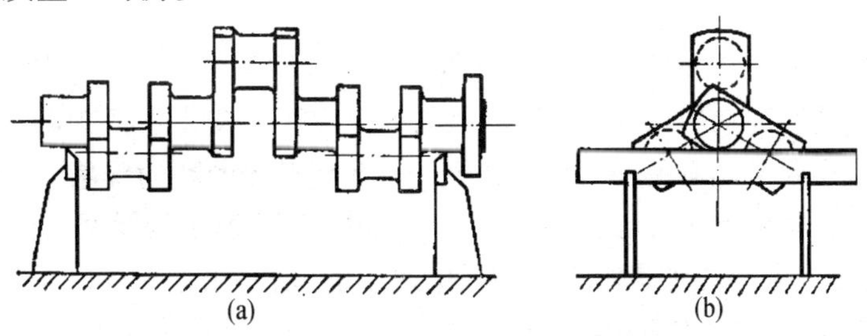

图 4-34　中小型曲轴静平衡检验方法

大型低速柴油机曲轴，由于重量大、刚性差，不便于进行静平衡试验。这类曲轴一般都采用红套方法制造，故采取在红套前机加工时保证曲轴各零件的尺寸公差，控制和掌握它们的重量和重心位置；红套时，对各不同重量和重心位置的曲柄进行合理排列组合，并在曲柄臂的适当位置上铲去或镶上一定量的金属，通过这些措施，使其静不平衡程度最小。曲轴在制成后一般就不再做静平衡试验。

第四节　活塞环制造工艺

一、活塞环的结构特点、材料和加工技术要求

1. 活塞环的结构特点

活塞环是影响柴油机性能的关键零件之一。活塞环在高温高压条件下工作，尤其是第一道环的温度高达 300 ℃；活塞环承受摩擦磨损和机械作用，润滑油条件差，处于半干摩擦条件下滑动，使活塞环的磨损加剧。因此，活塞环是一个易损件，损坏形式包括磨损、失去弹性或折断，它的可靠性是决定气缸检修周期的重要因素。

按照用途，活塞环分为压缩环和刮油环。压缩环的主要作用是密封活塞与气缸间的工作

空间,防止漏气,并兼起导热和调节气缸油膜的作用。压缩环按结构可以分为矩形断面、梯形断面、不对称断面环等。油环的作用是在气缸壁上进行布油,同时把气缸壁上多余的滑油刮回曲轴箱,以控制进入燃烧室的滑油量。油环结构的主要特点是圆周方向上分布有径向的回油孔。

为了使活塞环有伸缩的弹性,并便于装配,活塞环必须开有切口。切口必须留有适当的间隙,以避免当活塞环受热膨胀时卡住。如图 4-35 所示为活塞环的各种切口形式。

对活塞环的基本要求是:

(1)应有正确的几何形状、尺寸和适当的表面质量。

(2)具有一定的弹性,使它紧贴气缸壁而不漏气。

活塞环防止活塞漏气的作用主要是靠环的压紧来达到的,并且密封空间的压力越高,压得越紧。活塞环和环槽所形成的曲折路径提高了环的密封作用。

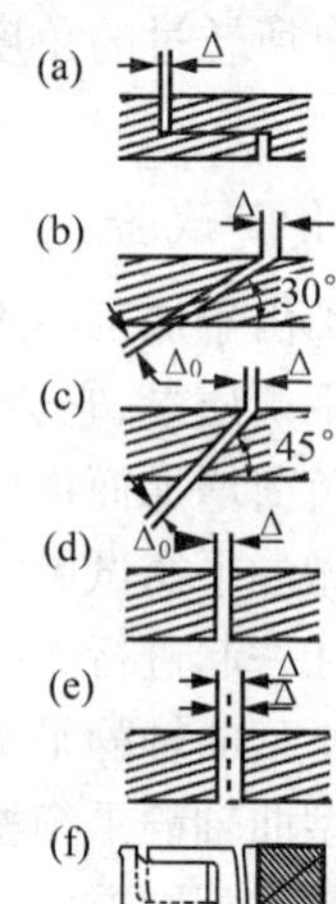

图 4-35　活塞环的各种切口形式

为了密封可靠,希望活塞环在整个使用期限中总以均匀的压力压紧气缸壁。在实际应用情况下,应考虑到活塞环在切口附近 45 °的范围内磨损往往较其他部位大些;而在有扫气口的二冲程气缸套内,还要考虑避免环的切口在气口处刮环甚至断环的现象。因此,常用环的压力分布形式有等压环、苹果形压力环和桃形压力环,如图 4-36 所示为活塞环的径向压力分布,以适应不同应用场合。等压环主要用于四冲程中速柴油机;苹果形压力环只应用于二冲程柴油机,特别是大型船用柴油机;桃形压力环装入气缸后在切口处压力较高,即使活塞环磨损后在切口处仍能保持一定的径向压力,特别适合于高速柴油机。

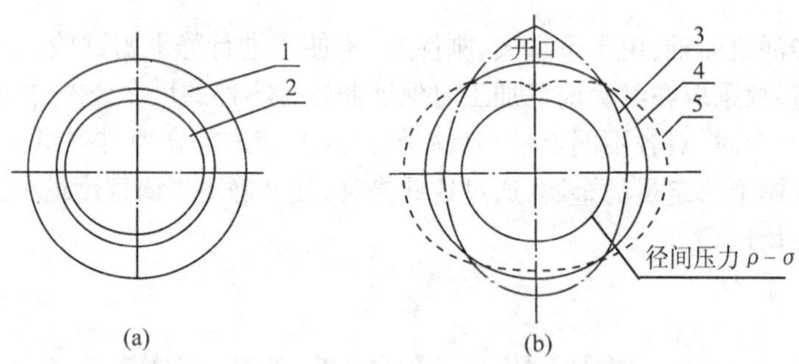

图 4-36　活塞环的径向压力分布

1—气缸套;2—活塞环;3—桃形分布;4—等压分布;5—苹果形分布

2. 活塞环的材料

活塞环对材料的要求:

(1)材质

常用的活塞环材质有灰口铸铁(HT20 ~ 40、HT25 ~ 47)、合金铸铁(CrMoCu、CrMo、CrMoCuB)、球墨铸铁、钢(高碳钢、锰钢、氮化钢等,主要用于刮油环)、金属陶瓷等。铸铁具有良好的耐磨性、成本低廉的特点,被广泛地应用于柴油机活塞环的制造。对于高速和特别强化的柴油机,由于要求其具有较高的弹力和抗冲击性能,一般使用钢制活塞环。粉末冶金工艺制造的金属陶瓷活塞环具有多孔性、保持润滑油的能力强等独特的优点。

(2)硬度

中小型柴油机活塞环材料硬度应为 HB190 ~ 230,大型低速柴油机活塞环材料硬度为HB180 ~ 220,合金铸铁环活塞环材料硬度为 HB220 ~ 230;

(3)活塞环的合金组织(如图 4-37 所示)

石墨:一般发动机活塞环所希望的石墨长度为 0.03 ~ 0.12 mm,由于缸径不同,壁厚不同,必须正确对待,不能一律要求活塞环的石墨为细片状。根据经验,一般单体环工作表面层内的平均过冷石墨数量应不大于 30%,而筒体环应控制在不大于 20%。

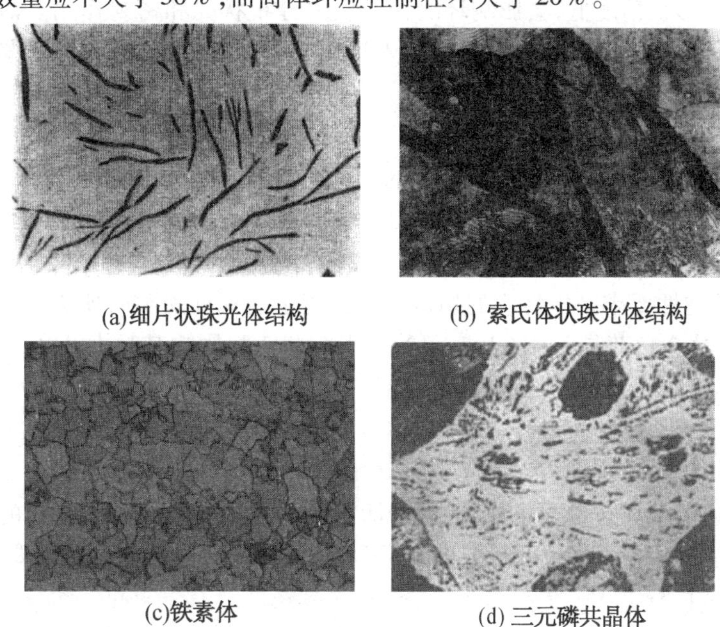

(a)细片状珠光体结构　(b) 索氏体状珠光体结构

(c)铁素体　(d) 三元磷共晶体

图 4-37　活塞环的合金组织

珠光体:强度、硬度较高,弹性和耐磨性也较好。活塞环的珠光体按片间距离,从小到大可分为:索氏体状珠光体、索氏体及细片状珠光体、细片状珠光体、中等片状珠光体,较粗片状珠光体和粗片状珠光体。

铁素体:硬度较软,对活塞环基体的硬度和强度有不利的影响,尤其对弹性和耐磨性影响最大。一般活塞环的技术条件要求铁素体的数量不应超过试样磨片面积的 5%。

磷共晶体:较硬而脆,嵌入基体中的磷共晶体的网络起着支承载荷的骨架作用,它能减少摩擦系数,增强耐磨性。活塞环中所希望的磷共晶是细小块状或断续网状的,网孔细小,分布均匀。

渗碳体或莱氏体:虽然是硬度大的相,但是脆性太大,容易形成坚硬的磨料,加剧磨损。因此,国内活塞环一般不允许有渗碳体或莱氏体存在。

(4)使用性能要求

活塞环应在常温下或工作温度下(为 150 ~ 300 ℃)具有一定的机械性能,即行业中称之为热稳定性。热稳定性主要涉及以下几个方面:一定的线膨胀系数,避免在常温下,闭口间隙过大,对密封不利;良好的导热性,帮助活塞环将燃烧室内的部分热量传导出去;好的磨合性,帮助柴油机更快地进入正常运转的状态;耐磨性好,同时考虑到缸套的磨损要小;抗熔着磨损性好,减少活塞环拉缸率;耐蚀性好,对燃烧室产生的硫酸、亚硫酸具有较好的对抗性;良好的可表面处理性。

3. 活塞环的技术要求

主要技术要求如下:

(1)尺寸精度要求是:活塞环高度(h6)、径向厚度(h8)及活塞环在压缩状态下切口间隙的大小等。

(2)形状精度是指两端面的平面度和活塞环外圆柱面的几何形状准确度。若活塞环自由状态下外圆尺寸和形状精度低,会影响环的径向压力分布状况和密封作用。活塞环的气密性通常用漏光试验来检查。漏光检验时将环装入量规或标准气缸套中,压缩环漏光允许一处不超过 15 °,圆周总和不超过 45 °;油环漏光允许一处不超过 20 °,圆周总和不超过 60 °,漏光空隙不得超过 0. 03 mm。

(3)位置精度要求主要是活塞环两端面的平行度要求:对于缸径小于等于 200 mm 的活塞环,平等度不大于 0. 05mm;对于缸径大于 200 ~ 500 mm 的活塞环,平行度不大于 0. 08 mm;对于缸径大于 500 mm 的活塞环,平行度不大于 0. 10 mm。

(4)活塞环的弹性要求是指将它的切口压缩到指定的标准间隙时所必需的负荷。对于一般柴油机活塞环,这个负荷是 3 ~ 16 kg。活塞的开口量直接影响其弹力,所以一般规定基本直径 D 与自由开口 a_0 成一定比例,即 $a_0 = (0.20 \sim 0.13)D$。

二、活塞环的成形方法

为了达到上述活塞环技术要求,近代制造活塞环的方法有好几种。它们的区别在于使活塞环具有弹性方法的手段不同,以及采用毛坯形状的不同。制造活塞环的主要方法如下:

1. 热定形方法

热定形是以等压环变形的特点为基础,用加热消除机械应力的方法获得活塞环自由形状。其工艺特点是用圆形筒状或单体毛坯,经机械加工,将正圆形的毛坯车磨到最后尺寸和切口后,用金属块插入环开口处使其胀开,然后将活塞环装入夹具,放进盐浴槽或电炉中进行热处理。热处理时加热至 600 ~ 650 ℃,保温 30 ~ 60 min 后取出,再慢慢地冷却。这样,使活塞环胀开时产生的内应力得到消除,形成自由开口的形状稳定下来,且与理论计算的曲线相近,从而获得应有的弹性。

优点:因采用圆柱形毛坯进行正圆车削,不需要复杂的靠模设备,装夹也比较简便。缺点:由于活塞环的弹力是通过加热方法获得的,在高温状态下工作时,比较容易因受热而弹性下降。本方法只适合于中小批量多品种的生产。

2. 靠模机械成形方法

机械成形法所采用的毛坯有圆柱形和椭圆柱形两种,目前多采用椭圆柱形单体铸造毛坯。椭圆毛坯在车磨两端面后,切口前,按靠模车削外圆(靠模的形状是根据活塞环于自由状态下理论曲线计算设计的),使活塞环获得符合要求的曲线图形,再切口。当切去开口尺寸后,将环合拢成正圆形。在闭合状态下精加工时,加工余量少而均匀。然后将它们装入特殊的套筒夹具内定位夹紧,镗削内表面,这样就保证活塞环具有相同的径向厚度。精加工前应进行消除内应力的热处理。

椭圆形铸造毛坯靠模成形法的优点：毛坯的加工余量小而均匀；它对于气缸套的弹力，是直接从铸态下获得的，因而热稳定性较好，不易因受热而失去弹性。此外，活塞环不需要经过复杂的热处理，零件变形较少，对成品质量更有保证。靠模成形法缺点：造型工艺相对比较复杂，需要采用专用靠模及装夹具；影响活塞环弹性的控制因素较多。为了克服这一缺点，可以采用数控加工方法加工成形表面。靠模机械成形方法适合于批量生产。

3. 铸造成形方法

活塞环毛坯可用单体椭圆形铸造，它的形状符合活塞环在自由状态下的几何形状或近似在自由状态下的形状。在机械加工时，先将端面加工好，然后切口；再将活塞环合拢成正圆形，压缩装入可分开的套筒夹具内，在这种状态下精车外圆；接着，将它们装入特殊的套筒夹具内定位夹紧，镗削内表面。

在机械加工活塞环时，无须使用复杂的靠模设备。活塞环的弹力是直接从铸态下获得的，加工余量小而均匀，无须复杂的热处理工艺，因而能保证活塞环具有较高的质量。此法常用于大批量生产的企业中。

4. 滚压成形

滚压成形方法多用于制造大型船用柴油机活塞环。将车成正圆的活塞环按开口间隙切开口后，加压使切口扩展，从环开口处至其直径的对面逐步滚压或锤击其内壁，加压过程中压力也逐渐变化，最后成形。

上述几种成形法用的铸铁活塞环毛坯主要用下列两种方法制成：(1)圆筒铸造法(包括普通静力铸造法、离心铸造法等)；(2)单件铸造法。铸造活塞环单体时均采用迭箱浇注，以 8 ~ 18 箱为一组，如图 4-38 所示，其中砂箱通常是用铝合金制成的。

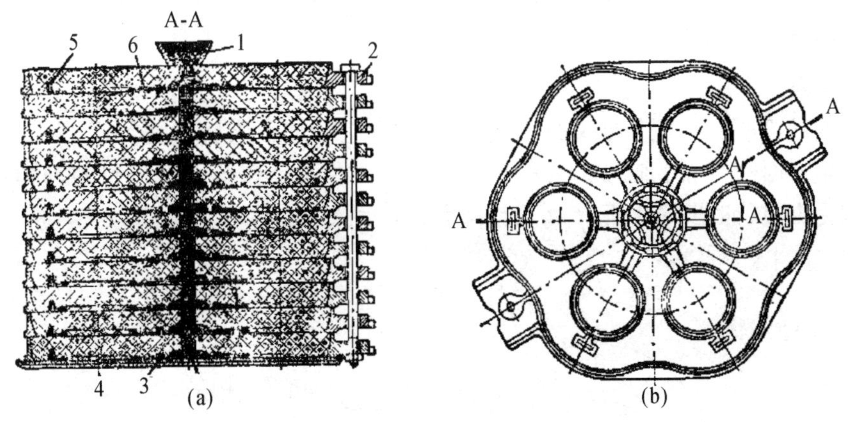

图 4-38　活塞环迭箱式造型示意图

1—浇口杯；2—砂箱；3—直浇口；4—集渣槽；5—暗冒口；6—内浇口

除了铸造活塞环外，钢制活塞环和粉末冶金方法制造的活塞环也有广泛的应用。

钢制活塞环所用线型工艺流程：线材→清洗→一次拉线→(盐浴炉)热处理→表面脱氧化皮处理→二次拉线 →压延→精拉线→淬火、回火→表面研磨→成卷→探伤成检。其中少部分采用冷轧取代冷拨拉线，拉、轧用于不同尺寸范围。一般压缩钢制活塞环工艺流程：线材→轧成扁钢截面→进一步轧、拉成所需截面形状→靠模绕圆→开口→磨两侧面→磨外圆→修口→精磨两侧面→珩磨外圆→表面处理→精修口→精珩磨→精研侧面→珩亮带→打印标志→成品检验。

粉末冶金制造活塞环主要使用粉末烧结法，通过连续式烧结炉进行粉末烧结活塞环，其主要工艺流程如下:配料→混料→压制→烧结→整形→磨端面→铣切口→热定形→浸油。

三、活塞环表面的加工工艺

活塞环的加工过程可以分为粗加工、半精加工、精加工和光整加工阶段。几种典型的活塞环的加工工艺如下:

(1)切口热定形法中小批量生产的加工过程:车削毛坯凸缘外圆和端面(圆柱形铸造毛坯辅助基准)→粗车外圆和粗镗内孔→时效处理→精车外圆,镗孔、分切活塞环→粗磨端面(磁性工作台)→铣切口→热定形→精磨端面(加工后退磁)→精车外圆→倒内角→校正切口→钳工修正毛刺→成品检验→表面热处理(表面镀锡等)。

(2)靠模机械成形方法活塞环在大批量生产时的加工过程:粗磨端面(椭圆形单体铸造毛坯)→时效处理→半精磨端面→精磨端面→清洗零件并烘干→靠模车外圆→铣切口→粗镗内圆→粗修切口→精车外圆→磨外圆→修切口→中间检查→外圆镀铬→倒外圆角→去两端面毛刺→清洗→珩磨外圆→精镗内圆→精修切口→清洗零件→检验。

(3)铸造成形方法活塞环大批量生产时的加工过程:粗车两端平面(椭圆形单体毛坯)→粗磨两端平面→时效处理→半精磨两端平面→铣切口→粗车削外圆→粗镗内圆→粗校准切口→精磨两端平面→精车外圆→精镗内圆→倒内径边缘角→精校准切口→外径车成圆锥形→研磨端面→钳工修毛刺→镀铬→成品检验。

活塞环的装配基准是外圆表面和两端平面。为了保证外圆表面和两端平面的精度,机械加工时的定位基准就应选用端面和外圆表面。如加工一个端面时用另一个端面作定位基准;加工外圆表面时则以外圆表面本身和端面定位。内圆表面一般只在粗加工时才采用。例如单体正圆形活塞环毛坯在车床上粗车端面时用内圆面作定位基准;又如在靠模车床上车活塞环外圆表面时用内圆面定位。

1. 两端面的加工

活塞环的端面既是装配基准又是工艺基准,因此它的加工质量很重要。

在成批生产时,粗(荒)加工单体铸出的活塞环的端面是在车床上进行的,此时用改良式三爪卡盘作为夹具,如图4-39所示为三爪卡盘结构示意图。

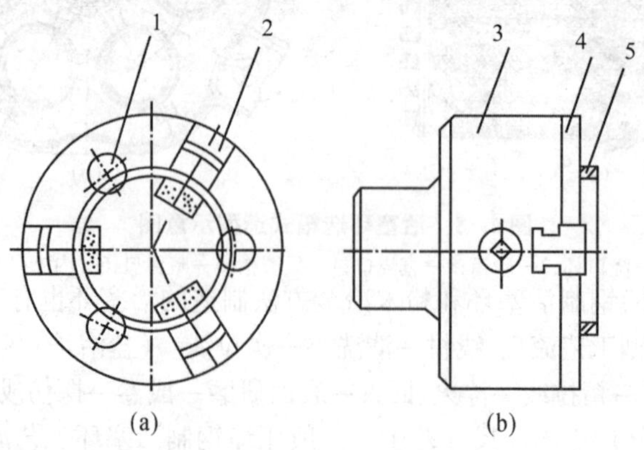

图4-39 三爪卡盘结构示意图

1—垫板固定螺钉;2—三爪;3—卡盘;4—附加垫板;5—工件

在大批量生产时,粗加工活塞环的两端面是在卧式双边自动磨床上进行的,加工示意图如图 4-40 所示。活塞环由侧平板经送料机构的一边进入磨削位置,并立刻由相对的两个砂轮的端面进行磨削。通过两个磨轮中间以后,活塞环就滚到箱里。

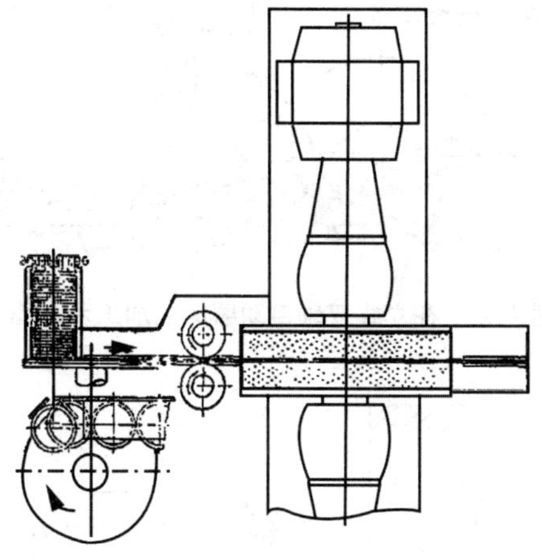

图 4-40　在卧式双边自动磨床上初加工活塞环的两端面的示意图

在生产批量不大时,粗、精磨活塞环端面大都采用带有磁力工作台的平面磨床加工。也可以在车床上加装的电磁夹盘和砂轮架上进行,或在具有自动循环的平面磨床上加工(如图 4-41 所示)和立式双轴自动磨床上进行加工(如图 4-42 所示)。

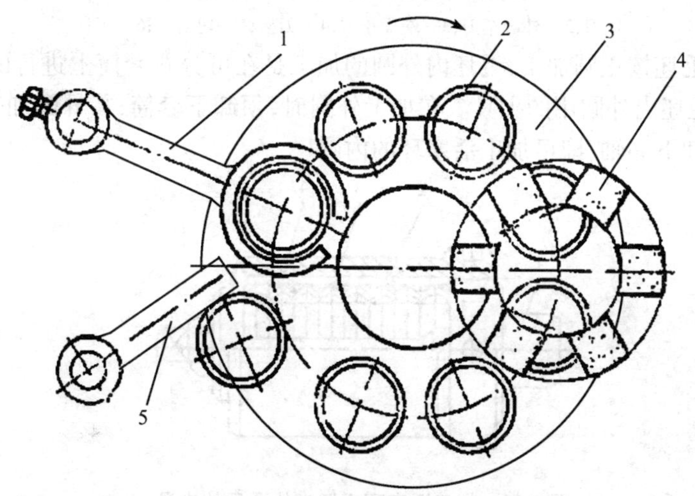

图 4-41　在具有自动循环的平面磨床上加工示意图

1—料斗;2—活塞环;3—电磁夹盘;4—砂轮;5—挡板

2. 内外圆表面的加工

圆筒型活塞环毛坯的内外圆加工:通常第一道工序是加工出毛坯所必需的辅助基准面——凸缘的端面和外环带。这是在小型立式车床上或在普通车床上夹紧毛坯的凸缘对面的一端进行加工的。然后将已加工过的凸缘端面和外环带作为基准夹持在夹盘上,粗车外圆、镗孔和第二个端面后,将其(半成品)送热处理车间做时效处理。时效处理后在六角车床上或者在普通车床上车内外圆、端面和割下活塞环,如图 4-43 所示。

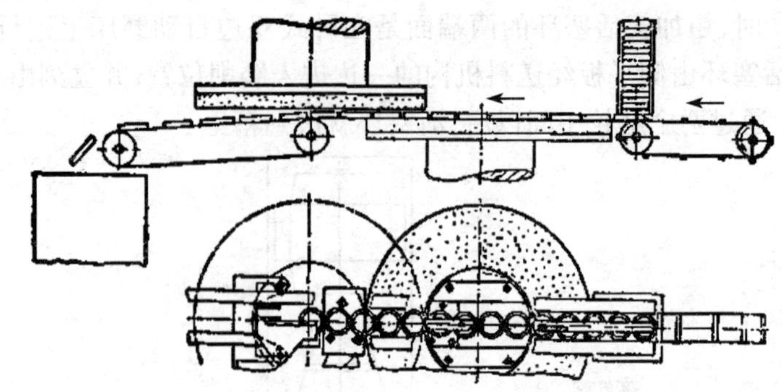

图 4-42　在立式双轴自动磨床上加工示意图

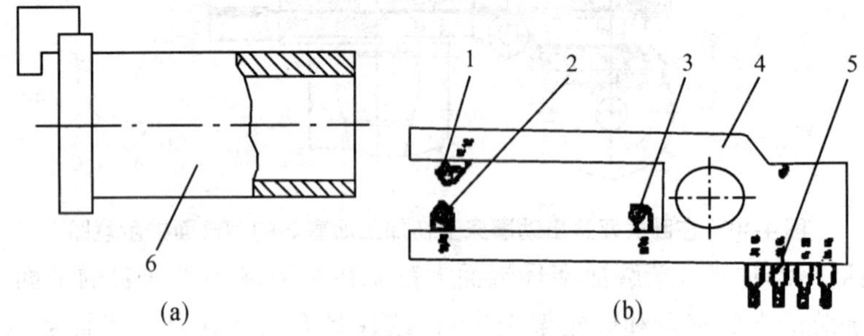

图 4-43　在普通车床上车内外圆、端面和割下活塞环

1—镗刀;2—外圆车刀;3—端面车刀;4—刀架;5—切断刀;6—工件

单体圆柱形毛坯按正圆加工,毛坯内外圆的加工是在可分式套筒上进行的,如图 4-44 所示为加工活塞环毛坯内外圆用的夹具。在加工外圆时,须卸下套筒;待外圆加工完毕,将套筒 2 装上后紧固,再卸下心轴,即可加工活塞环的内圆。

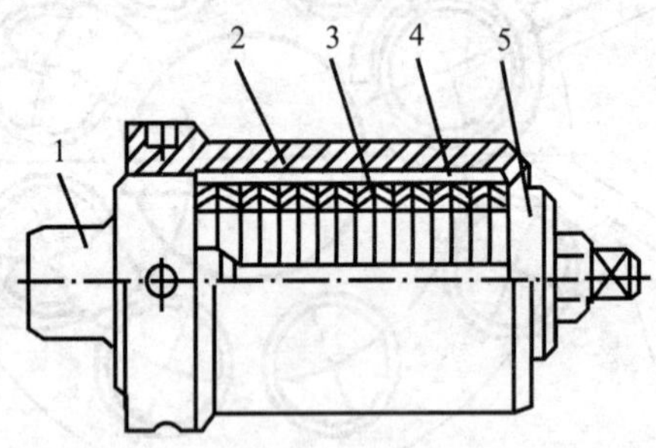

图 4-44　加工活塞环毛坯内外圆用的夹具

1—法兰盘;2—套筒;3—活塞环;4—心轴;5—压板

在大批量生产的企业里,活塞环外表面和内表面的粗加工往往是在专用无心磨床上进行的,如图 4-45 所示为粗磨活塞环毛坯的内、外圆。

靠模车削是在多刀靠模机床上或者在专用机床上进行的。靠模装置的结构形式很多,但是其工作原理都是一样的。因为由靠模装置的补充送进(横向进给)和机床的自动送进(纵向进给)综合起来,可以保证工件加工型面所需要的刀具与工件的相对运动。如图 4-46 所示为在多刀靠模车床上加工活塞环。在走刀架上装置一个带有车刀和靠模滚轮的特殊刀架。刀架上的滚轮借助强力弹簧的作用与靠模贴紧。刀架纵向进给由进给丝杆驱动,横向进给是由固定在刀架上面同时又沿靠模滚动着的滚轮控制的。

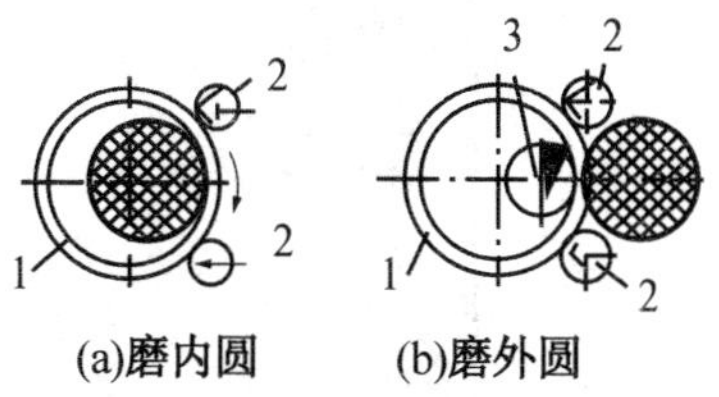

图 4-45　粗磨活塞环毛坯的内、外圆

1—活塞环;2—导轮;3—圆轮

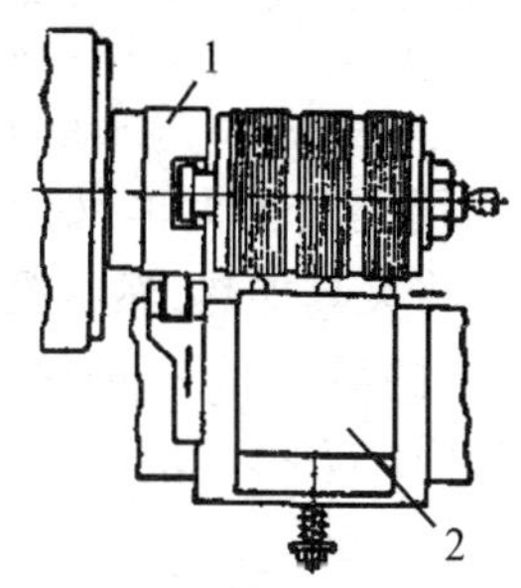

图 4-46　在多刀靠模车床上加工活塞环

1—靠模;2—刀架

3. 切口的加工

采用热定形时,圆形活塞环毛坯的切口是在小型卧式铣床上用圆片铣刀切出的。如图 4-47所示为活塞环直切口的加工简图,加工圆形活塞环时,在切口前不需要对它做任何角

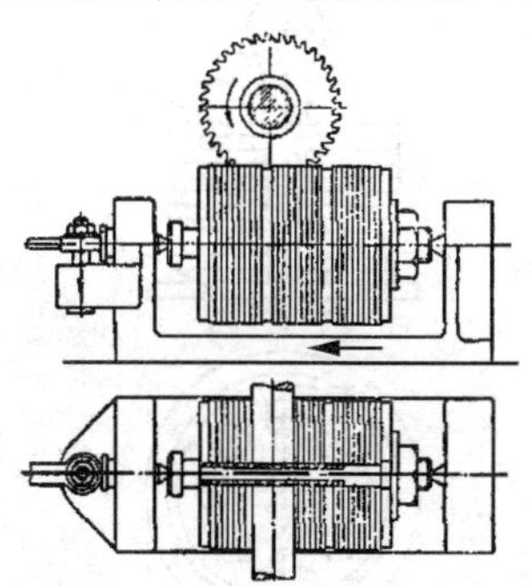

图 4-47　活塞环直切口的加工简图

度定位。对于椭圆形毛坯,通常在靠模车削外圆以后,不必把活塞环从心轴上取下就可铣直切口。对于椭圆形活塞环上铣斜切口所采用的夹具,则必须按角度方向确定活塞环的切口位置,如图 4-48 所示为在卧式铣床上铣斜切口示意图。

4. 活塞环切口的热定形处理

热定形处理的目的:一方面是消除加工时的内应力,另一方面更主要的是使活塞环在自由状态下能保持椭圆形状。其方法如下:

活塞环经过薄片铣刀切口后,在切口处嵌入 T 形垫片,如图 4-49 所示为活塞环安置在 T

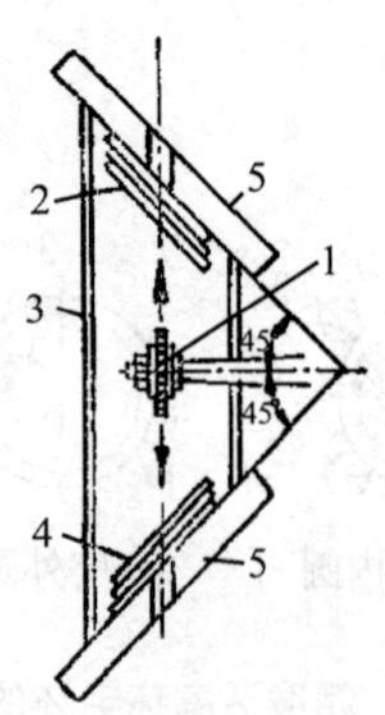

图 4-48　在卧式铣床上铣斜切口示意图

1—铣刀;2—左端三个活塞环;3—活塞环 V 形槽; 4—右端三个活塞环;5—支承板

形垫片上的情况,并将它们套在一个专用夹具上夹牢,如图 4-50 所示为活塞环热定形时的卡夹具。活塞环在定形装置中夹紧后,先将夹具加热,然后投入硝酸钠盐浴炉内或电炉内加热到 500 ~600 ℃。对于直径在 100 mm 以下的活塞环,一般保温 1 小时左右取出,在空气中冷却即可。经热处理后,活塞环胀开时产生的内应力得到消除,环的开口尺寸就是 T 形垫片的尺寸,活塞环从而获得应有的弹性。

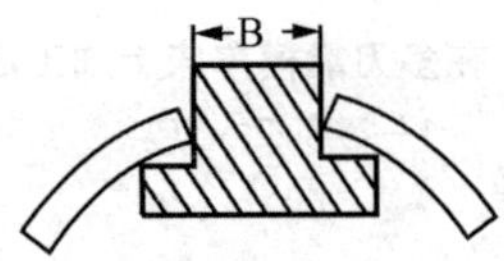

图 4-49　活塞环安置在 T 形垫片上的情况

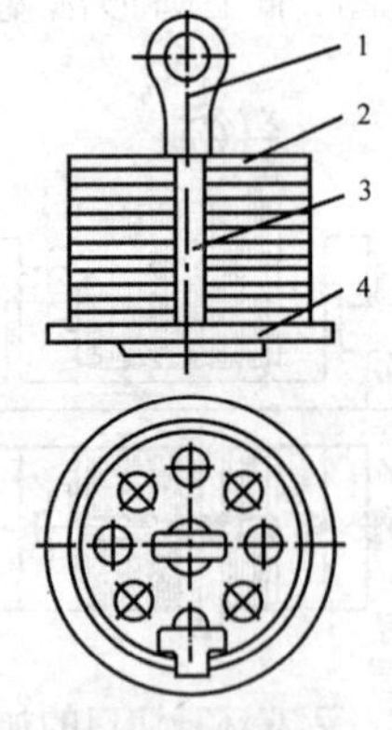

图 4-50　活塞环热定形时的卡夹具

1—吊杆;2—工件;3—T 型垫片;4—铁板

5. 活塞环的表面处理

为了提高活塞环在耐热性、耐磨性、耐腐蚀性、耐拉缸等方面的性能,可以对活塞环表面进行改性处理。目前活塞环表面常用的处理技术包括电镀、氮化处理、热喷涂等几种。

(1)电镀

在活塞环表面多孔镀铬是最常用的方法之一。活塞环表面电镀主要分为镀硬铬和颗粒增强镀铬。电镀硬铬的活塞环镀层结构细密、组织中杂质极少,厚度在 0.005 ~0.3 μm,硬度可达 HV700 ~ 1 000，摩擦系数小，对燃烧产物耐腐蚀性好。颗粒增强镀铬主要是为陶瓷颗粒增强镀铬层，其具有更强的耐磨性和抗黏着磨损性。镀铬在四冲程柴油机上应用较普遍。

为了保证镀层质量（结合力、镀层厚度和硬度），镀前对阳极进行打磨→除油→酸洗→预热处理；对镀液进行铬酸酐浓度控制、铬酸和硫酸比例控制、温度控制和镀后去氢处理；电镀过程中合理分布阴极和阳极、保证电流稳定性以及控制整流柜的波纹系数。

（2）氮化处理

相较于镀铬工艺，氮化活塞环工艺方便可靠，且不污染环境，其耐磨性远高于镀铬活塞环。传统气体氮化法是对整个活塞环进行处理，导致硬度较高的活塞环侧面对环槽内表面造成磨损。新型的离子氮化工艺可以有选择性地强化活塞环外周面。

气体氮化前后的工艺流程：①绕圆→定圆去应力热处理→开口→椭圆热定型→氮前粗磨→氮前粗珩→喷砂→烘干→氮化→修口→氮后粗磨→氮后粗珩→修口→氮后精磨→氮后精珩→珩亮线。②绕圆→开口→椭圆热定型→氮前去氧化皮（酸洗）→喷砂→烘干→氮化→修口→氮后粗磨→氮后粗珩→修口→氮后精磨→氮后精珩→珩亮线。

离子氮化活塞环外圆表面工艺过程：检查设备→清洗→凉环→装炉→抽真空及打弧→升温→保温→关炉冷却→出炉→检验→入库。

（3）热喷涂

用于活塞环表面的喷涂材料包括含自熔性镍基硬质合金的钼粉、含 Ni – Cr 合金和碳化物如碳化铬、碳化钼、碳化钨的钼粉。喷钼活塞环具有不易拉伤气缸套的特性，并有较好的耐磨粒磨损的性能，与非镀铬气缸组成摩擦副时，大大提高了活塞环的耐久性和初期磨合性，同时还能防止燃烧产物对本体的侵蚀。喷钼层表面具有起保油效果的孔隙，孔隙率可达10 ~ 15 mm。

在活塞环表面等离子喷涂钼的工艺流程：合金粉末配比→环坯料的机加工开槽→喷涂前装铬→喷砂处理→喷涂→切削加工。

对活塞环表面进行以上处理后，根据活塞环的样式，需对外圆全面或者局部进行磨削、珩磨或抛光等机械加工，而对其他表面：内表面铸铁环需车削，钢制环不需加工；开口两端面，需磨或铣；油环的外圆轮廓需车削或磨削；螺旋撑簧需磨屑或不加工；衬环可不加工；其余表面可车、磨或铣。

四、活塞环成品的检验

1. 检验活塞环自由状态和工作状态中切口的间隙量

如图 4-51 为活塞环切口间隙，自由状态下活塞环的切口间隙测试是指自由非受力状态下，在环两端径向中心线处测得的弦距，如图 4-51（a）所示中 m 对于具有内圆防转定位切口的环，其环距如图 4-51（b）所示中 p。

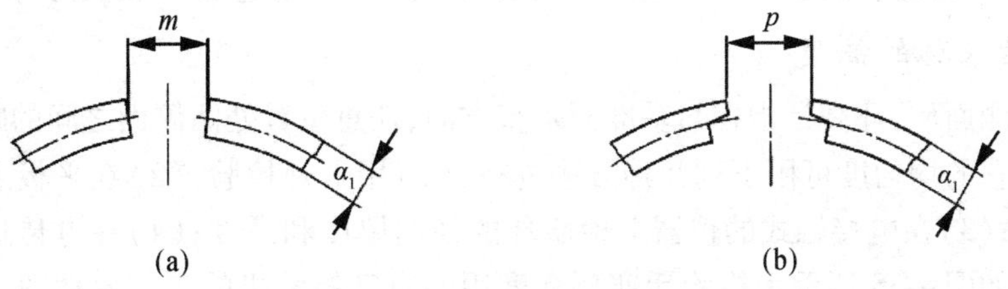

图 4-51　活塞环切口间隙

工作状态活塞环的切口间隙是指活塞环装入气缸内时活塞环开口端的最窄间隙。此间隙的大小反映了活塞环和气缸的磨损情况。根据缸径不同,通常活塞环的切口间隙为0.25～0.8 mm。在小批量生产时,检验活塞环切口间隙多用厚度规:即将活塞环在压缩状态下放在一套圈的标准座孔里,然后用厚度规测量切口的间隙量。检验切口间隙量和漏光度往往在同一个夹具上进行。在大批量生产时,则采用光电管仪器或自动机进行检验。

2. 检验活塞环在压缩状态下外圆形状的正确性

活塞环在压缩状态下的外圆形状正确性是依据活塞环跟气缸壁均匀(没有漏光)贴紧的程度来确定的。这项检验可用下列几种方法进行:(1)视觉漏光检验;(2)在光电管仪器或在自动仪器上做漏光检验;(3)在气压式自动机上进行检验。

漏光检验通常可以得到光密封度(用环外圆面周长的百分比表示)。光密封度:将活塞环放在气缸基本直径的环规内,其外圆阻止光学通过的能力。如图4-52所示为一种较常用的视觉漏光检验器。将被检验的活塞环1在压缩状态下放到量规环2的内圈里,量规环内圈直径等于发动机气缸的直径。将量规环放在木箱(或金属箱)的平板上,其在两个滑轮上可以自由旋转,在箱内装有电灯和遮光板。被检验的活塞环和量规环孔座壁之间若某处有缝隙,当转到灯光上面的小窗口时,光线就透过这个缝隙被看到。这样就容易检验活塞环整个圆周与量规内圈的贴合状况。

3. 检验活塞环的径向厚度

如图4-53所示,活塞环的径向厚度是指环内外圆之间的径向距离,即图中的a_1。

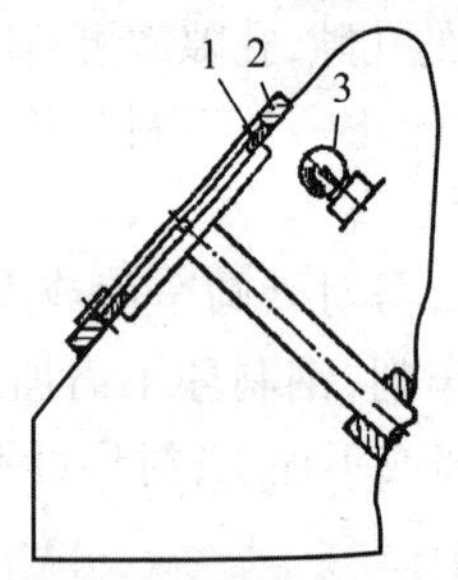

图4-52　常用的视觉漏光检验器

1—活塞环;2—量规环;3—灯光

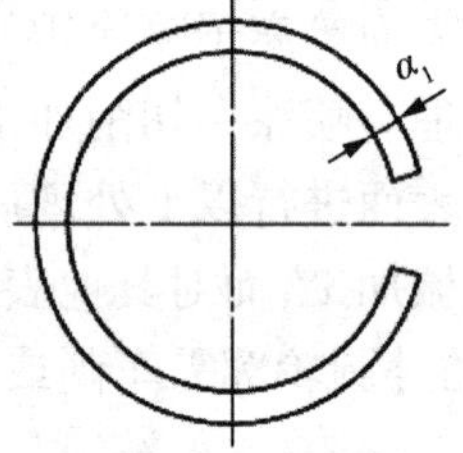

图4-53　活塞环的径向厚度示意图

径向厚度通常用卡规检验,或者在带千分表装置的夹具上检验,如图4-54所示。在这个夹具里,将被检验的活塞环放在四个滚轮中间,上面滚轮中的一个在滑块的末端,依靠弹簧与活塞环的外径接触,并将环压到下滚轮的上面,千分表的触头顶在滑杆端头上。转动活塞环,如环的径向厚度有偏差,则千分表即指出不同读数,也就得到偏差值。测试力为3～10 N。

4. 检验活塞环的高度

对于平行侧面环,环高是指在与基准面垂直方向,任意位置处两侧面之间的距离。检验活塞环的高度和它的均匀度可用下列几种方法进行:(1)用卡规检验;(2)在平板上用杠杆式千分表进行检验;(3)在电接触式的仪器上检验环的径向厚度和高度;(4)在电传送器的自动检验机上检验。如图4-55所示为检验活塞环高度用的自动检验机的工作原理图。这台自动机能检验活塞环整个圆周上的高度。

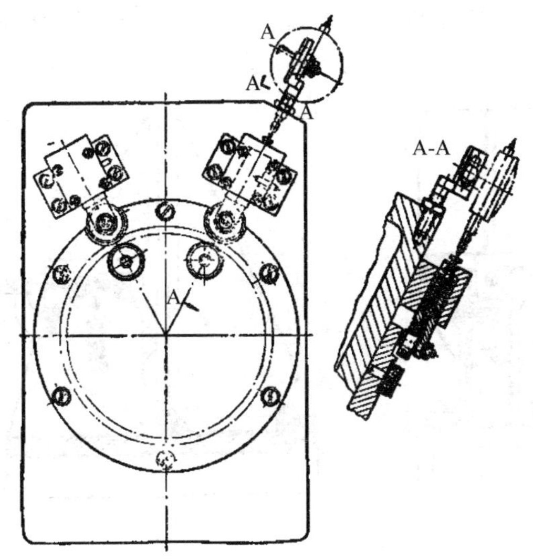

图 4-54　检验活塞环径向厚度用的夹具

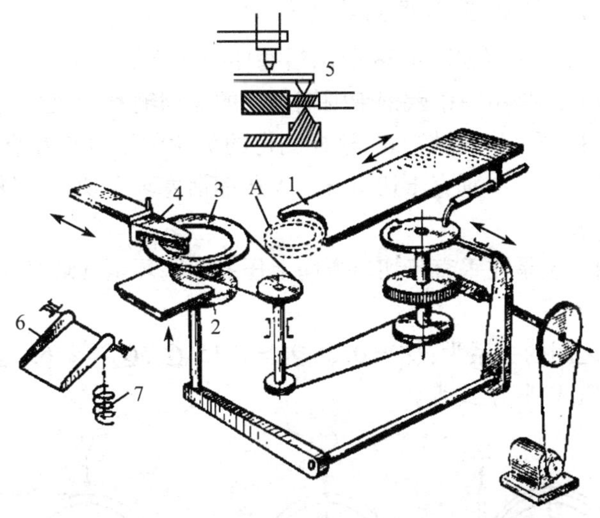

图 4-55　检验活塞环高度用的自动检验机的工作原理图

1—滑块;2—圆盘工作台;3—环形量规;4—度量头;5—传感器;6—托盘;7—电磁铁

5. 检验活塞环的端面翘曲度

活塞环的端面翘曲度是指环开口两端面垂直于基准面方向的位移,如图 4-56 所示为活塞环的端面翘曲度。通常对已与基准面接触的开口端施加约 10 N 的力将其压制,用测量显微镜或放大仪测试其相邻开口端的位移。

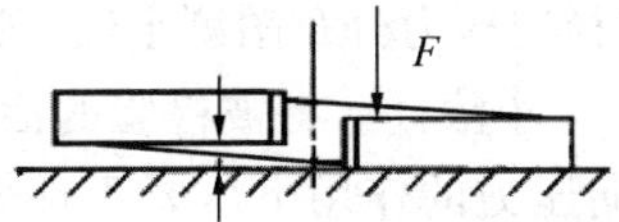

图 4-56　活塞环的端面翘曲度

如图 4-57 所示为检验活塞环高度和翘曲度用的狭缝式夹具。检验时,合格的活塞环在它本身重量的作用下可以从两块平板之间通过。对于两平板之间的距离,应考虑到翘曲公差在内。

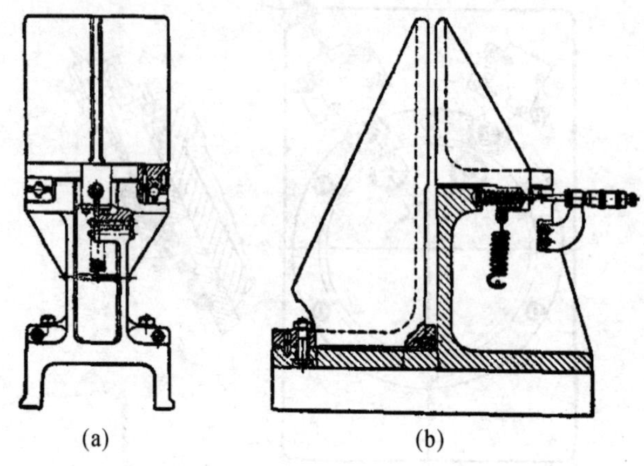

(a)　　　　(b)

图 4-57　检验活塞环高度和翘曲度用的狭缝式夹具

6. 检验活塞环的弹性和圆周径向压力的分布

检验活塞环的弹性,可采用如图 4-58 所示活塞环弹性测量方法中的任一个:

(1)图 4-58(a)的方法是用一条软钢带围绕着环的圆周箍紧,使它在切口处的切向方向施加负荷,一直到切口合拢至工作间隙为止,这样测得的负荷称为切向力 Q_1。

(2)图 4-58(b)的方法是在垂直于切口方向上压缩活塞环至切口合拢至工作间隙为止,所测得的径向负荷以 Q_2 表示。

(3)图 4-58(c)的方法是在垂直于切口方向上压缩活塞环至气缸直径,所测得的径向负荷以 Q_3 表示。

上述三种测量法之间的关系为:$Q_1 = 0.38Q_2 = 1.15\ Q_3$,$Q_2 = 2.63\ Q_1$。所用的装置有多种形式,如电动式、油压式、气压式等。

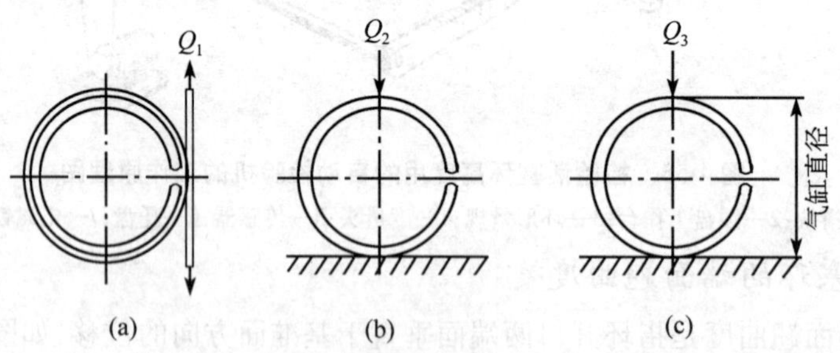

图 4-58　活塞环弹性测量方法

活塞环的径向压力分布可在实验室用比较复杂的气动式或机械式仪器做抽样检验。如图 4-59 所示为一种简易的机械式径向压力分布图测定仪。这种仪器具有环规 1 和 18 个小滚针 2。在环规内壁每隔 20 °插入一个小滚针。将被检验的活塞环 3 装入能托住小滚针的环规托板 4 上后,小滚针在活塞环径向压力的作用下压紧于环规内壁。然后,通过螺栓使托板下落,并借助于活动杠杆 5 逐渐施力 F 于小滚针上。推动小滚针的力矩大小可以通过与杠杆 5 相连的测微计或千分表反映出来。推动小滚针的力 F 是与活塞环的径向压力相关的,其大小

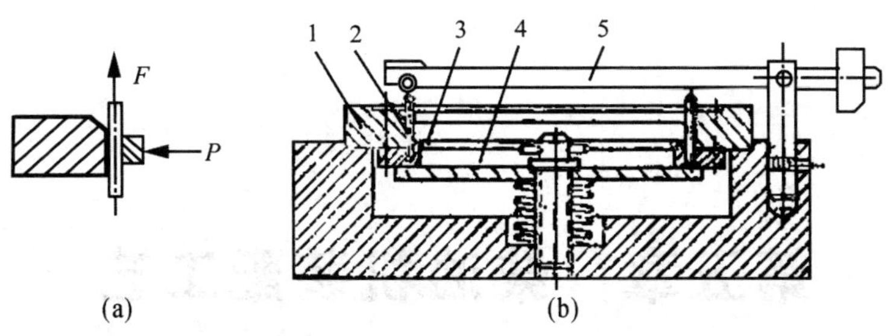

图 4-59　简易的机械式径向压力分布图测定仪

1—环规;2—滚针;3—活塞环;4—托板;5—活动杠杆

为:

$$F = f \cdot P$$

式中,P——作用于小滚针上的活塞环径向压力;

f——摩擦系数。

若摩擦系数是一个已知的常数,那么根据对应于各小滚针的推力就能求出活塞环对环规各点的径向压力分布。

第五章　柴油机装配工艺

柴油机的装配是将加工好的各个零部件根据一定的技术条件连接成完整的机器或部件的过程。一台柴油机能否可靠地运转、保证良好的工作性能和经济性，很大程度上决定于装配质量，即装配工艺过程对产品质量有着决定性的影响。

第一节　装配工艺基础

一、装配精度及装配尺寸

在制造船舶柴油机时，不仅要求保证它的各个组成零件具有规定的精度，而且还要保证机器装配后能达到规定的装配技术要求，即达到规定的装配精度。柴油机的装配精度既与各组成零件的尺寸精度和形状精度有关，也与各组成部件和零件的相互位置精度有关。

为了提高整机装配精度，必须采取以下措施：(1)提高各零件的机械加工精度；(2)提高柴油机各部件的装配精度；(3)改善各零件的结构，使配合面尽量减少；(4)采用合理的装配方法和装配工艺过程。

为了在装配时保证各个部件和整台柴油机达到规定的最终精度，有必要利用尺寸链的原理来确定柴油机及其部件中各个零件的尺寸和表面位置的公差。

一个机构中各零件相互关联的尺寸，按一定顺序排列而形成的一个封闭图形就是尺寸链。反映机构中各零件之间相互关系的尺寸链，称为“装配尺寸链”。形成尺寸链的各尺寸，称为“尺寸链的环”。在装配时，最后得到的环称为“封闭环”（它在装配前不存在）。封闭环通常就是装配技术要求。尺寸链中的其他尺寸称为“组成环”。其中某些组成环，如果它们尺寸增大，封闭环也随之增大（在其他组成环不变的情况下），则称它们为“增环”；反之称为“减环”。

尺寸链中封闭环的基本尺寸等于所有各组成环基本尺寸的代数和，即等于所有增环基本尺寸之和减去所有减环基本尺寸之和。它可以表示为：

$$N = \sum A_z - \sum A_j$$

尺寸链封闭环的公差等于所有各组成环公差之和。它可以表示为：

$$\delta_N = \delta_{A1} + \delta_{A2} + \cdots + \delta_{An-1} = \sum \delta_{Ai}$$

式中，δ_N——尺寸链封闭环的公差；

δ_{Ai}——第 i 个组成环公差。

例题 1　柴油机压缩室高度装配尺寸链计算。如图 5-1 所示为柴油机压缩室高度计算尺寸链图。为了保证柴油机的压缩比,压缩室的高度 N 必须一定。N 是在装配后形成的,因此 N 为封闭环。从柴油机的装配图中,可以找出由固定件和运动件等为组成环所构成的尺寸链,如图 5-1 所示。

解　压缩室高度 N 的基本尺寸为:

$$N = (A_1 + A_2 + A_3 + \cdots + A_{14}) - (B_4 + B_8 + B_9 + B_{11} + B_{13})$$

而压缩室高度公差等于:

$$\delta_N = \sum \delta_{Ai}$$

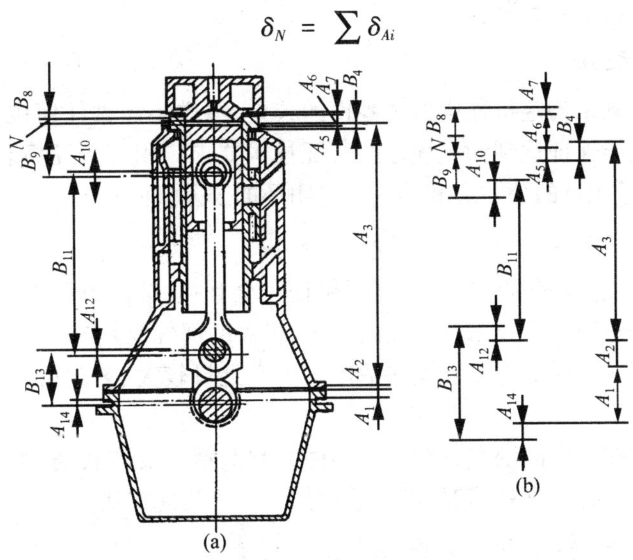

图 5-1　柴油机压缩室高度计算尺寸链图

例题 2　如图 5-2 所示,计算柴油机的曲轴主轴承与止推轴承的配合尺寸链中零件轴向基本尺寸和公差带。已知轴向间隙要求为 $N = 0^{+\Delta SN}_{+\Delta XN}$,主轴颈轴向长度基本尺寸为 A_1,主轴承轴向长度基本尺寸为 A_3。

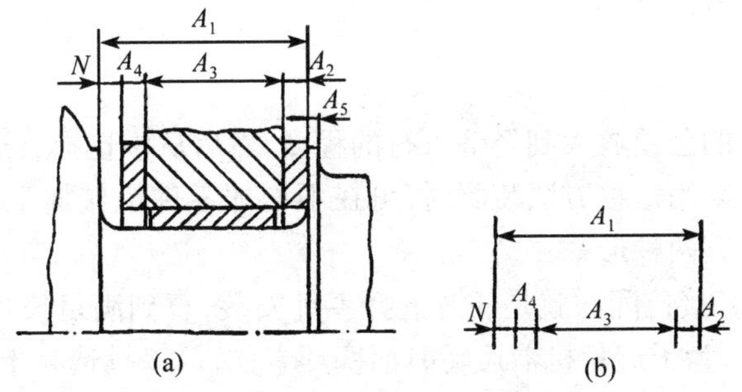

图 5-2　曲轴主轴承与止推轴承配合及轴向尺寸的尺寸链

解　分析过程如下:

(1)两个止推环的基本尺寸(设 $A_2 = A_4$):

$$A_2 + A_4 = A_1 - A_3 - N = 2A_2 = 2A_4$$

(2)计算各组成环的平均公差:

$$\delta_{AiM} = \frac{\delta_N}{n - 1}$$

(3)确定各组成环的上、下偏差:组成环 A_1 按基孔制考虑,A_3 按基轴制考虑,A_2、A_4 取上下偏差相同考虑。

二、装配方法

为了保证零件装配后所形成的累积误差不大于部件或柴油机整机所允许的数值,需要合理选择柴油机的装配方法。

常用的装配方法有下列5种:

1. 完全互换装配法

以完全互换为基础来确定机器中各个零件的公差,零件不需做任何挑选、修配或调整,装配成部件或机器后就能保证达到预先规定的装配技术要求。用完全互换装配法时,计算尺寸链的基本要求是:各组成环的公差之和不大于封闭环的公差,即

$$\sum \delta_{Ai} \leqslant \delta_N$$

采用完全互换装配法的优点是:零件可以保证完全互换,装配过程简单;可以采用流水线装配作业,生产效率较高;不要技术水平高的工人;机器的部件及其零件的生产便于专业化;容易解决备件的供应问题。因此完全互换法适用于生产批量较大、装配精度较高而环数较少的情况。

完全互换法也存在一定的缺点,例如,对零件的制造精度要求较高,当环数较多时有的零件加工显得特别困难。针对这种情况,可以采用如下一些装配方法。

2. 不完全互换法(部分互换装配法)

这种方法的实质是考虑组成环的尺寸分布和装配后形成的封闭环的尺寸分布具有正态集中性,根据概率论原理,可以将组成环规定的公差放大一些。这样,大部分零件不需要经过挑选、修配或调整仍能达到规定的装配技术要求。但有很少一部分零件要加以挑选、修配或调整才能够达到规定的装配技术要求。对于不完全互换法,在大批量生产中,装配精度要求高和尺寸链环数较多的情况下可以采用。

3. 选择装配法

将尺寸链中组成环的公差放大到经济可行的程度,然后从中选择合适的零件进行装配,以达到规定的技术要求。采用这种方法装配时,可在不增加零件机械加工的困难和费用的情况下使装配精度提高。它有两种形式:

(1)直接选配法。直接选配法就是任意选择零件安装,直到满足技术要求为止。例如,在柴油机活塞组件装配时,为了避免机器运转时活塞环卡住,可以挑选易于装入环槽的合适尺寸的活塞环。这种方法的优点是不需要预先将零件分组,但要花费挑选配套零件的时间,因此装配工时较长,同时废品率比较高。

(2)分组选配法 。这种方法的实质是将加工好的零件按实际尺寸的大小分组,然后按对应组中的一套零件进行装配。同一组内的零件可以互换,分组数越多,则装配精度就越高。零件的分组数要根据使用要求和零件的经济公差来确定。利用这种方法,可以不减小零件的制造公差而显著提高装配精度。但也存在一些缺点,例如,增加了检验工时和费用;在对应组内的零件才能互换。因此,分组选配法主要用于解决装配精度要求高、尺寸链环数少的部件装配问题。例如,柴油机制造中的活塞销和活塞销孔、燃油系统的柱塞副、针阀副等的装配中,分组

选配法得到广泛的应用。

4. 修配法

当装配尺寸链中封闭环的精度要求很高且环数较多时可以采用修配法。修配法的实质是有意将零件的公差加大，在装配时则通过补充机械加工或手工修配的方法，改变组成环尺寸，达到封闭环所规定的精度要求。这个预先被规定的要修配的组成环称为“补偿环”。

修配法的优点是可以扩大组成环的制造公差，并得到较高的装配精度，特别对于装配技术要求很高的多环尺寸链，效果更为显著。但修配法降低了零件的互换性，增加了修配工作量。因此，修配法主要用于单件小批量生产中解决高精度的装配问题。

5. 调整法

调整法与修配法基本类似，也是利用补偿件的方法。调整法的实质是在装配时改变补偿件的位置或更换补偿件，以达到封闭环的精度要求。例如：柴油机的配气机构所采用的螺钉补偿件，用以调整进气阀和摇臂之间的装配间隙。常用的补偿件有螺钉、垫片、套筒、楔块以及弹簧等。

调整法的优点是可以扩大组成环的制造公差，并得到高的装配精度，且不用钳工修配，适用于封闭环精度要求高的尺寸链；或者在使用中零件因温升及磨损等原因，其尺寸有变化的尺寸链。调整法也有其缺点，例如增加了尺寸链的零件数（补偿件），即增加了机器的组成件数。

三、装配组织形式及装配工艺规程

1. 装配的组织形式

装配的组织形式主要取决于生产规模、装配过程的劳动量和产品的结构特点等因素。目前，在柴油机制造中，装配的组织形式主要有以下两种：

（1）固定式装配。全部工序都集中在固定工作地点，包括按集中原则进行的固定式装配和按分散原则进行的固定式装配。在按集中原则进行的固定式装配中，全部装配都由一组工人在一个工作地点完成。在按分散原则进行的固定式装配中，装配过程被分为部件装配和总装配，各个部件分别由几组工人同时进行装配，而总装配则由另一组工人完成。

固定式装配的高级形式是固定装配台的装配流水线（固定式流水线），这是一种产品固定在一个装配位置而工人流动的装配形式。这种装配方式在大功率柴油机成批生产中已被广泛采用。

（2）移动式装配。所装配的产品不断从一个工作地点移到另一个工作地点，在每个工作地点上重复地进行着某一固定的工序，每个工作地点一般配备专用的设备和工装夹具。这种装配方式又称为流水线式装配。

流水线式装配包括自由移动式装配和强制移动式装配。自由移动式装配特点是装配过程中产品是用手工推动或用传送带和起重机来移动的，产品每移动一个位置，即完成某一工序的装配工作。强制移动式装配的特点是装配过程中产品是由传送带或小车定速连续或按节拍间歇强制地移动，产品的装配直接在传送带或小车上进行，它是装配流水线的一种主要形式。这种装配方式在大量生产的小型柴油机中被广泛采用。

2. 装配工艺规程

装配工艺规程是在工厂的一定生产条件下用以组织和指导生产的一种工艺文件。装配工艺规程的内容有:装配顺序和方法、组织形式、装配工序、设备和夹具、检验方法和工具、工人要求和工时定额。制订装配工艺规程的步骤大致如下:(1)收集装配工艺规程的依据和原始资料:总装图、部件装配图、验收技术要求、工艺文件等;(2)分析研究装配图的技术要求;(3)确定装配的组织形式;(4)确定装配顺序;(5)划分工序和确定工序内容;(6)选择设备和工夹具;(7)确定装配质量的检验方法及检验工具;(8)确定工人等级及工时定额;(9)确定起重运输方法;(10)编写装配工艺文件;(11)确定产品的试验方法并拟定试验大纲。

第二节　筒形活塞柴油机装配工艺过程

柴油机的装配过程包括零件的准备、部件装配、总装配、调整和试验等阶段的工作。

装配工作是在车间装配台上进行的,装配工作分为部件装配和总装两个阶段。机器装配好后进行调整和试验,然后再吊运到船上安装。对于较大的柴油机的装配工作,采取先在车间总装试车后,再拆成零、部件送到船上进行装配和安装。

一、机座的安装

对于铸造的机座,其不加工的内表面必须清理干净;对于整体式及组合式机座,液压试验后,在装配前,其内部表面必须涂上防锈漆。

机座在车间装配台或试验台上安装时,通过调整机座下平面的金属垫片使其处于水平状态。当机座螺栓均匀拧紧后,机座上平面度误差要求不大于0.05 mm/m,在全平面内其平面度误差不大于0.20 mm(全长小于8 m时)。

二、主轴承和曲轴的装配

曲轴正确轴线的位置是依靠各主轴承的正确装配来达到的,所以曲轴装配工艺实际上是包括主轴承在机座上的装配和曲轴在主轴承上的装配等工作。

1. 主轴承装配

在机座上安装主轴承时,应先检查座孔和机座上平面的平行度,其平行度误差不超过0.03 ~0.05 mm/m;机座主轴承座孔轴线的同轴度应小于0.08 mm(长2 ~4 m的机座)。下轴瓦装配后,要求轴瓦与轴承孔的贴合情况良好,用0.03 ~0.05 mm的塞尺检查,不能插入20 mm。在成批生产条件下,装配过程中可以采用选配法和修配法保证装配质量。

2. 曲轴装配

(1)曲轴装配技术要求

轴颈与轴瓦接触要求:为了保证良好的润滑状态,采用涂色检验,在气缸轴线左右两侧的接触角为40° ~60°;轴承边缘在180°范围内均应与轴颈紧密贴合,用0.05 mm厚度的塞尺不能从轴瓦边缘插入。

轴颈跳动量要求:各主轴颈的径向跳动量不得超过表5-1中的规定;修理时主轴颈的径向跳动量不得超过表5-1中规定的1.5倍。检查主轴颈径向圆跳动量时,应在每个主轴颈的2 ~3个截面内进行。

表 5-1　主轴颈径向圆跳动公差值　　(mm)

曲柄数目	轴颈支承数目	主轴颈直径						
		0~75	75~100	100~150	150~250	250~350	350~500	500~600
3	1	0.015	0.020	0.025	0.030	0.040		
4	2~3	0.020	0.025	0.030	0.040	0.050		
5~8	3~4	0.025	0.030	0.035	0.050	0.060	0.070	0.080
9~12	5~6			0.04	0.055	0.065	0.075	0.085

臂距差值要求：在0°、90°、180°和270°四个位置上测量出每个曲轴臂距差，并符合图5-3(a)所示的曲轴臂距差标准区域图要求。曲线Ⅰ线左方表示曲轴装配情况良好；在Ⅰ、Ⅱ线之间表示装配合格；曲线Ⅲ为在船舶营运中曲轴臂距差的最大允许极限值。

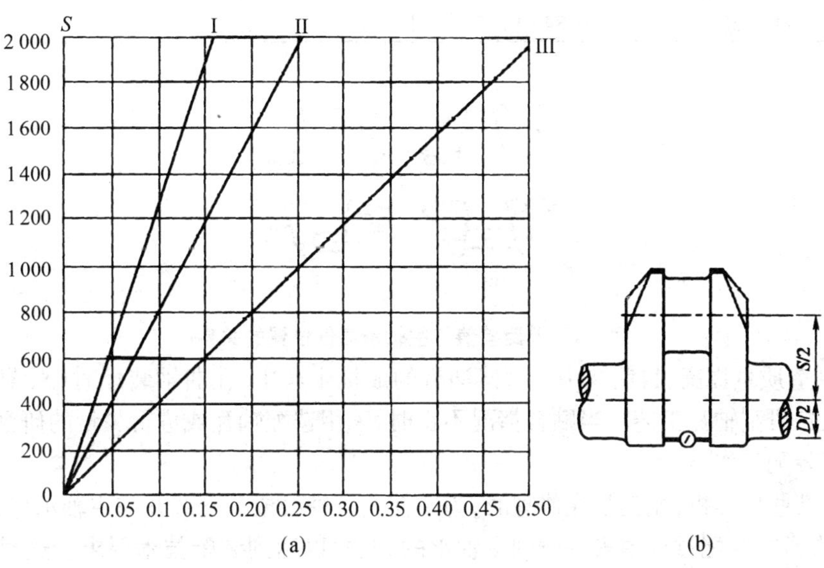

图 5-3　曲轴臂距差标准区域图

曲轴轴线与机座上平面的平行度要求：曲轴安装后，应做桥规测量以确定曲轴轴线与机座上平面的平行度，保证气缸轴线与曲轴轴线的垂直度安装精度，同时检验曲轴轴线的挠曲情况。曲轴轴线与机座上平面的平行度误差每米不大于0.05 mm。

主轴颈与轴承径向装配间隙要求：主轴颈与轴承之间应有一定的径向间隙，径向间隙过小，会引起润滑不良，磨损加剧和发热严重；间隙过大，也会引起润滑条件恶化，并易造成冲击负荷，加速轴瓦损坏。主轴颈与轴承径向装配间隙应按表5-2中的规定选取。此外考虑到柴油机工作时温度会升高，曲轴伸长，为了使曲轴能有自由伸长的余地，制造和安装中对轴向间隙也有相应的规定。

(2)研刮主轴承

当曲轴安放在高低不同的主轴承上时，其轴线会成为挠曲的曲线状态，这必然会引起曲轴曲柄臂之间的距离在上下止点时有变化，曲轴轴线挠曲越大，臂距差值就越大。如图5-4所示为臂距差值与主轴承高低位置的关系。主轴承在水平方向同轴度误差也同样产生该方向的臂距差。根据上述原理，可以利用曲轴臂距差判断主轴承高低位置，以便通过研刮来调整曲轴轴线位置。轴瓦研刮量可以通过计算法和图解法加以确定。

表 5-2　主轴颈与轴承径向装配间隙　（mm）

轴颈直径	径向装配间隙		
	转速 <500 r/min	转速 >500 r/min	
		白合金	铜铅合金
75 ~ 100		0.06 ~ 0.08	0.08 ~ 0.10
100 ~ 125		0.08 ~ 0.11	0.10 ~ 0.12
125 ~ 150		0.11 ~ 0.15	0.13 ~ 0.16
150 ~ 200	0.14 ~ 0.18	0.16 ~ 0.20	0.17 ~ 0.23
200 ~ 250	0.18 ~ 0.22	0.20 ~ 0.24	0.24 ~ 0.28
250 ~ 300	0.22 ~ 0.26	0.24 ~ 0.28	
300 ~ 350	0.26 ~ 0.30		
350 ~ 400	0.30 ~ 0.34		
400 ~ 450	0.34 ~ 0.38		

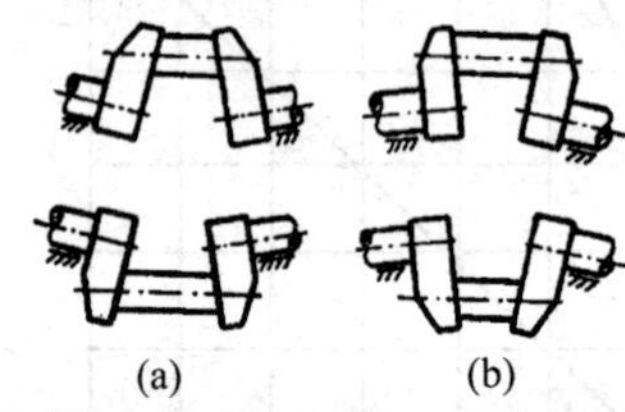

图 5-4　臂距差值与主轴承高低位置的关系

由于制造质量提高，目前在中小型柴油机的成批生产中，在曲轴装配时（对薄壁轴瓦）已经基本上免除研刮轴瓦工艺。当贴合情况不良时，采用选配轴瓦或进行少量的研刮工作，从而大大简化了装配工作。

但对于某些柴油机，尤其是在修理时，为了使曲轴轴线成一直线并与主轴承保持一定的装配间隙，仍常常在装配过程中采用研刮主轴承的方法，以达到装配技术要求。这时，主轴承合金层上应预留一定的研刮余量，一般在 0.10 mm 以内。

三、机体的装配

对于筒形活塞柴油机，机体装配的主要技术要求是：

(1)气缸轴线与曲轴轴线垂直度误差不大于 0.15 mm/m。

(2)气缸轴线与曲轴轴线相交位置度误差不大于 2 mm。

(3)各气缸轴线与对应的曲柄臂对称。

以上装配技术要求主要是靠机体本身的制造精度来保证的。气缸套装配通常在机体装上机座前进行。先装橡皮密封圈，涂润滑脂，即可将气缸套平稳地装入机体中，最后进行液压试验和其他检验，保证气缸套安装精度。机体与机座位置经过校准后，在其对角线位置同时铰出两个定位销。然后用连接螺栓将机体与机座紧固。

四、活塞连杆的装配

活塞连杆的装配过程包括在平台上装配活塞连杆部件和活塞连杆部件装入气缸中两部分工作。

(1)在平台上装配活塞连杆部件包括连杆杆身与小端衬套和大端轴承的装配、活塞销轴承与活塞销座孔的装配、活塞销将活塞与连杆连成一个整体部件等工作。

活塞连杆部件装配的主要技术要求是保证活塞轴线和连杆大端轴承轴线的垂直度误差不大于0.15 mm/m,活塞连杆部件垂直度误差检验方法如图5-5所示。

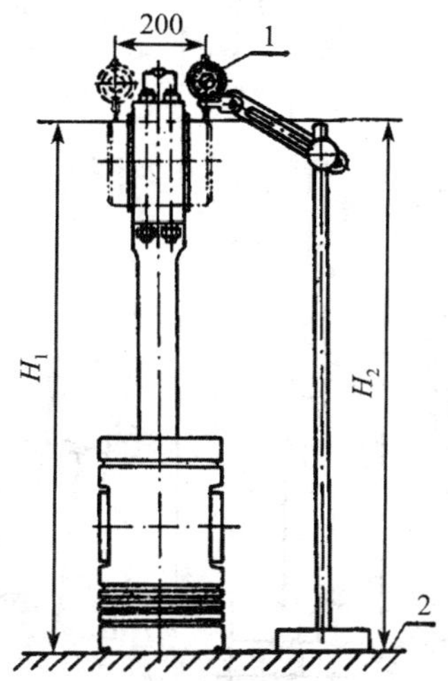

图5-5　活塞连杆部件垂直度误差检验方法

1—百分表;2—平台

(2)将活塞连杆部件装入气缸。这时先将连杆大端轴承半块拆下,将曲柄销转至上止点位置;然后将未装活塞环的活塞连杆部件从气缸上部吊入气缸中,并使连杆大端轴承上轴瓦与曲柄销贴合;接着装上连杆大端轴承下轴瓦,调好径向间隙,并和曲轴连接起来。

(3)将活塞连杆运动部件在气缸内进行校中。活塞与气缸间的间隙检查如图5-6所示。将活塞转至上止点位置,在活塞顶部和裙部两处分别对纵向横向相互垂直的4个部位用塞尺检查两者之间的装配间隙。将活塞转至下止点,重复上述检查内容,根据测量结果,确定活塞分别在上、下止点位置时活塞连杆运动部件在气缸内是否对中。在校中检查的同时,应注意活塞与气缸间的间隙值,这个装配间隙值应符合相关技术标准。

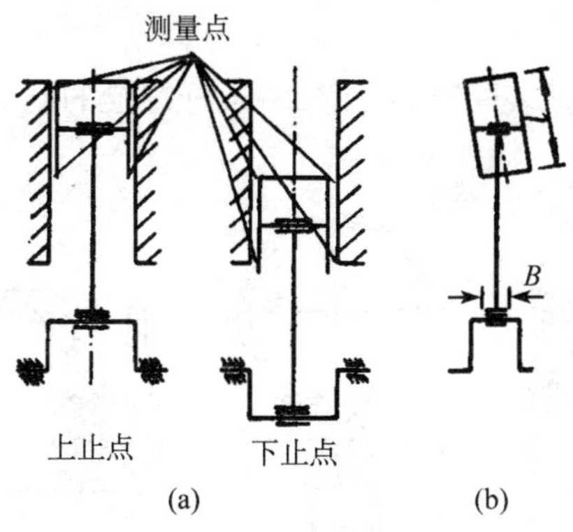

图5-6　活塞与气缸间的间隙检查

(4)检查曲柄销轴承两端面与曲柄臂之间的轴向间隙,其两端应保持有相等的间隙。

在柴油机制造的过程中,活塞连杆运动部件在装配校中过程中,活塞在气缸中的倾斜情况可以有不同的表现形式,如图 5-7 所示为活塞在气缸中的倾斜情况。

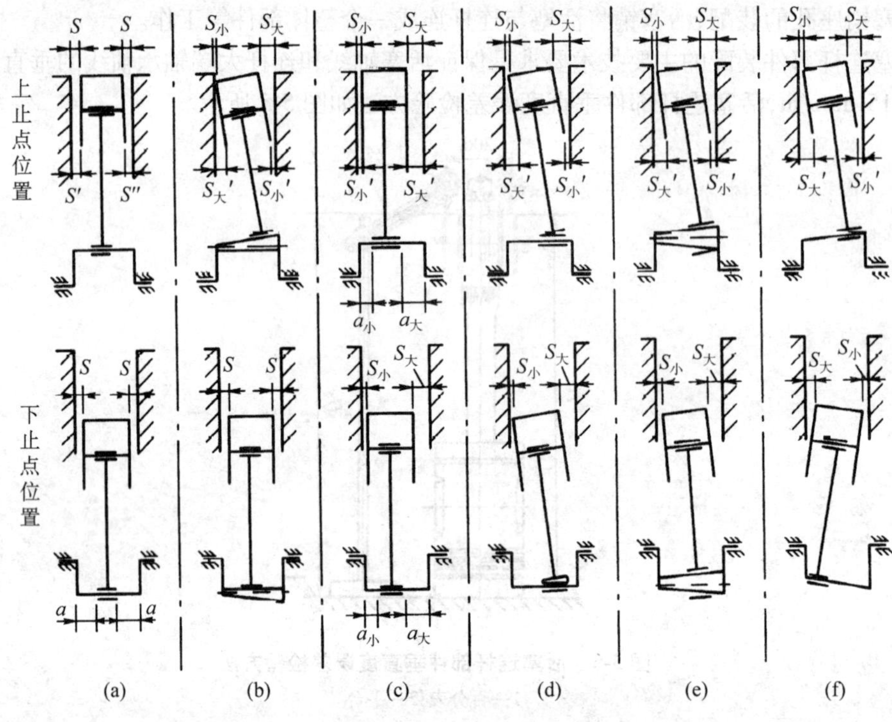

图 5-7　活塞在气缸中的倾斜情况

(5)初步检查调整压缩室高度。用增减连杆大端结合面之间的垫片来调整,或者用气缸盖垫片来调整。

(6)装入活塞环。采用专用工具将活塞环依次装入活塞环槽中,同时用塞尺检查活塞环端面与环槽之间的端面间隙。装入活塞环时应注意将活塞环开口位置错开,以提高密封效果。装入活塞环后,采用装入活塞环的工具如图 5-8(c)所示的内孔为锥形的短套引导活塞进入气缸。

(7)测量连杆螺栓的装配原始长度。

(8)检查曲轴的臂距差。

(9)最后紧固和检查。保证装配牢固可靠,将连杆螺栓的制动垫片、开口销或止动螺钉等防松零件装妥,以免发生意外。

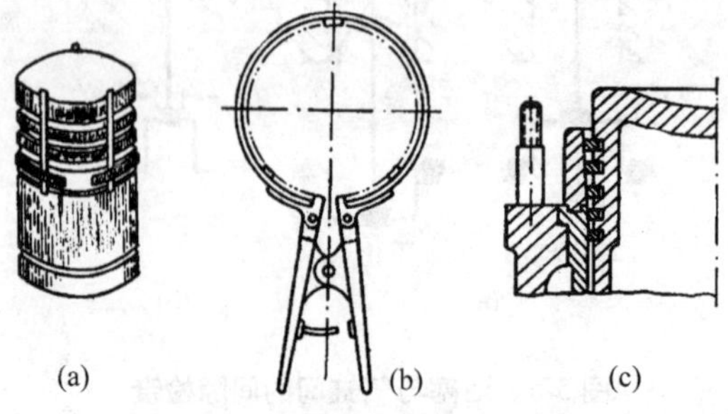

图 5-8　装入活塞环的工具

五、气缸盖和配气机构的装配

气缸盖装配包括部件装配（即在气缸盖上装配气阀机构、喷油器及摇臂机构等）以及气缸盖装到机体上两部分工作，具体装配过程如下：

（1）对气缸盖做液压试验。

（2）装配气阀机构。气阀导管与导管孔、气阀壳外圆与座孔、气阀杆与导管内孔的配合精度要符合要求。气阀盘锥形工作面与气阀座面应有良好的贴合环带。如图 5-9 所示为气阀的装配要求。

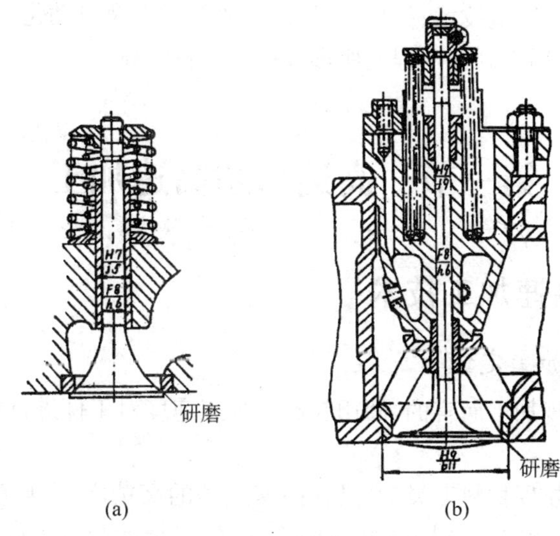

图 5-9 气阀的装配要求

（3）装配气缸盖部件，注意喷油器装配时的位置要符合要求。

（4）将气缸盖装配到机体上，合理选取气缸盖与机体之间的垫片。采用压铅块方法检测气缸压缩室高度。装配气缸盖至机体时，应注意固定螺母的拧紧次序，使其受力均匀。

（5）装配配气机构，包括气阀、凸轮轴、顶头和推杆、摇臂等机件的装配。

（6）装配其他零件，如气阀摇臂、顶头或滚轮装置、推杆等。

（7）检查和调整配气机构的正时时刻。

具体柴油机的装配要求要根据柴油机设计性能要求及其技术规范提出，而柴油机的装配工艺顺序也应根据不同的机型来拟定。

第六章　现代制造中的加工技术

现代制造技术是传统制造技术、信息技术、计算机技术以及自动化技术与管理科学等多学科先进技术的综合,并应用于制造工程上所形成的一个科学体系。

第一节　高速与超高速加工

一、高速与超高速加工技术

1. 高速与超高速加工定义

高速加工是相对常规加工而言的,即用较高的加工速度对工件进行加工,一般认为应是常规加工速度的5～10倍。

超高速加工指采用超硬材料刀具、磨具在高速运动的高精度、高自动化、高柔性的制造设备上,极大地提高切削速度来达到提高材料切除率、加工精度和加工质量的现代制造加工技术。这种技术通过极大地提高加工速度,提高加工质量和加工精度来降低成本。超高速切削中的"超高速"是一个相对概念,不能简单地用某一具体切削速度或主轴转速数值来定义。

高速加工的速度范围与工件材料和加工方法密切相关,其切削速度范围因不同的工件材料、不同切削方式而异,目前尚无确切的定义。各种材料的切削速度如图6-1所示,一般认为,高速加工各种材料的切削速度范围:钢为600～3 000 m/min;铸铁为900～5 000 m/min;铝合

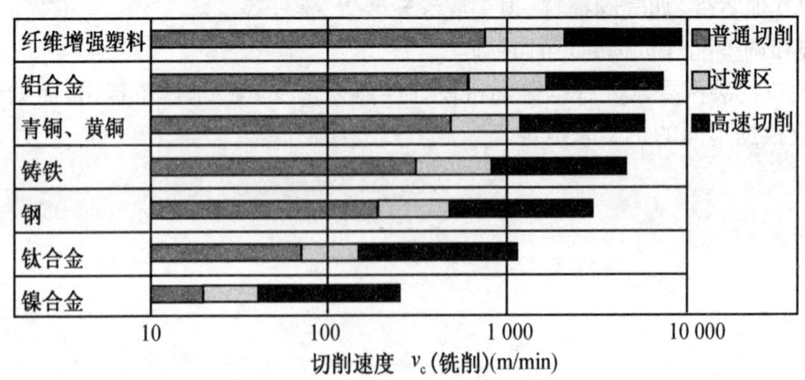

图6-1　各种材料的切削速度

金为2 000～7 500 m/min;钛合金为150～1 000 m/min;纤维增强材料为2 000～9 000 m/min;超耐热镍合金达500 m/min。主轴转速为10 000 r/min,快进速度为40～60 m/min。定

位精度可达0.5～0.05 μm。另外，切削速度随刀具材料的发展也在提高。20世纪80年代以来，新型刀具材料的发展为高速切削的实际应用创造了条件，如图6-2所示为刀具材料与切削速度的发展情况。

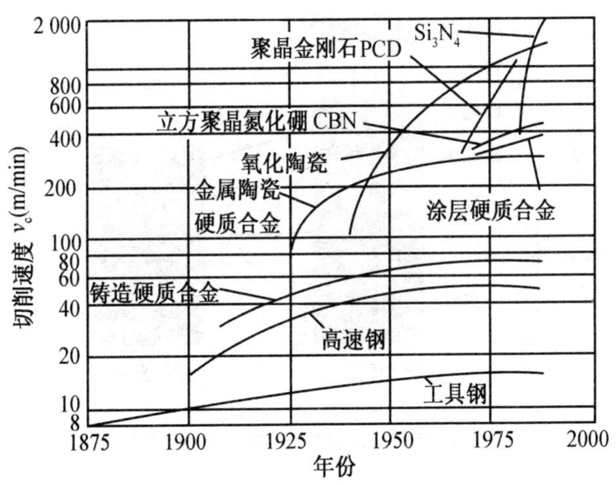

图6-2　刀具材料与切削速度的发展情况

2. 高速与超高速加工的特点

20世纪20年代，德国物理学家Carl. J. Salomon提出高速加工的理论，即人们常提及的“萨洛蒙曲线”，如图6-3所示。高速与超高速切削速度比常规切削速度几乎高出一个数量级。

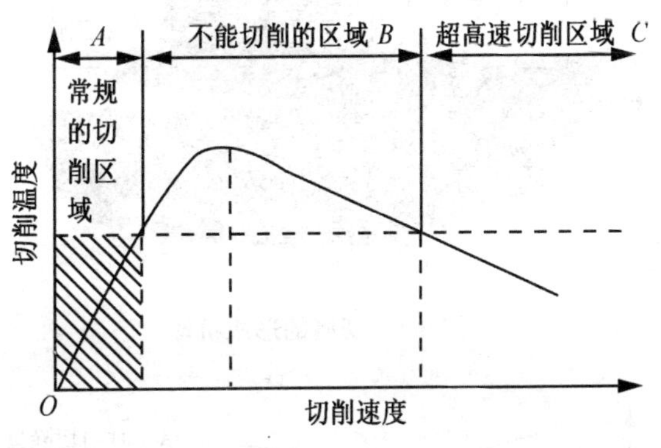

图6-3　萨洛蒙曲线

高速与超高速切削机理与常规切削不同。其优势主要表现在以下几个方面：

(1)材料切除率高，进给速度大大提高，增加了单位时间内的材料切除率。如图6-4所示为常规铣削和高速铣削的切削效率对比。

(2)切削力小，比常规降低30%～90%。切削变形减小，刀具寿命延长，特别适合细长及薄壁类刚性较差工件的加工。

(3)热变形小，特别适合于易热变形工件的加工。如图6-5所示为切屑的形成机理，切屑和接触面之间的接触区域产生的高温会导致温度效应并降低工件材料变形的阻力，工件热变形小，温升不超过3 ℃，剪切角增大，切削热大部分由切屑快速带走，可避免积屑瘤的产生。

(4)加工精度高。如图6-6所示为切削速度综合性能，即切削速度与切削力、刀具寿命、表面质量和单位时间切除量之间的关系。

(5)加工成本低。

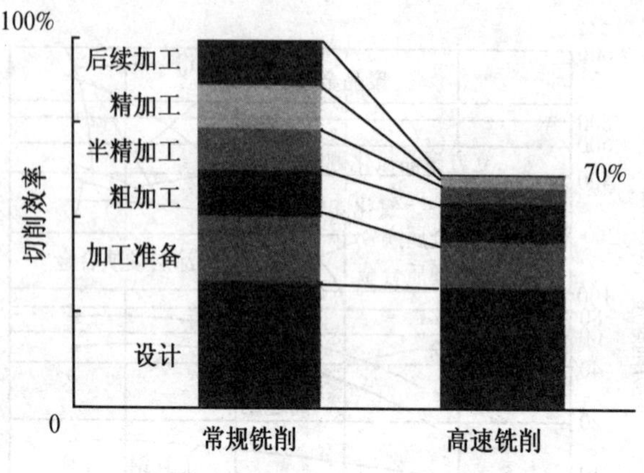

图 6-4　常规铣削和高速铣削的切削效率对比

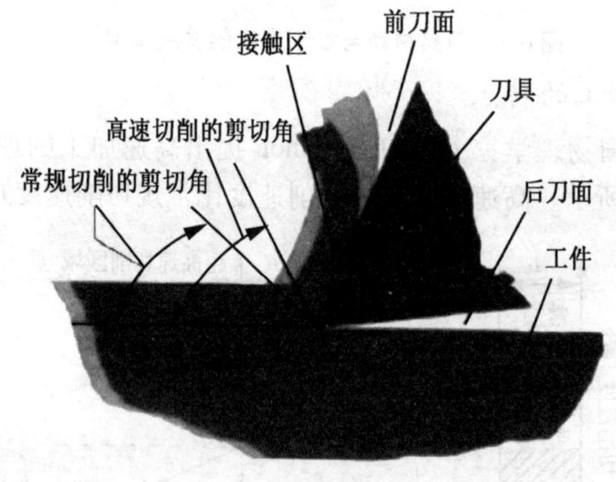

图 6-5　切屑的形成机理

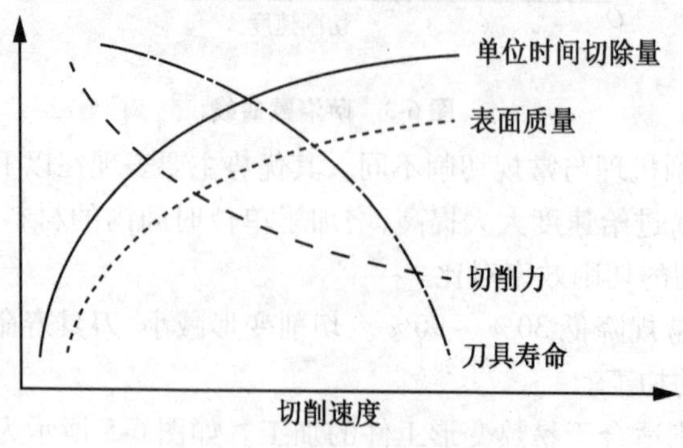

图 6-6　切削速度综合性能

二、高速与超高速加工的关键技术

实现高速与超高速加工的关键技术主要有:高性能刀具材料及刀具设计制造技术;高性能机床及其附件;高速主轴(电主轴)系统;快速进给系统;高性能的CNC控制系统;先进的机床结构;高速切削的工具系统;机床结构及材料;机床设计制造技术;工件夹紧系统;高效高精度测量测试技术;安全防护技术等。

1.超高速主轴单元

超高速主轴单元是超高速加工机床的关键部位,包括主轴、动力源、主轴轴承和机架四个部分,涉及的研究内容有主轴材料、结构、轴承、超高速主轴系统动态特性及热态特性,柔性主轴及其轴承的弹性支撑技术,润滑与冷却。

(1)滚珠轴承高速主轴。高速切削机床上的主轴多数为滚珠轴承电动主轴,采用高压力角为15°或25°的角接触滚珠轴承,精度为C级或B级,其转速可达90 000 r/min。润滑方式为油脂润滑、油雾润滑、喷油润滑。其主轴精度取决于轴承。目前市场上高速主轴的回转精度可达0.5 μm。

(2)液体静压轴承高速主轴。与滚珠轴承相比,液体静压轴承的径向刚度较低,轴向刚度高,适于轴向切削力较大的场合,其转速可达30 000 r/min。此外,液体静压轴承的油膜阻尼大,动态刚度高,适合于铣削的断续切削过程。其特点是运动精度高,回转误差小于0.2 μm,因而可以延长刀具使用寿命,提高刀具加工精度,降低表面粗糙度值。

(3)空气静压轴承高速主轴。空气静压轴承的应用进一步提高了主轴转速和回转精度。其转速达100 000 r/min,回转精度为50 nm,可采用金刚石刀具进行镜面铣削,可以加工形状精度和表面质量要求高的工件。空气静压轴承的缺点是承载能力低,维护费用高。

(4)磁悬浮高速主轴。磁悬浮主轴的转子由两个径向和两个轴向的轴承支撑,转子与轴承间的间隙一般在0.1 mm左右。磁悬浮主轴可采用较大轴径,因而刚性较好,承载能力强。其回转精度取决于主轴内位移传感器的精度和灵敏度及控制电路的控制精度,通常可达0.2 μm。磁悬浮主轴的优点是精度高、转速高、刚性好。磁悬浮主轴的缺点是机械结构复杂,需要一套传感器和控制电路,价格高,必须有很好的冷却系统与之配套。

2.超高速加工的进给单元

超高速加工进给单元是超高速加工机床的重要组成部分,包括伺服驱动技术、滚动元件技术、检测单元技术和诸如防尘、防噪声、冷却润滑、安全等周边技术,要求能达到高速和瞬间加速及瞬时准停要求。

超高速加工进给单元涉及的研究内容包括:高速位置环芯片的研制;高速精度交流伺服系统及电动机的研制;直线伺服电动机的研制;加减速控制技术,超高速进给系统的优化设计、虚拟设计、高精度滚珠丝杠副及大导程滚珠丝杠副的研制;高精度导轨、新型导轨摩擦副的研制等。

超高速进给单元的技术指标包括两个方面:对于滑台驱动系统,其进给速度要求达到60 m/min;对于直线电动机驱动系统,其进给速度要求达到200 m/min。

直线电动机与滑台连在一起,无间隙,惯性小,刚度大而无磨损,通过控制电路可以实现高速和高精度驱动。如图6-7所示为直线电动机导轨系统的结构简图。

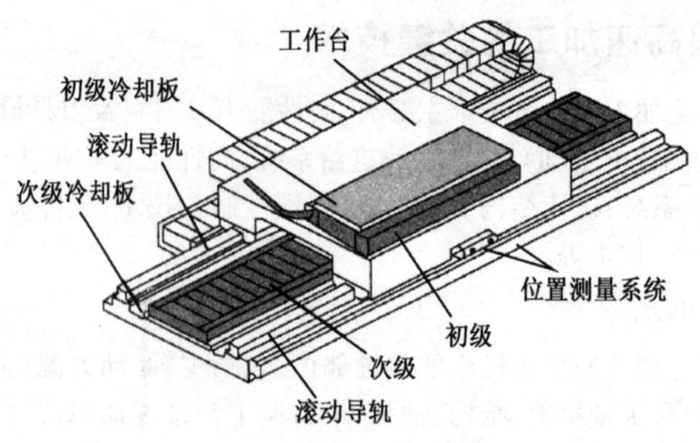

图 6-7　直线电动机导轨系统的结构简图

3. 面向高速切削的切削工具

在影响金属切削发展的诸多因素中,刀具材料及刀具制造技术起着决定性作用。高速切削刀具的材料除了具有普通刀具材料的要求以外,还应具备高的可靠性、高耐热性和抗热冲击性、良好的高温力学性能,能适应各种难加工材料和新型加工材料的要求。

目前适用于高速切削的刀具材料主要有涂层硬质合金、金属陶瓷、刀具陶瓷、立方氮化硼(CBN)和聚晶金刚石(PCD)等。其特点是“三高一专”,即高效率、高精度、高可靠性和专用化。

如图 6-8 所示为以高强度铝合金做基体的 HSC 面铣刀。该刀具以超细晶硬质合金为基体,具备最合理的刀具结构和刀型设计,并结合精良的制造工艺,可满足航空航天领域对刀具的严苛要求,实现高精度和高效率加工。

图 6-8　以高强度铝合金做基体的 HSC 面铣刀

如图 6-9 所示为在基体上焊接刀片(材料 CBN、PCD)的 HSC 刀具。将一块刀片焊接在硬质合金基片的一个角上,经刃磨后形成一个刀尖,在一片可转位刀片上,可以焊接一个刀尖或多个刀尖。转位结构的刀片主要为车刀片和铣刀片,考虑到刀坯成本较高,一般只做一个刀尖。

图 6-9　在基体上焊接刀片的 HSC 刀具

在超高速切削加工中,一般在刀具系统上开设一个直接供给切削液的通路,并主要采用主轴中心供液的方式进行冷却,如图 6-10 所示为采用内部冷却的钻头。

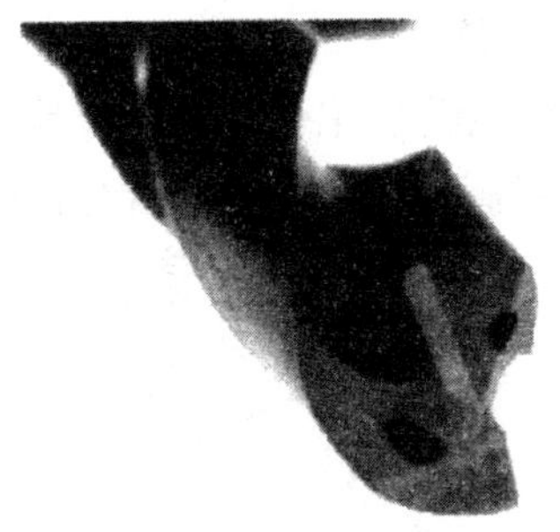

图 6-10 采用内部冷却的钻头

刀柄是超高速加工机床(加工中心)的重要配套件,装夹高速切削刀具时必须满足最小的动不平衡量、最小的径向偏差、高刚性、传递高转矩、高精度、换刀时的高重复精度、高转速下的安全性等。目前超高速切削机床普遍采用的是日本的 BIG-PLUS 刀柄系统和德国的 HSK 刀柄系统。

日本的 BIG-PLUS 刀柄系统如图 6-11 所示。该刀柄系统利用主轴内孔的弹性膨胀锁紧后补偿间隙,缩小了刀柄装入主轴后与主轴端面的间隙,保证了刀柄与主轴端面的配合。

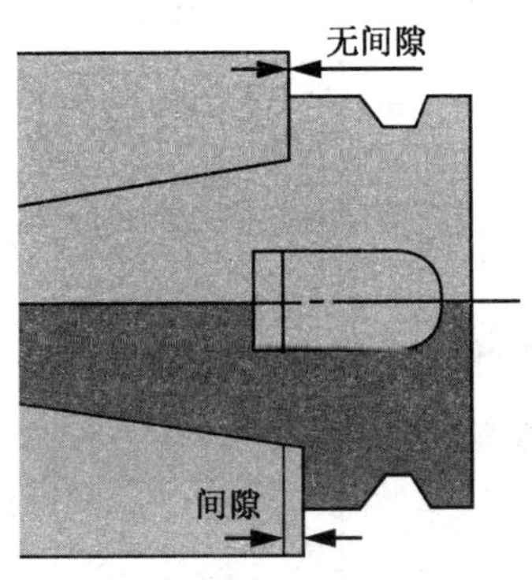

图 6-11 日本的 BIG-PLUS 刀柄系统

德国的 HSK 刀柄系统如图 6-12 所示。该刀柄系统采用锥面再加上法兰端面的双定位,转速高时,锥体向外扩张,增加了压紧力,而刀柄中空,且连接锥面长度短,使刀柄重量减轻,因此适应主轴的高速运转。

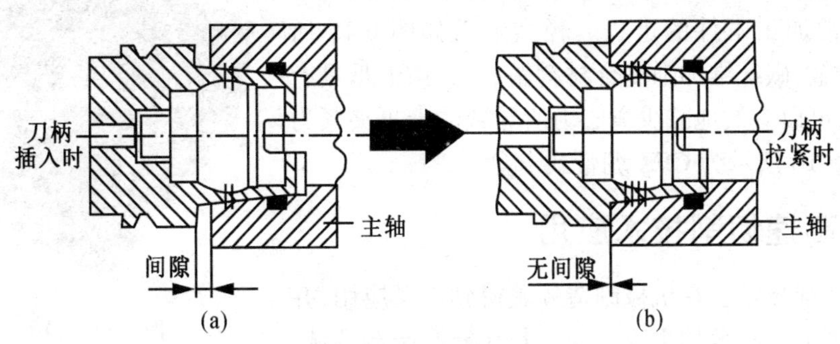

图 6-12 德国的 HSK 刀柄系统

4. 面向高速切削的工件夹紧技术

传统的爪式卡盘随着切削速度的提高，工件的夹紧力是越来越小的，甚至会因为夹紧力不足而把工件从卡盘中甩出去，因此对高速切削中的卡盘有特殊要求。如图 6-13 所示为爪式卡盘夹紧力与转速之间的关系。如图 6-14 所示为带离心力补偿的楔面卡盘。该卡盘的特点是通过离心力补偿机构来降低动力卡盘夹紧力损失，能够使动力卡盘在高的极限转速中依然保持充足的夹紧力，而不至于影响正常加工工件的进程。轻型卡爪如图 6-15 所示，采用铝合金、碳纤维加强复合材料做成的，该卡爪具有轻质的特点，可以有效地减少离心力所导致的卡爪夹紧力降低。如图 6-16 所示为 CFK 绷带式卡盘。

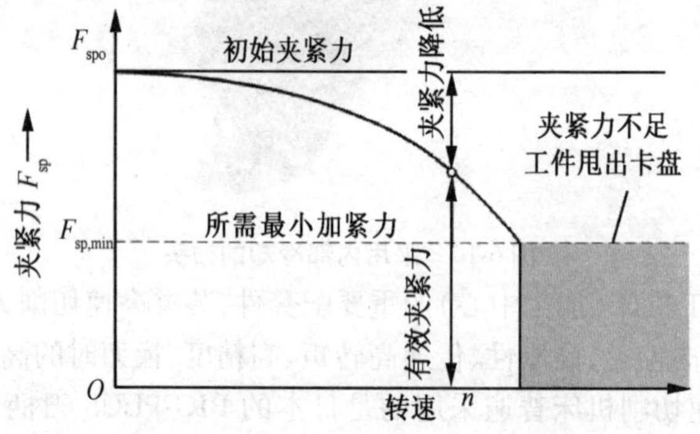

图 6-13　爪式卡盘夹紧力与转速之间的关系

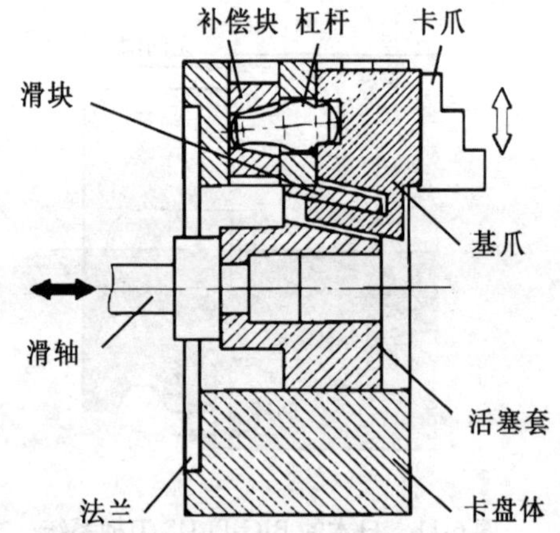

图 6-14　带离心力补偿的楔面卡盘

图 6-15　轻型卡爪

三、超高速切削技术应用

超高速切削技术已在机械制造领域得到广泛应用，并已经成为切削加工技术的主流之一。其在航空制造领域、汽车制造领域、模具工业中应用最为广泛并最为成功：在航空制造领域主要用于整体结构件的切削加工或钛合金等高温合金材料的加工；在汽车制造领域主要用于发动机体和传动部件的

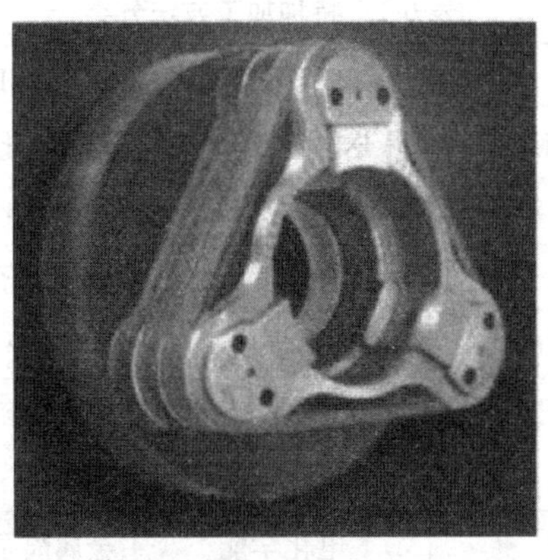

图 6-16　CFK 绷带式卡盘

加工;在模具工业领域主要用于模具钢和铸铁件的高速切削。

四、高速高效加工领域发展趋势

在美、日、德等发达国家,高速高效加工技术已经在航空、航天、汽车、能源、高速机车和模具等行业获得了广泛应用,成为切削、磨削加工的主流技术。随着工具材料、驱动、控制和机床等技术的不断进步,高速高效加工不仅获得普遍应用,而且向着超高速方向发展。现代高速加工中心替代柔性自动线已经成为明显的发展趋势。复合加工指在一次安装中能完成车、铣、钻、攻螺纹甚至磨削等不同的工序,高速高效复合加工机床在多品种、单件生产市场将有广阔的应用前景。

第二节　特种加工技术

一、特种加工方法的特点及分类

特种加工是用非常规的切削加工手段,主要是电、磁、声、光、热等物理及化学能量直接施加于被加工工件的加工部位,达到材料去除、变形以及改变性能等目的的加工技术。

与传统切削、磨削加工方法相比,特种加工方法具有以下特点:

(1)用机械能以外的其他能量(如电能、光能、声能、热能、化学能等)去除材料。

(2)传统机械加工方法要求刀具的硬度必须大于工件的硬度。但是,特种加工对工具和工件的强度、硬度和刚度均没有严格要求。

(3)特种加工过程中一般不会产生加工硬化现象,而且工件热变形小、加工应力小,易于获得好的加工质量,可在一次安装中完成工件的粗、精加工。

(4)加工中能量易于转换和控制,有利于保证加工精度和提高加工效率。

如表 6-1 所示特种加工有多种分类方法,一般按能量来源和作用形式及加工原理分类。

表 6-1　特种加工方法分类

特种加工方法		能量来源及形式	加工原理	英文缩写
电火花加工	电火花成形加工	电能、热能	熔化、汽化	EDM
	电火花线切割加工	电能、热能	熔化、汽化	WEDM
电化学加工	电解加工	电化学能	金属离子阳极溶解	ECM(ELM)
	电解磨削	电化学能、机械能	阳极溶解、磨削	EGM(ECG)
	电解研磨	电化学能、机械能	阳极溶解、磨削	ECH
	电铸	电化学能	金属离子阴极沉积	EFM
	涂镀	电化学能	金属离子阴极沉积	EPF
激光加工	激光切割、打孔	光能、热能	熔化、汽化	LBM
	激光打标记	光能、热能	熔化、汽化	LBM
	激光处理、表面改性	光能、热能	熔化、相变	LBM
电子束加工	切割、打孔、焊接	电能、热能	熔化、汽化	EBM
离子束加工	蚀刻、镀覆、注入	电能、动能	原子撞击	IBM
等离子弧加工	切割(喷镀)	电能、动能	熔化、汽化(涂覆)	PAM
超声波加工	切割、打孔、雕刻	声能、机械能	磨料高频撞击	USM
化学加工	化学铣削	化学能	腐蚀	CHM
	化学抛光	化学能	腐蚀	CHP
	光刻	光能、化学能	光化学腐蚀	PCM

二、电化学加工

1. 电化学加工的基本原理、分类及特点

(1)电化学加工的基本原理

电化学加工是利用电极在电解液中发生的化学作用(氧化与沉积),即金属在电解液中产生阳极溶解的电化学原理对金属材料进行成形加工的一种工艺方法。电化学加工原理如图 6-17所示。

(2)电化学加工的分类

电化学加工按其作用原理可分为三大类:第一类是利用电化学反应过程中的阳极溶解来进行加工,主要有电解加工和电化学抛光等;第二类是利用电化学反应过程中的阴极沉积来进行加工,主要有电镀、电铸等;第三类是利用电化学加工与其他加工方法相结合的电化学复合加工工艺进行加工,目前主要有电解磨削、电化学阳极机械加工(其中还含有电火花放电作用)等。

(3)电化学加工的特点

电化学加工的优点主要有:加工中无残余应力,工件不变形;无飞边、毛刺,加工表面质量好;工具和工件不接触,工具阴极原则上不消耗,无磨损;生产率高,是电火花加工的 5 ~ 10 倍;

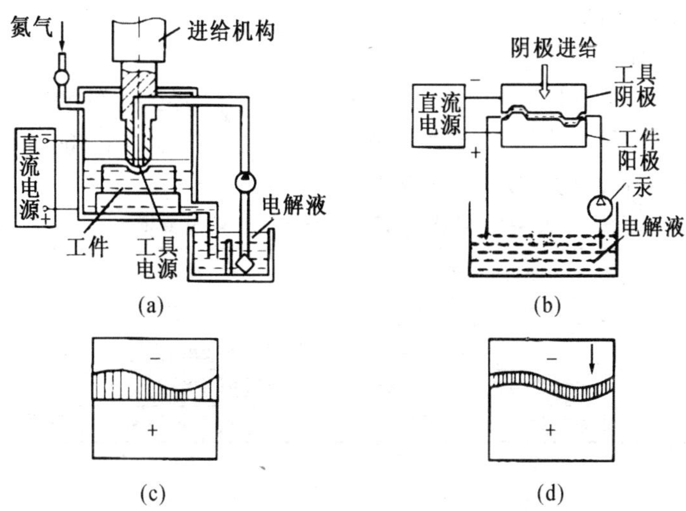

图 6-17　电化学加工原理

加工范围广，不受材料硬度的限制，凡是导电材料，不论硬度、强度、韧性多高，均可加工；生产率、表面质量之间无相互制约的关系等。

电化学加工不能加工非导电材料以及存在尖锐的内角（$r<0.2$ mm）等现象。主要原因：在尖点上的电流密度很大；在实心材料上不能一步加工出不通孔（工作液不流动）；存在电化学加工设备的腐蚀和生锈等问题。

2. 典型电化学加工技术

电化学加工的设备主要包括机床、电源、工具、工件及电化学加工液循环系统，如图 6-18 所示为电化学加工设备。

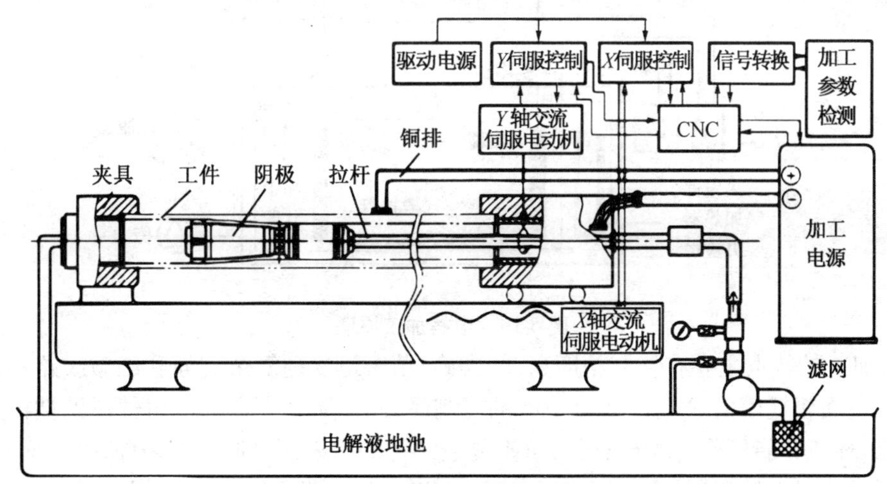

图 6-18　电化学加工设备

以下将简单介绍三种典型的电化学加工技术。

（1）电化学磨削

电化学磨削是一种电解与机械的复合加工方法。它是靠金属的电解（占 95% ~98%）作用和机械磨削（占 2% ~5%）作用相结合进行加工的。它比电解加工的精度高，表面粗糙度值小,比机械磨削的生产率高。

(2)电铸和涂镀加工

电铸加工和涂镀加工在原理和本质上都属于电镀工艺的范畴,都和电解相反,是利用电镀液中的金属正离子在电场的作用下,镀覆沉积到阴极上去(增材加工)的过程,主要包括电镀、电铸及电涂镀三类,它们之间有明显的不同之处,如表 6-2 所示。

表 6-2 电镀、电铸和涂镀加工性能及要求

项 目	电 镀	电 铸	涂 镀
工艺目的	表面装饰、防锈蚀	复制、成形	增大尺寸、改善表面性
镀层厚度	0.01 ~ 0.05 mm	0.05 ~ 5 mm 以上	0.001 ~ 0.5 mm 或以上
精度要求	要求表面光亮、光滑	有尺寸及形状精度要求	有尺寸及形状精度要求
镀层牢固度	要求与工件牢固黏结	要求与原模能分离	要求与工件牢固黏结

①电铸加工

电铸加工原理如图 6-19 所示,在直流电源的作用下,金属盐溶液中的金属离子在阴极获得电子而沉积在阴极母模的表面。阳极的金属原子失去电子而成为正离子,源源不断地补充到电铸液中,使溶液中的金属离子浓度基本保持不变。当母模上的电铸层达到所需的厚度时将其取出,使电铸层与型芯分离,即可获得型面与型芯凹、凸相反的电铸模具型腔零件的成形表面。电铸加工的工艺过程为原模表面处理→电铸至规定尺寸→衬背处理→脱模→清洗干燥→成品。

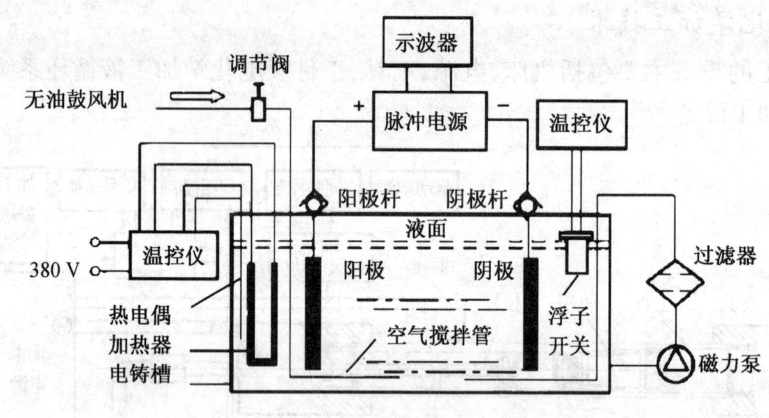

图 6-19 电铸加工原理

电铸加工的特点主要有复制精度高,能准确、精密地复制复杂型面和细微纹路;能获得尺寸精度高、表面粗糙度值 R_a 小于 0.1 μm 的复制品;同一原模生产的电铸件一致性极好;借助石膏、石蜡、环氧树脂等作为原模材料,可把复杂零件的内表面复制为外表面,外表面复制为内表面,然后再通过电铸复制,适应性广泛。但电铸时,金属沉积速度缓慢,电铸件制造周期长;电铸层厚度不容易均匀,且厚度较薄,仅为 4 ~ 8 mm;有时原模制造和脱模存在一定的困难。

电铸加工主要用于复制精细的表面轮廓花纹,如唱片模,工艺美术品模,纸币、证券、邮票的印制板;复制注射用的模具、电火花型腔加工用的电极材料;制造复杂、高精度的空心零件和薄壁零件,如波导管等;制造表面粗糙度标准样块、反光镜、表盘、异形孔喷嘴等特殊零件。

②涂镀加工

涂镀加工原理如图 6-20 所示,镀液中金属正离子在电场作用下在阴极表面获得电子而还原沉积到工件(阴极)上。

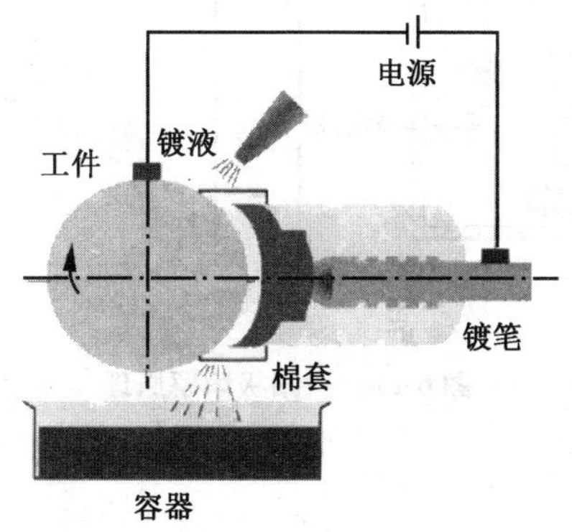

图 6-20　涂镀加工原理

涂镀加工具有不需要渡槽,可以对局部表面涂镀,设备操作简单,机动灵活性强,可在现场就地施工,不易受工件大小、形状的限制,甚至不必拆下零件即可对其局部刷镀;涂镀液种类、可涂镀的金属比槽镀多,一套设备可镀金、银、铜、铁、锡、镍、钨、钼等多种金属,选用、更改方便,易于实现复合镀层;镀层与基体金属的结合比槽镀牢固,且速度快(镀液中金属离子浓度高),镀层厚薄可控性强;因工件与镀笔之间有相对运动,故一般都需人工操作,效率低,很难实现高效率的大批量、自动化生产的特点。

涂镀加工主要用于修复零件磨损表面,恢复尺寸和几何形状,实施超差品补救,如各种轴、轴瓦、套类零件磨损后,以及加工尺寸超差报废时,可用表面涂镀恢复尺寸;填补零件表面上的划伤、凹坑、斑蚀、孔洞等缺陷,如机床导轨、活塞液压缸、印刷电路板的修补;大型、复杂、单个小批工件的表面局部镀镍、铜、锌、钨、金、银等防腐层、耐蚀层等,改善表面性能。

③复合镀

复合镀是在金属工件表面镀复金属镍或钴的同时,将磨料作为镀层的一部分也一起镀到工件表面上去。

(3)电化学抛光

电化学抛光是利用阳极溶解原理,如图 6-21 所示,使电极与工件距离几十到几百毫米,电流密度小,表面微观不平引起电场畸变,凹凸处电力线密度大、电场强度大,首先溶解,达到平整表面的目的。影响电化学抛光质量的因素主要有电解液的成分和比例、电参数(阳极点位和阳极电流密度)、电解液温度及其搅拌情况以及金属的金相组织与原始表面状态。如图 6-21(a)所示为阳极金属表面上凸出部分在电解过程中的溶解速率大于凹陷部分的溶解速率,经一段时间的电解可使表面达到平滑而有光泽的要求,此过程如图 6-21(b)所示。

电化学抛光特点主要有:抛光效率高,在通常情况下,利用电化学抛光要比手工抛光效率高 10 倍以上;一致性强,抛光均匀性好,工件边角处均能有效地被抛光;表面质量好,抛光后工件表面形成致密的氧化膜,表面细化程度较高,比用电火花成形加工获得的型腔表面质量要提高一个等级;不产生加工变质层,不造成新的表面残余应力;不受材料硬度和强度影响,是采用电化学腐蚀原理抛光的,与材料硬度无关。

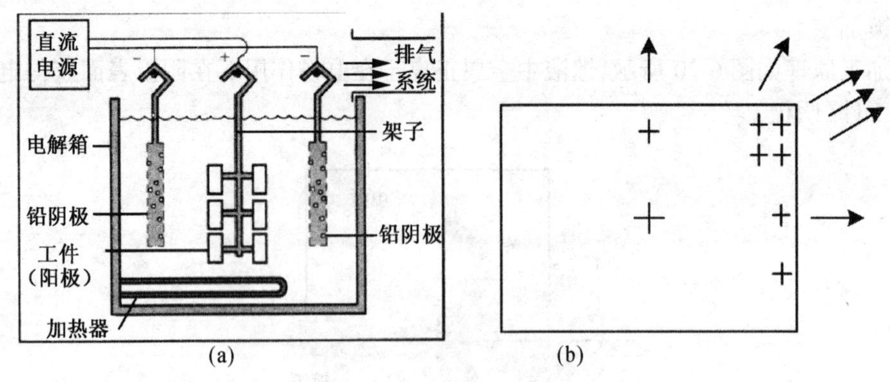

图 6-21　阳极溶解原理

三、激光加工

1. 激光加工的原理

激光加工是一种高能束加工方法，它利用激光固有的高强度、高亮度、方向性好、单色性好的特性，使光能很快转变为热能来蚀除金属，即通过一系列的光学系统将激光聚焦成平行度很高的微细光束（直径几微米至几十微米），获得能量密度极高（108～1 010 W/cm^2）的激光束照射到加工材料表面上，其中一部分细微光束从材料表面反射，一部分细微光束透入材料内，其光能迅速被工件吸收并转换为热能，照射区域的温度迅速升高（可达 10 000 ℃以上），使材料在极短的时间内（千分之几秒甚至更短）熔化甚至汽化和熔融溅出，以达到加热和去除材料的目的。

激光加工阶段大体分为如下三个阶段：激光束照射工件材料、工件材料吸收光能→光能转变为热能使工件材料无损加热→工件材料被熔化、蒸发、汽化并溅出。可以说，激光加工的机理是热效应，激光加工是工件在光热效应下产生高温熔融和受冲击波抛出的综合过程。

激光加工的基本设备主要包括激光器、电源、光学系统和机械系统四大部分。激光加工设备及其一般组成如图 6-22 所示。

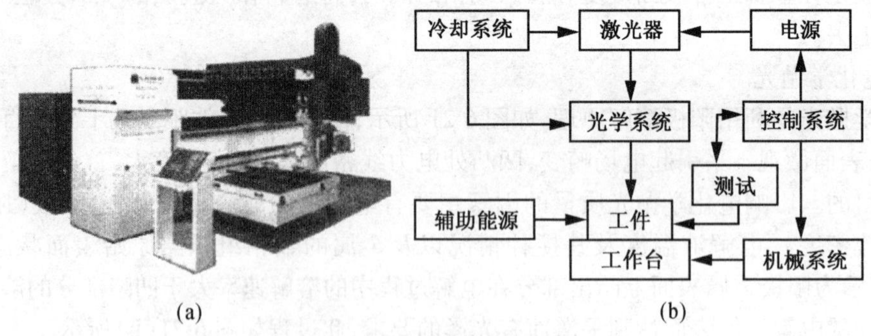

图 6-22　激光加工设备及其一般组成

2. 激光加工的特点

激光加工主要有以下优点：

(1) 激光加工属于高能束流加工，不存在工具因磨损需更换的问题。

(2) 加工精度高。激光束易于聚焦导向，输出功率可以调节，光束可聚到微米级

(0.001 mm),能加工小孔直径(0.001 mm)、窄缝,适用于精密微细加工。

(3)加工质量好。由于激光能量密度高,热作用时间很短,整个加工区几乎不受热的影响,不接触加工工件,没有明显的机械力,工件变形极小,可加工对热冲击敏感、易变形的薄板和橡胶件等弹性零件。

(4)适应性强,加工材料范围广泛。激光的能量密度大,高达108 ~ 1 010 W/cm^2,可加工耐热合金、陶瓷、玻璃、硬质合金、石英、宝石、金刚石等金属和非金属材料,特别是难加工材料。

(5)激光可通过玻璃、空气及惰性气体等透明介质进行加工,如对真空管内部元件进行焊接加工。

(6)加工速度快,光斑小,强度高,能量集中,热影响区小,加工时不产生振动和噪声,加工效率高,可实现高速打孔和高速切割。

(7)通用性强。同一台装置可对工件进行切割、打孔、焊接和表面处理等多种加工。

(8)容易实现自动化。激光束传输方便,易于控制,便于与机器人、自动检测、计算机数字控制等先进技术相结合。

(9)能节省材料,能量利用率为常规热加工的 10 ~ 1 000 倍。激光切割可节省材料15% ~30%;经济性好,不需要设计与制造工具,装置简单。

(10)加工性能好,工件可以离开加工机械,激光可通过光学透明介质对工件进行加工,不需要真空,不受电磁干扰,与电子束加工相比应用更方便。

3. 激光加工的应用

激光加工可用于刻蚀、打孔、切割、焊接、热处理、表面处理和改性加工、打标等。如图6-23所示为激光加工的典型应用案例。

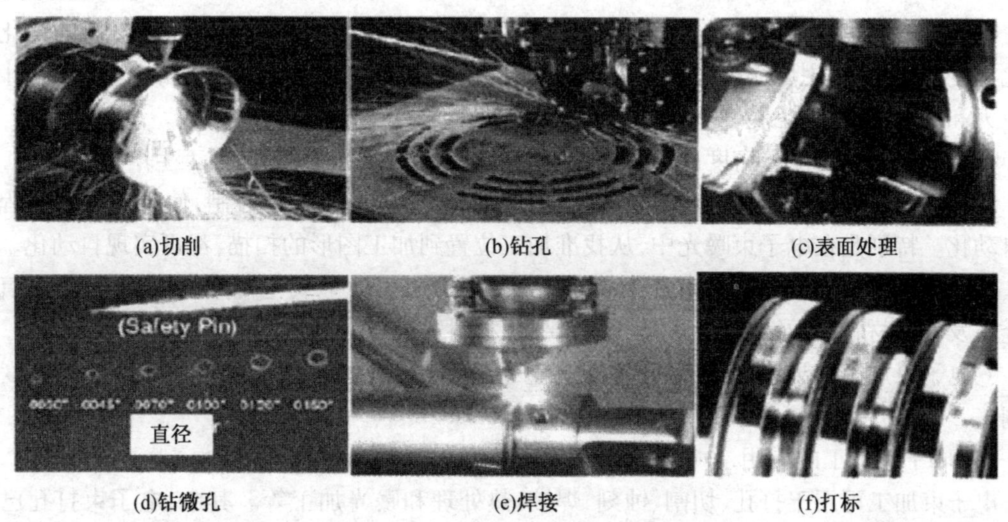

(a)切削　(b)钻孔　(c)表面处理

(d)钻微孔　(e)焊接　(f)打标

图6-23　激光加工的典型应用案例

四、其他特种加工

1. 电子束加工

(1)基本原理

电子束加工是在真空条件下,利用聚焦后能量密度极高的电子束,以极高的速度冲击到工件表面的极小面积上，在极短的时间（几分之一微秒）内，其能量的大部分转变为热能，使被冲击部分的工件材料达到几千摄氏度的高温，从而引起材料的局部熔化和汽化，而实现加工的目的，如图6-24所示为电子束加工原理示意图。

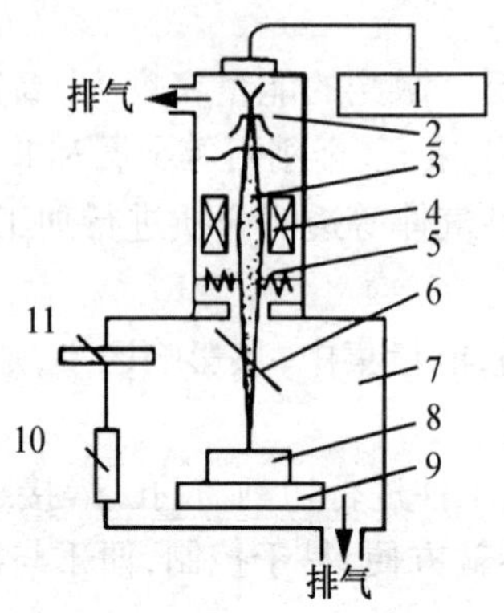

图6-24　电子束加工原理示意图

1—高速加压；2—电子枪；3—电子束；4—电磁透镜；5—偏转器；6—反射镜；7—加工室；8—工件；9—工作台及驱动系统；10—窗口；11—观察系统

（2）电子束加工的特点

①由于电子束能够极其微细地聚焦，甚至长度或宽度能聚焦到0.1 μm，所以加工面积可以很小。电子束加工是一种精密微细的加工方法。微型机械中的光刻技术可达到亚微米级宽度。

②加工材料范围很广。由于电子束能量密度很高，使照射部分的温度超过材料的熔化和汽化温度，去除材料主要靠瞬时蒸发，是一种非接触式加工，工件不受机械力的作用，不产生宏观应力和变形，故可加工脆性、韧性、导体、非导体及半导体材料。

③由于电子束的能量密度高，而且能量利用率可达90%以上，因而加工生产率很高。

④可以通过磁场或电场对电子束的强度、位置、聚焦等进行直接控制，使整个加工过程实现自动化。特别是在电子束曝光中，从找准加工位置到加工图形的扫描，都可实现自动化。

⑤由于电子束加工在真空中进行，因而污染少，加工表面不氧化，特别适合于加工易氧化的金属及合金材料，以及纯度要求极高的半导体材料。

⑥电子束加工需要一套专用设备和真空系统，价格较贵，故在生产中受到一定程度的限制。

（3）电子束加工的应用

电子束加工可用于打孔、切割、蚀刻、焊接、热处理和曝光加工等。其中，电子束打孔已在航空航天、电子、化纤以及制革等工业生产中得到了实际应用。

2. 离子束加工

（1）基本原理

如图6-25所示为离子束加工原理示意图。在真空条件下，氩气等惰性气体在高速电子撞击下被电离为氩离子，氩离子在电磁偏转线圈作用下，形成数百个直径为0.3 mm的离子束。调整加速电压可以得到不同速度的离子束，进行不同的加工。

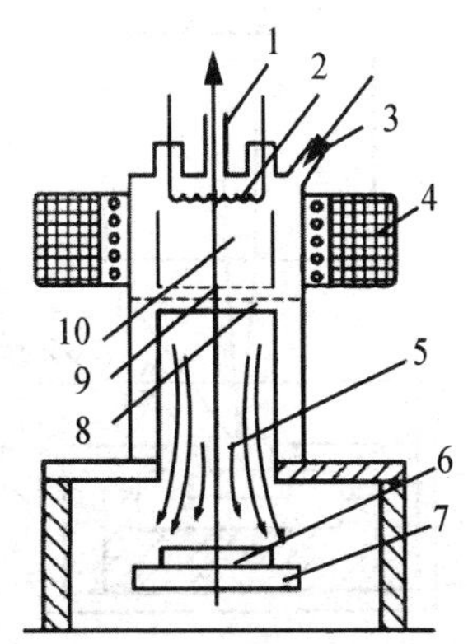

图 6-25 离子束加工原理示意图

1—真空抽气孔;2—灯丝;3—惰性气体注入口;4—电磁线圈;
5—离子束流;6—工件;7,8—阴极;9—阳极;10—电力室

(2)离子束加工的特点

①易于精确控制,加工精度高。

②加工应力小、变形小。

③加工所产生的污染少。

④离子束加工应力、变形等级小,加工质量高,适于各种材料和低刚度零件的加工。

(3)离子束加工的应用

离子束加工主要应用于离子刻蚀、离子镀膜和离子注入等领域。离子刻蚀可以加工,如金属、半导体、橡胶、塑料、陶瓷等材料。离子镀膜可在切削工具表面镀氮化钛、碳化钛等硬质材料,以提高刀具的耐用度,也可在金属或非金属表面上镀制金属或非金属材料。离子注入即将硼、磷等"杂质"离子注入半导体中,从而改变其导电形式(P、N 极),针对材料的性能,如耐磨性、高硬度、耐蚀性、润滑性等方面的改善都非常有效。

3. 超声波加工

(1)超声波加工的机理

超声波加工是利用振动频率超过 16 000 Hz 的工具头,通过磨料悬浮液对工件进行成形加工的一种方法,超声波加工原理示意图如图 6-26 所示。

当工具以 16 000 Hz 以上的振动频率作用于悬浮液磨料时,磨料便以极高的速度强力冲击加工表面,同时由于悬浮液磨料的搅动,使磨料以高速度抛磨工件表面。此外,磨料液受工具端面的超声振动而产生交变的冲击波和"空化现象"。随着加工的不断进行,工具的形状就逐渐"复制"在工件上。由此可见,超声波加工是磨粒的机械撞击和抛磨作用,以及超声波空化作用的综合结果,其中主要是磨粒的撞击作用。因此,材料越硬脆,越易遭受到撞击破坏,越易进行超声波加工。

(2)超声波加工的特点

①特别适合加工各种硬脆材料,尤其是使用电火花加工等方法无法加工的不导电非金属材料,如玻璃、陶瓷、石英、硅、玛瑙、金刚石、半导体等,也可以加工淬火钢和硬质合金等材料,但效率相对较低。

②加工精度高,加工表面质量好。

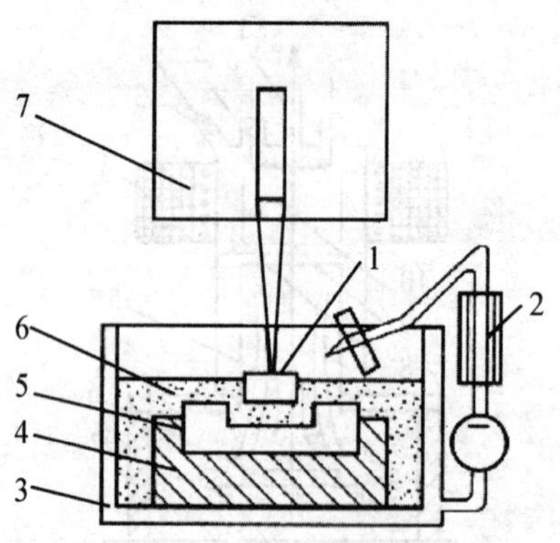

图6-26　超声波加工原理示意图

1—工具；2—冷却器；3—加工槽；4—夹具；5—工件；
6—磨料悬浮液；7—振动头

③加工出工件的形状与工具形状一致。

(3)超声波加工的应用

超声波加工的应用范围很广，它不仅能加工硬质合金、淬火钢等硬脆金属材料，而且更适合用来对不导电的非金属硬脆材料(如半导体硅片、锗片以及陶瓷、玻璃等)进行精密加工和成形加工。超声波还可以用于清洗、探伤和焊接等工作，在农业、国防、医疗等方面的用途十分广泛。

4. 水射流切割

(1)基本原理

水射流切割，又称液体水射流加工，是利用超高压、超高速流动的水束流冲击工件而进行的，如图6-27所示为水射流切割原理示意图。超高压(可达700 MPa)的水由口径约0.5 mm的喷嘴射出，以2 ~3倍的声速冲击加工表面，“切屑”和水流混在一起从出口流出，加工时，能量密度可达1 010 W/mm^2，流量达7.5 L/min。

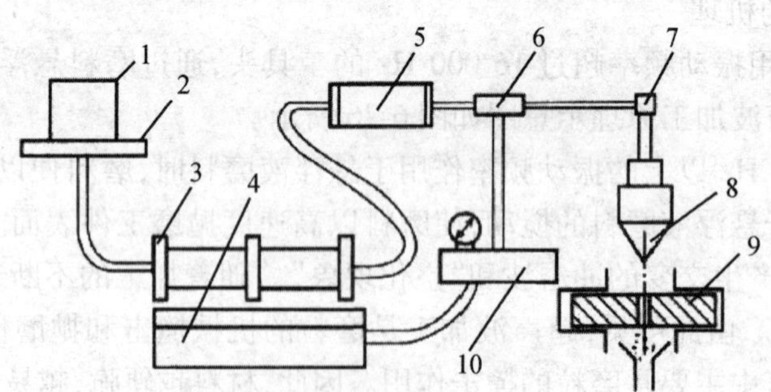

图6-27　水射流切割原理示意图

1—水箱；2—过滤器；3—水泵；4—液压机构；5—蓄能器；6—控制器；
7—阀门；8—喷嘴；9—工件；10—增压器

(2)水射流切割的特点

①加工过程中“刀具”不会变钝，切割质量稳定。可切割各种金属和非金属材料，俗称

“水刀”。

②可以用于切窄缝,一般为 0.08 ~0.5 mm,可节省材料、降低成本。

③切割过程不会产生灰尘及火灾。

④切割温度低,可切割纸、母材、纤维及其制品。

⑤切割时工件材料不会受热变形,切边质量较好;切口平整,无毛刺。

⑥加工材料范围广。既可用来加工非金属材料,也可以加工金属材料,而且更适宜于切割薄的和软的材料。

(3)水射流切割加工的应用

水射流切割加工的流束直径为 0.05 ~0.38 mm,可以加工很薄、很软的金属和非金属材料,也可以加工较厚的材料,其加工的最大厚度可达 125 mm,在建筑、装潢、汽车制造、航空航天、食品行业和纺织工业等领域得到了广泛应用。

5. *磨料喷射加工*

(1)磨料喷射原理

磨料喷射加工是利用磨料与压缩气体混合后经过喷嘴形成的高速束流,通过对工件的高速冲击和抛磨作用去除工件上多余的材料,以达到加工的目的。

如图 6-28 所示为磨料喷射加工过程示意图。气源供应的气体必须干燥、清净,并具有适度的压力。磨料室混合腔往往利用一个振动器进行激励,使磨料均匀混合。喷嘴紧靠工件并具有一个很小的角度。操作过程应封闭在一个防尘罩中或接近一个能排气的收集器。影响磨料喷射加工过程的因素有磨料、气体压力、磨料流动速度、喷嘴对工件的角度和接近程度等。利用铜、玻璃或橡胶面罩可以控制磨料喷射加工刻蚀的图形。

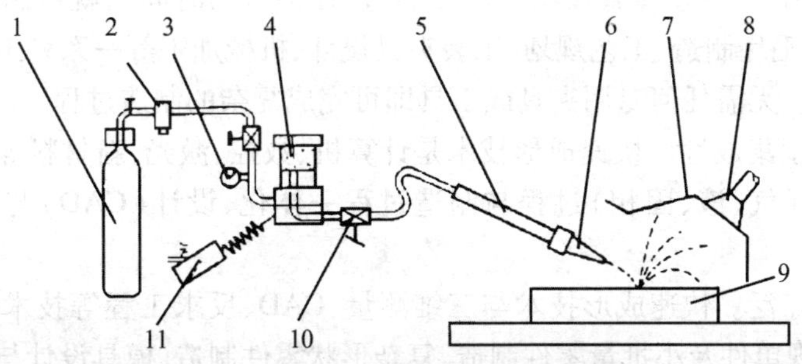

图 6-28 磨料喷射加工过程示意图

1—压缩气瓶;2—过滤器;3—压力表;4—磨料室和混合室;5—手柄;6—喷嘴;7—排气罩;8—收集器;9—工件;10—控制阀;11—振动器

(2)磨料喷射加工的特点

①属于精细加工工艺,主要用于去毛刺、清洗表面、刻蚀等。

②可以加工导电或非导电材料,也可以加工如玻璃、陶瓷、淬硬金属等硬脆材料或是尼龙、聚四氟乙烯等软材料。

③可以清理各种沟槽、螺纹及异形孔。

(3)磨料喷射加工的应用

①磨光或磨毛玻璃。用此法磨光或磨毛玻璃常比使用酸蚀或磨削加工更快和更经济。

②清理表面。可以清理陶瓷上的金属污物、金属上的氧化物以及电阻涂层等,还可以剥离

金属导线上的封皮材料。

③去毛刺。在航空航天、计算机、医疗器械工业中,此法用于去除细小零件在螺纹、窄缝、沟槽等处的飞边、毛刺。

④加工半导体材料。在硅、锗、镓等半导体材料上钻孔,复杂表面清理、切割、刻蚀等。

第三节 快速成形技术

一、快速成形技术的定义与特点

1. 快速成形的定义

快速成形(Rapid Prototyping,简称 RP)技术是由 CAD 模型直接驱动,快速制造任意形状三维物理实体的技术。与传统的去除材料加工方法相比,不同之处在于它是通过逐层增加材料来制造零件的。利用快速成形技术可快速地将产品设计转化为三维实体模型或直接制造出零部件,成形材料可以是光敏树脂、塑料、纸、特种蜡和聚合物包金属粉末,以及陶瓷材料、复合材料和金属材料等。

2. 快速成形的技术特点

(1)简易性。由于采用离散/堆积成形的原理,将一个十分复杂的三维制造过程简化为二维过程的叠加,可实现对具有任意复杂形状零件的加工。

(2)快速性。由 CAD 模型直接驱动产品制造,在很短的时间内就可制造出零件实体,避免了传统方法中的毛坯制造、工艺规划、工装夹具设计、机械加工等一系列工艺。

(3)高度柔性。无需任何专用夹具或工具即可完成复杂的制造过程。

(4)技术的高度集成性。快速成形技术是计算机、数控、激光、新材料等技术的高度集成,实现了材料的提取(气、液、固相)过程与制造过程一体化、设计(CAD)与制造(CAM)的一体化。

(5)应用领域广泛。快速成形技术与三维测量、CAD、反求工程等技术相结合,可实现产品快速开发、可实现单件及小批量零件制造、复杂形状零件制造、模具设计与制造、产品设计的外观评估和装配检验、快速反求与复制等,不仅在制造业被广泛的应用,而且在材料科学与工程、医学、文化艺术以及建筑工程等领域也有广阔的应用前景。

二、快速成形技术的基本原理

从成形角度看,零件可被视为点、线、面叠加而成,即从 CAD 模型中离散得到点、线、面的几何信息,再与快速成形的工艺参数信息结合,控制材料有规律地、精确地由点、线到面,由面到体地逐步堆积成零件。从制造角度看,RPM 根据 CAD 造型生成零件三维几何信息,控制三维的自动化成形设备,通过激光束或其他方法将材料逐步堆积形成成形零件。

RPM 属于离散/堆积成形,RPM 技术采用软件离散材料堆积的原理实现零件的成形过程,通过离散获得堆积的路径、顺序、限制和方式,通过堆积材料“叠加”起来形成三维实体。如图 6-29 所示为 RPM 作业过程,RPM 作业过程主要包括 CAD 模型建立、STL 文件生成、分层切片、快速堆积四个阶段。

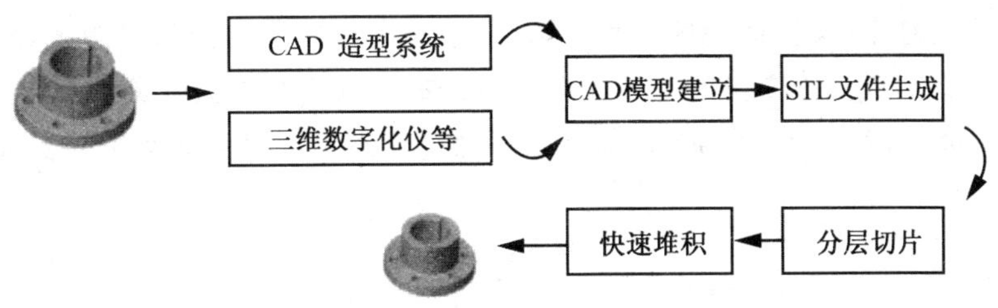

图 6-29　RPM 作业过程

三、快速成形工艺

1. 光固化(SLA)技术

光固化技术是最早出现的一种 RP 技术,对于这一名称,国内有立体印刷、光造型、立体光刻等多个译名。该技术采用激光束逐点扫描液态光敏树脂使之固化,是当前应用最广泛的一种高精度成形技术,以美国 3D System 公司的光固化系列成形机为代表产品。光固化技术的工作原理如图6-30所示。

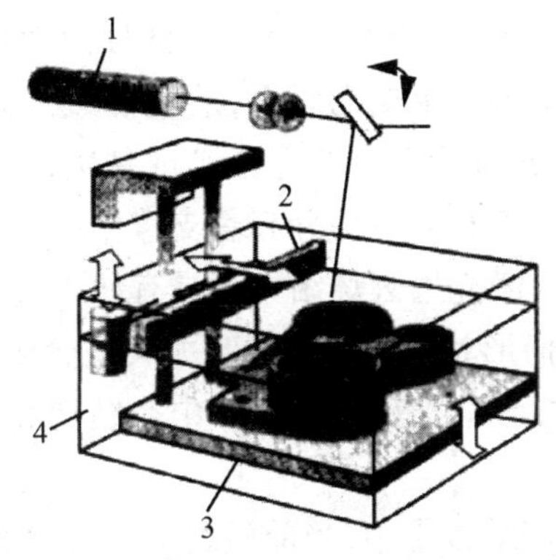

图 6-30　光固化技术的工作原理

1—激光器;2—刮刀;3—可升降工作台;4—液槽

光固化时,树脂槽中储存了一定量的光敏树脂,由液面控制系统使液体上表面保持在固定的高度;紫外激光束在振镜的控制下,按预定路径在树脂表面上扫描。扫描的速度和轨迹及激光的功率、通断等均由计算机控制。激光扫描之处的光敏树脂,由液体转变为固态,从而形成具有一定形状和强度的层片;扫描固化完一层后,未被照射的地方仍是液态树脂,然后升降台带动加工平台下降一个层厚的距离。通过涂敷机构使已固化表面重新充满树脂,然后进行下一层固化。新固化的一层黏接在前一层上,如此重复直至固化完所有层片,这样层层叠加起来,即可获得所需形状的三维实体。

初步固化完成的零件从工作台取下后,可以将其置于阳光下,或者专门的容器中使用紫外光照射,使之完全固化。最后,对零件进行打磨或上漆,以提高其表面质量。

光固化的主要特点:(1)成形精度高;(2)成形速度快;(3)扫描质量好;(4)成形件表面质量好;(5)成形过程中需添加支撑;(6)成形成本高。

2. 激光选区烧结(SLS)技术

激光选区烧结技术,又称选择性激光烧结,它是采用红外激光作为热源来烧结粉末材料,并以逐层堆积方式形成三维零件的一种快速制造技术。该技术由美国德州大学的 Carl Deckard 和 Joe Beaman 教授于 1986 年提出,激光选区烧结技术工作原理如图 6-31 所示。首先采用

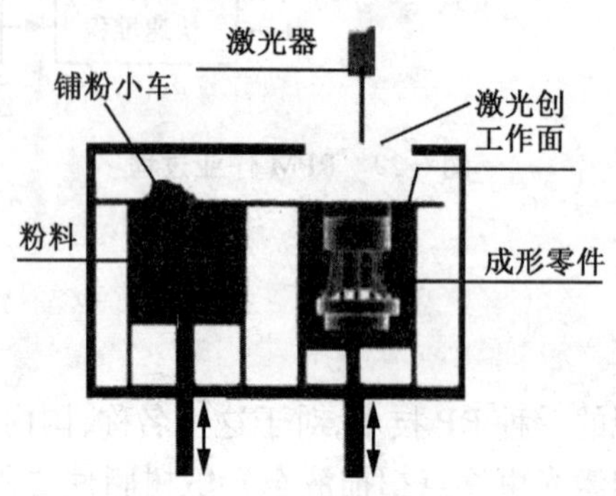

图 6-31　激光选区烧结技术工作原理

铺粉辊将一层粉末材料平铺在工作台上,然后用激光束在计算机控制下有选择地进行烧结(零件的空心部分不烧结,仍为粉末材料),被烧结的部分便固化在一起构成零件的实心部分。当一层截面烧结完后,工作台下降一个层的厚度,铺粉辊又在上面铺上一层均匀密实的粉末,进行新一层截面的烧结,并与下面已成形的部分实现黏接,直至完成整个零件。在成形过程中,未经烧结的粉末对模型的空腔和悬臂部分起着支撑作用,不需要另外的支撑。

与其他快速成形技术相比,激光选区烧结技术具有如下特点:

(1)几乎可以成形任意几何形状结构的零件。尤其适合生产形状复杂、壁薄、带有雕刻表面及内部带有空腔结构的零件。对含有悬臂结构、中空结构和槽中套槽结构的零件制造特别有效,而且成本较低。

(2)无需支撑。激光选区烧结技术中,当前层之前各层没有被烧结的粉末,起到了自然支撑当前层的作用,所以省时省料,同时降低了对 CAD 的要求。

(3)成形材料范围广。任何受热黏接的粉末都可能被用作激光选区烧结的原材料,包括塑料、陶瓷、尼龙、石蜡、金属粉末及它们的复合粉。

(4)可快速获得金属零件。易熔消失模料可代替蜡模直接用于精密铸造,而不必制作模具和翻模,因而可通过精铸,快速获得结构铸件。

(5)未烧结的粉末可重复使用,材料浪费极少。

(6)应用面广。由于成形材料的多样化,使得激光选区烧结适合于多种应用领域,如原型设计验证、模具母模、精铸熔模、铸造型壳和型芯等。

3. 叠层实体造型(LOM 或 SSM)技术

叠层实体制造技术,又称分层实体制造技术,是快速成形领域中具有代表性的技术之一。叠层实体造型系统由 CO_2 激光发生器、扫描机构、热压辊、升降平台、供料轴、收料轴及控制计算机等组成,叠层实体造型技术原理如图 6-32 所示。

首先由原材料存储及送料机构在升降平台上铺上一层箔材(这里说的箔材是指涂有黏结

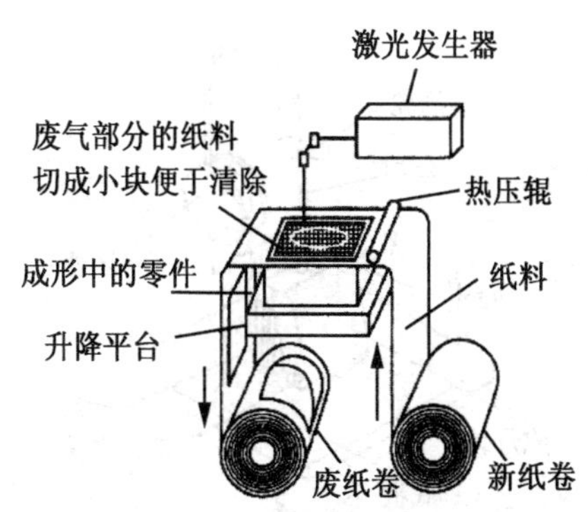

图 6-32　叠层实体造型技术原理

剂覆层的纸、陶瓷箔、金属箔或其他材质层的箔材)，然后用 CO_2 激光切割系统在计算机控制下切出本层轮廓，非零件部分全部切碎以便于去除。当本层完成后，升降台下移，然后由送料机构再铺上一层箔材，用滚子碾压并加热来固化黏结剂，使新铺上的一层箔材牢固地黏结在已成形体上，再进行切割，如此反复直到加工完毕。最后去除切碎部分以得到完整的零件。所以对分层实体制造来说，它的关键技术是控制激光的光强和切割速度，应使它们达到最佳配合，以便保证良好的切口质量和切割深度。

该叠层实体造型技术特点如下：

(1)零件交截面轮廓外的材料用打网格的办法使之成为小的方块，便于去除。

(2)采用成卷的带料供材，用激光(如 CO_2 激光)进行切割。

(3)用行程开关控制加工平面，热压辊只对最上面的新层加热加压。

(4)先进行热压、黏接，再切割截面轮廓，以防止定位不准和错层的问题。

叠层实体制造技术主要以纸作为造型材料，采用卷料或单张纸供料。后者的供纸机构复杂，而且由于预先裁好的尺寸不一定适合零件的尺寸，每一次切割造成较大的材料浪费。卷料供料装置较简单，而且运行可靠，不会出现夹层的问题，对纸张的要求低。

4. 熔融沉积制造(FDM)技术

熔融沉积制造技术，是一种利用喷头熔融、挤出丝状成形材料，并在控制系统的控制下按一定扫描路径逐层堆积成形的一种快速成形技术，如图 6-33 所示为熔融沉积制造技术原理。成形过程中，成形材料加热熔融后，在恒定压力作用下连续地由喷嘴挤出，而喷嘴在扫描系统带动下进行二维扫描运动。当材料挤出和扫描运动同步进行时，由喷嘴挤出的材料丝堆积形成了材料路径，材料路径的受控积聚形成了零件的层片。堆积完一层后，成形平台下降一个层片的厚度，再进行下一层的堆积，直至零件完成。

该熔融沉积制造技术的特点如下：

(1)成形材料广。目前已经成功应用于熔融沉积制造技术的材料有：蜡、ABS、PC、ABS/PC 合金以及 PPSF 等。

(2)成形零件性能优良。熔融沉积制造技术成形零件机械性能好；在尺寸稳定性、对湿度等环境的适应能力等方面要远远超过光固化、叠层实体造型等其他快速成形技术成形的零件。

(3)成形精度高。熔融沉积制造技术最高成形精度已达 0.12 mm/100 mm，使用标准零件测得的平均变形量控制到 0.37%。其变形控制精度已接近或者超过激光立体光固化的一般

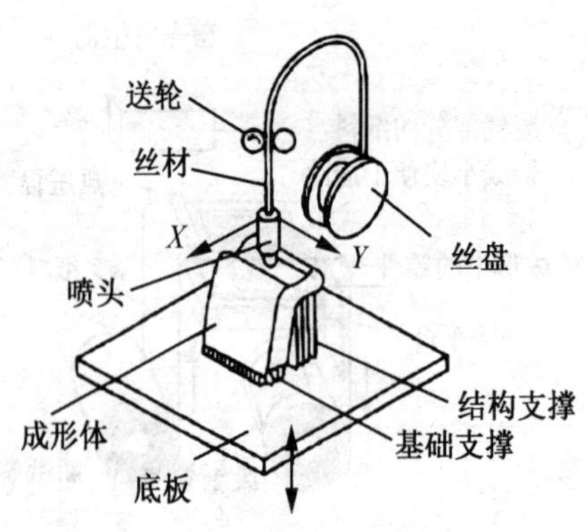

图 6-33　熔融沉积制造技术原理

水平。

(4)成形设备简单、成本低廉,可靠性高;容易形成桌面化和工业化快速成形系统。

(5)成形过程无环境污染。熔融沉积成形所用的材料,一般为无毒、无味的热塑性材料,因此对周围环境不会造成污染。设备运行时噪声很低,适合于办公应用。

5. 三维打印制造(3DP)技术

三维打印制造技术成形过程示意图如图 6-34 所示,即采用喷射黏结剂黏结粉末的方法来

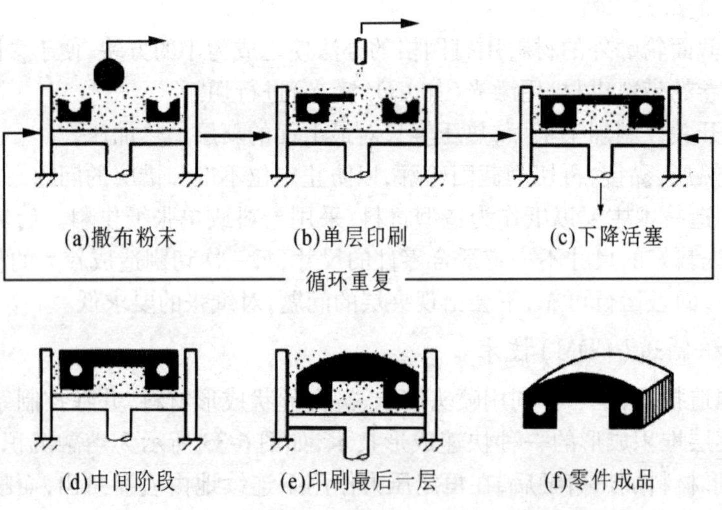

图 6-34　三维打印制造技术成形过程示意图

完成成形过程。其具体过程是:首先在底板上铺一层具有一定厚度的粉末;接着用微滴喷射装置,在已铺好的粉末表面根据零件的几何形状要求在指定区域喷射黏结剂,完成对粉末的黏结;然后工作平台下降一定的高度(一般和一层粉末厚度相等),铺粉装置在已成形粉末上铺设下一层粉末,喷射装置继续喷射微滴以实现黏结;如此周而复始,直到零件制造完成。没有被黏结的粉末,在成形过程中起到了支撑的作用,使该技术可以制造含悬臂结构和复杂内腔结构的零件,而不需要再单独设计、添加支撑结构。造型完成后,清理掉未黏结的粉末,就可以得到需要的零件。在某些情况下,还需要类似于烧结的后处理工作。

三维打印制造技术的最大特点是采用了数字微滴喷射技术。数字微滴喷射是指在数字信

号的控制下，采用一定的物理或者化学手段，使工作腔内流体材料的一部分在短时间内脱离母体，成为一个(组)微滴或者一段连续丝线，以一定的响应率和速度从喷嘴流出，并以一定的形态沉积到工作台上的指定位置。

基于数字微滴喷射技术的三维打印制造技术，具有如下特点：

(1)成形效率高。由于可以采用多喷头阵列，因此能够大大提高造型效率。

(2)成本低，结构简单，易于实现小型化。微滴喷射技术无须用激光器等高成本设备，故其成本相对较低；而且设备结构简单，可以进一步结合微机械加工技术，使系统集成化、小型化，是实现办公室桌面化系统的理想选择。

(3)使用的成形材料范围非常广泛。从原理上讲，只要一种材料能够被制备成粉末，就可能应用到三维打印制造技术中。在所有快速成形技术中，三维打印制造技术最早实现了陶瓷材料的快速成形。目前，其成形材料已经包括塑料、陶瓷和金属等。

6. 快速成形工艺的比较

几种典型快速成形工艺的比较如表 6-3 所示。

表 6-3　几种典型快速成形工艺比较

工艺方法	原型精度	表面质量	复杂程度	零件大小	材料价格	材料利用率	常用材料	制造成本	生成效率	设备费用	市场占有率
SLA	较高	优	中等	中小件	较贵	接近100%	热固性光敏树脂	较贵	高	较贵	78%
LOM	较高	较差	简单或中等	中大件	较便宜	较差	纸、金属箔、塑料、薄膜等	低	高	较便宜	7.3%
SLS	较低	中等	复杂	中小件	较贵	接近100%	石蜡、塑料、金属、陶瓷粉末等	较低	中等	较贵	6.0%
PDM	较低	较差	中等	中小件	较贵	接近100%	石蜡、塑料、低熔点金属等	较低	较低	较便宜	6.1%

四、快速成形技术的进展

我国快速成形技术的研究工作基本与国际同步。自 20 世纪 90 年代初开始，西安交通大学、清华大学、华中科技大学、北京隆源公司等院校和企业在典型的快速成形设备、软件、材料等方面的研究和产业化方面获得了重大进展。相关研究重点集中在金属成形方面。

国外快速成形技术在航空领域的应用量超过 8%，而我国在这方面的应用量则非常低。快速成形尤其适合于航空航天产品中的零部件单件、小批量地制造，具有成本低和效率高的优点。例如在飞机和航空发动机的零部件快速铸造上、航空器风洞模型制造上、飞机装配实验室上都可采用快速成形技术。这体现了快速成形技术在复杂曲面和结构制造上的快速性和经济优势。国外在航空航天器的研制中不断尝试应用快速成形技术，显示出了巨大发展潜力。在我国重大的专项研究和航空航天事业发展中，快速成形技术有广阔的应用前景。

第七章　现代制造工艺及管理

第一节　成组技术

一、成组技术的特点及加工工艺

成组技术自20世纪50年代由苏联学者米特洛凡诺夫提出并在机械工业中推广以来,在世界各国经历了60多年的发展,得到了广泛的应用。成组技术被公认为是一种针对多品种、小批量生产规模,能够有效提高劳动生产率、缩短生产周期、降低产品成本,获得规模收益和改善经营管理的有效方法。

传统的中小批量生产方式存在着生产准备工作量大、生产效率低,工作计划难以协调和生产难以组织管理等缺陷。如何改变传统中小批量生产方式的落后面貌,实现中小批量生产方式的现代化？成组技术的出现,成功地解答了这个问题,从根本上解决了生产时产品多、产量小带来的矛盾。成组技术突破了局限于单一产品的批量概念,以成组批量代替单独批量。除加工过程外,成组技术已渗透到生产过程中的每个环节,包括产品设计生产准备、生产计划管理等,并成为现代数控技术、柔性制造系统和高度自动化的集成制造系统的基础。

成组技术(Group Technology,简称GT)是从成组工艺中发展起来的,成组工艺就是把结构相似的零件,组成一个零件族(组),按零件族进行制造,从而扩大了生产批量,大大提高了生产效率。成组工艺基本原理如图7-1所示。而成组技术就是对零件的相似性(几何形状,结构及加工工艺)进行标识、归类和应用的技术。

在成组技术中,把生产的不同零件,按照其尺寸、形状等的相似性(基本相似性)和生产过程工艺、管理等的相似性(二次相似性)进行分类,把具有相似性的零件归并成组。因此,零件的相似性是成组技术得以应用的首要条件。

成组技术不仅可用于零件加工、产品装配等制造工艺方面,而且在产品零件设计、工艺设计、工厂设计、生产准备、企业管理等各方面都能得到应用,成为企业生产全过程的综合性技术。由于成组技术中需要对零件分类编码、形成成组工艺等,这些工作需要强大的信息处理能力,需要用计算机辅助完成,因此成组技术也是计算机辅助制造系统的重要组成部分。

实施成组加工工艺的基本步骤如下:(1)产品零件按零件分类编码系统进行分组分类;(2)制定零件的成组加工工艺过程;(3)设计成组工艺装备,包括机床设备、成组夹具、成组刀具、成组量具等;(4)建造成组加工生产线,包括设计成组输送装置、成组装卸装置、仓库等。

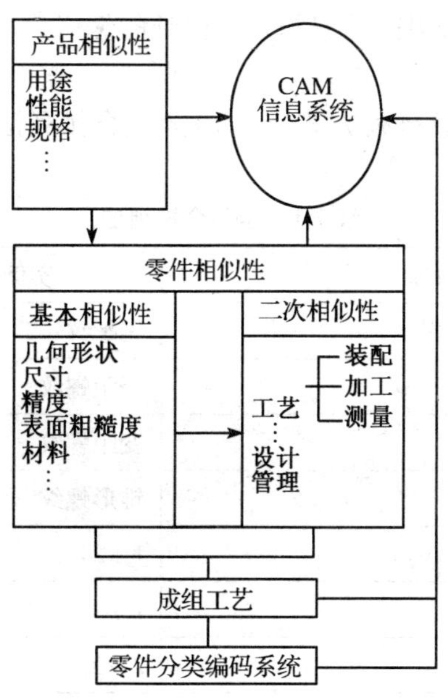

图 7-1　成组工艺基本原理

二、零件的分类编码系统

零件的分类编码就是用数字或字母来描述零件的几何形状、尺寸和工艺特征。最常用的、最方便的是用数字表示零件的分类编码，即零件的数字化，便于计算机的处理和管理。机械零件特征主要包括：结构特征（形状、尺寸）、工艺特征（精度、表面粗糙度）、材料特征、生产组织与计划特征。

根据编码的位数可将零件编码系统进行简单分类，例如德国 Opitz（9 位）、英国 Brisch（主码 4 ~ 6 位，辅码位数根据需求而定）、日本 KK – 3（21 位），荷兰 TNO-Miclass（30 位）和我国 JCBM – 1（9 位）、JLBM – 1（15 位）等零件编码系统，其中我国的 JLBM – 1、德国的 Opitz、日本的 KK – 3 应用较为广泛。

零件分类编码系统可分为刚性分类编码系统和柔性分类编码系统。刚性分类编码系统的编码位数和每一码所代表的信息容量都是固定的。根据生产实践过程，发现刚性分类编码系统存在不能很好满足零件结构特征和加工过程中多方面、多层次的需求。柔性编码系统则其编码位数和每一位所代表的信息可以根据描述对象的不同而产生相对柔性的变化。柔性编码系统主要由起到传统编码作用的固定码和可以详细描述零件各部位的形状要素、几何要素和工艺要素的柔性码组成。

对零件分类编码系统的基本要求是：（1）无多义性；（2）永久性；（3）可扩充性；（4）便于计算机处理。

据统计，零件的分类法在世界上有 70 多种。下面简要介绍零件分类编码系统的基本原理和一些分类编码系统。

1. 分类编码系统的基本原理

零件分类编码系统的基本结构主要包括码位与码值。码位是指编码数字对应的位置，一般从左向右分别成为第 1 位、第 2 位……；码值是指每一个码位的具体数字，一般是 0 ~ 9 之间的一个整数值。例如,某零件按奥匹兹编码系统得到的编码为047033072,码位第1位的码值为0,码位第2位的码值为4等。

对于一个码位,其码值信息排列方式有:(1)全组合排列法如表7-1所示;(2)选择排列法;(3)选择组合排列法。

表7-1 全组合排列法

原理		实例(同心螺纹)
0	无形状要素	无螺纹
1	A	等距螺纹
2	B	变距螺纹
3	C	锥形螺纹
4	A+B	1+2
5	A+C	1+3
6	B+C	2+3
7	A+B+C	1+2+3
8	D	其他同心螺纹
9	(1~7)+D	(1~7)+8

零件分类编码系统总体结构包括(如表7-2所示):(a)表格形式;(b)整体式;(c)主辅码组合式;(d)子系统组合式。

表7-2 零件分类编码系统总体结构

<table>
<tr><td rowspan="6">码值</td><td colspan="19">码位</td></tr>
<tr><td colspan="12">主码</td><td colspan="7">辅助码</td></tr>
<tr><td>功能</td><td colspan="2">形状</td><td colspan="9">主要表面(内部、外部)形状要素</td><td colspan="7">工艺要素</td></tr>
<tr><td rowspan="2">回转体</td><td>单轴线</td><td rowspan="2">尺寸和比例</td><td rowspan="2">外圆</td><td rowspan="2">孔及孔系</td><td rowspan="2">键槽和槽</td><td rowspan="2">螺纹</td><td rowspan="2">齿轮</td><td rowspan="2"></td><td rowspan="2">偏心</td><td rowspan="2">锥和成形</td><td rowspan="2">非圆截面</td><td rowspan="3">材料</td><td rowspan="3">毛坯形状</td><td rowspan="3">主要尺寸</td><td rowspan="3">精度</td><td rowspan="3">热处理</td><td rowspan="3">批量</td><td rowspan="3">时间定额</td></tr>
<tr><td>多轴线</td></tr>
<tr><td>非回转体</td><td colspan="2">尺寸和比例</td><td>平面</td><td>孔及孔系</td><td>键槽和槽</td><td>螺纹</td><td>齿轮</td><td>花键</td><td>锥体</td><td></td><td></td></tr>
</table>

(a)表格形式

	码位
	代码
码域	

(b)整体式

	码位	
	主码	辅码
码域		

(c)主辅码组合式

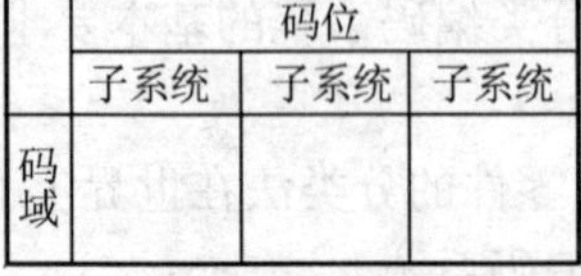

	码位		
	子系统	子系统	子系统
码域			

(d)子系统组合式

零件分类编码系统多采用多级(多码位)分类系统。成组工艺多级分类系统的结构形式,如图7-2所示,基本结构有:

(1)链式结构。各后一码位内容含义和前一码位内容含义相互独立。

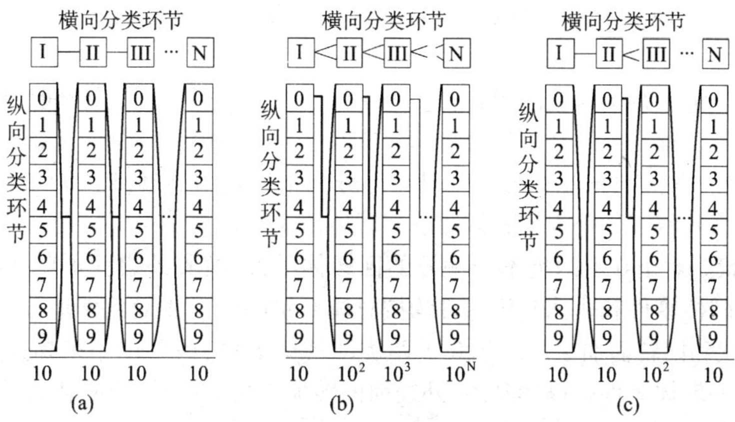

图 7-2　成组工艺多级分类系统的结构形式

(2)树式结构。各后一码位内容含义取决于前一码位内容含义。

(3)混合结构。以上两种相互组合构成的编码结构。

下面结合常用的 Opitz 零件分类编码系统加以说明。

2. 奥匹兹(Opitz)零件分类编码系统简介

奥匹兹(Opitz)零件分类编码系统是由前联邦德国阿亨工业大学奥匹兹教授领导的机床和生产工程试验室所编制的,它是以零件的结构形状及工艺过程相似的原则进行分类的。由于这种分类方法结构简单,采用主辅码组合式,条理较清晰、容易掌握,所以被世界上许多国家广泛应用。

奥匹兹分类编码系统的基本结构由九个码位组成(如图 7-3 所示)。前五位(1 ~ 5 码位)

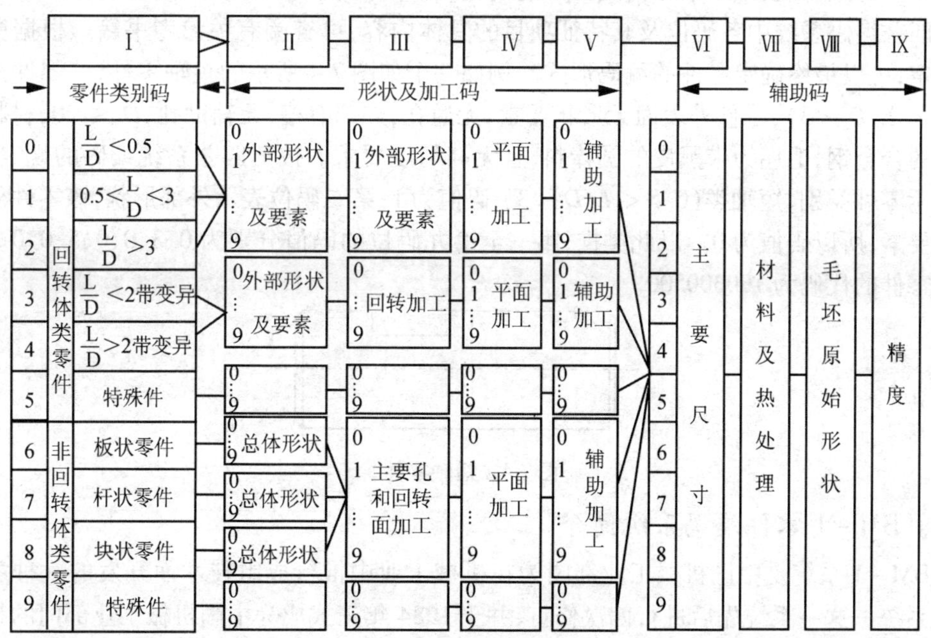

图 7-3　奥匹兹分类编码系统的基本结构

表示零件的形状特征,称为形状码(或主码);后四位(6 ~ 9 码位)分别表示零件的尺寸、材料、原始形式和精度，称为辅助代码（辅码）。每个码位内有十个特征码（0~9）表示十种零件特征。

该系统属于以链式结构为主的混合式代码结构。主码中第一、二码位间为树式结构，其他均为链式结构。因此整个系统结构比较简单。奥匹兹分类编码各码位含义如下：

(1)零件类别。按零件的总体形状和尺寸比分为十种基本类型，用“0~9”十个特征码表示。首先按总体形状将零件分为回转体和非回转体两大类。

(2)外部形状。对于0、1两类不带偏异的回转体零件，按其外表面形状要素分为10项。对于带偏异的回转体零件和非回转体零件均按总体形状（外形）由简到繁地分为10项。

(3)内部形状和回转面加工。对于0、1两类回转体零件，该码位用来描述内表面形状要素。对于带偏异回转体零件是描述其内、外表面回转加工情况；对于非回转体零件是描述主要孔和回转面加工情况。

(4)平面加工。平面加工是指不能用钻床、镗床或车床加工的平面、槽和缝。

(5)辅助加工。

(6)主要尺寸。对回转体而言是指最大回转直径，对非回转体而言则代表最大边长。零件外廓尺寸是设计检索和组织生产单元的一个重要特征信息。

(7)材料及热处理。

(8)毛坯原始形状。毛坯原始形状是零件类型划分和形状分类的一个依据（特别是对不用机械加工的零件）。

(9)精度。奥匹兹系统规定，零件表面公差等级在ISO标准H7级以上（包括H7级），其表面粗糙度不大于$R_a 0.8\ \mu m$就视为有精度要求，否则均作为无精度要求处理，其特征码“0”。特征码1~9分别代表主码中有精度要求的码位（即零件上的部位）。

奥匹兹编码系统中各码位及其特征项目的具体内容，可查阅有关参考书籍。根据奥匹兹系统规定，可以最终确定零件的编码形式。例如一个如图7-4所示的短轴零件，该零件系短轴类（$0.5 < L/D < 3$），零件外表面无形状要素，无通孔，外部有槽，无辅助孔，$D \leqslant 20$，材料为不热处理的合金钢，毛坯为带黑皮的圆棒料，且无高精度要求。按奥匹兹系统编码的规定，第一码位表示零件类别，短轴类（$0.5 < L/D < 3$）码值为1；第二码位表示外部形状，该零件外表面无形状要素，所以码值为0。以此类推，第三至第九码位的码值分别为0、3、0、0、5、0、0。由此获得该零件的代码为100300500。

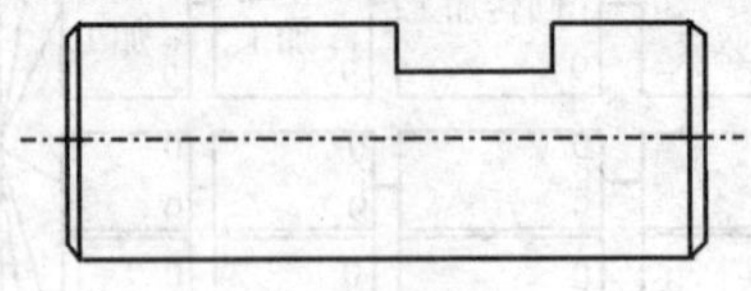

图7-4　短轴零件

3. JLBM-1零件编码系统简介

JLBM-1系统是中国机械工业部门为在机械工业中推行成组技术而开发的一种零件分类编码系统。这一系统先后进行四次修订，并于1984年正式成为中国机械工业部门的技术指导材料。

JLBM-1系统是奥匹兹系统和KK-3系统的结合。它采用了KK-3系统的功能名称矩阵，有利于设计粗分，采用了与奥匹兹系统一样的结构，但形状码扩充，接近于KK-3系统。

它克服了奥匹兹系统分类标准不全和 KK－3 分类环节过多的问题。

JLBM－1 系统有一个 15 位代码的混合结构分类编码结构。JLBM－1 分类编码的第一、二码位代表了零件的名称、类别分类,第三至第九码位代表了回转类和非回转类零件的形状及加工分类,第十至第十二码位代表零件的材料、毛胚原始形状和热处理方法,第十三至第十五码位代表了零件的主要尺寸和精度状况。

机械产品包罗万象,想要以 JLBM－1 系统来满足所有零件的分类是不现实的。因此 JLBM－1 系统存在着固有的问题:NR 描述不详细,编码中困难较大;设计码位分散,不利于设计检索和扩充;虽增加了横向分类环节,但容量较奥匹兹系统增加不大,标志仍不全。

为了提高零件编码的质量和速度,应该采用计算机辅助编码。计算机编码专用软件根据各零件编码系统规定,采用人—机对话方式实现对零件编码。在给某个零件编码时,编码员通过鼠标和键盘回答计算机提供的逻辑问题或选项。对一个中等复杂程度的零件进行编码时,一般需要回答 10～20 个问题,这样不仅编码速度大大加快,而且可以避免手工编码中存在的遗漏和错误现象。

三、零件的分类编组

零件编码后,利用零件代码,按一定的准则,将零件归并成零件族(组),称为零件的分组。分组可以由人工进行,也可以利用计算机来进行。

零件分组的主要依据是工艺相似性,因此相似程度的确定对零件组的划分影响很大。例如对于按奥匹兹系统编码的零件,如果 9 位代码完全相同的零件划分为一组,同一组的零件相似性程度就高;但零件的组数必然很多,每个组内的零件数就会很少,起不到扩大批量的作用,难以获得成组加工工艺的经济效果;反之如果划分过粗,例如把所有回转体零件(即第一码位的码值在 0～5 之间)划分为一组,而把非回转体零件(即第一码位的码值在 6～9 之间)划分为另外一组,结果是组数太少,每组内的零件过多。虽然扩大了批量,但同组内零件的相似性太差,同样无法获得良好的效果。

在实际零件分类中,无分类编码系统的简单零件的分组可以采用人工视检法和生产流程分析法等。对于有分类编码系统的较复杂零件的分组常用特征数据法和码域法。

1. 人工视检法

人工视检法是根据零件的图纸和零件加工过程,凭借经验直觉来判断零件的相似性,并对零件进行分类成组。它的基本过程如下:

(1)收集零件的资料,包括图纸、工艺、加工计划和使用条件。

(2)按零件结构粗分,例如盘、套、轴、齿轮、壳体和杂件等。

(3)按加工方法相似性细分,如同样的毛胚材料,相似的外形。

(4)分析处理例外情况:把少数结构形状不同,但加工方法相同的零件按工艺相似原则插入各组中。

(5)考虑生产批量、工时、负荷、外协等情况进行综合平衡。

人工视检法的特点是:人为因素大,分类效率低,分类效果较为粗糙;适用于零件简单、品种少的情况。目前,人工视检法一般作为辅助分类方法,对零件进行粗分类。

2. 生产流程分析法

生产流程分析法是通过分析全部零件的工艺流程来划分零件组。分析有关零件的主要工

序及其设备,即体现在工艺路线上的工序、机床和生产数据,识别出客观存在的零件工艺相似性。生产流程分析法的一般步骤如下:

(1)收集零件资料,包括各种零件的工艺过程信息、批量和工时。

(2)工艺过程编码,如核心机床设备或工序的代码。若采用机床代码,则规格相近的同型号机床可用同一代码,不同性质或先后的工序对应不同的代码。对于不需要特殊设备或采用廉价设备的辅助工序,如划线、钳工及检验工序等,可不予编码。使用生产流程分析法可以找出相似的零件集合与加工设备集合之间的对应关系,既可以确定零件组,又能得到加工该零件的生产流程设备组。

3. 特征数据法

特征数据法是以矩阵形式来表示零件的各种特征,由计算机进行识别、统计、储存,供零件分组和各种统计工作用,也是计算机辅助工艺编制或数控编程等计算机辅助制造的重要数据文件。

实践表明,零件的类别、外形、直径(或宽度)和材料对确定加工方法、选择工艺装备、切削用量有决定性的影响。因此,就奥匹兹系统而言,我们可以只依据1、2、6、7四位代码相同的零件划分为一组。这几位代码即为分组依据,称为特征数据。例如,以第一位为0、第二位为4、第六位为3,第七位为0作为特征数据分组,可以把回转体($L/D \leqslant 0.5$)、有双向台阶、无形状要素、直径为100~160 mm、材料为灰铸铁的零件(例如,041003072、041003075和047033072等)划分为一组。它们均可在相同的车床上进行加工。

4. 码域法

码域法是根据全部零件结构特征分布状况、设备加工范围与负荷、工艺装备等条件,限定若干特征代码范围,作为零件分组依据的一种分组方法。所规定的代码范围成为码域。现仍然以奥匹兹系统为例,假设某零件组允许各码位的域值数据如下:第一码位的码域为1~2($0.5 < L/D < 3$和$L/D > 3$)、第二码位的码域为0~3(外形光滑或有台阶),第三码位的码域为0(无内孔),第四码位的码域为0~3(无平面加工或有外部的平面加工),第五码位的码域为0(无辅助孔),第六码位的码域为0~3($D \leqslant 160$),第七码位的码域为2~6(钢材料),第八码位的码域为0~1(圆棒),第九码位的码域为0~1(没有精度要求或有精度要求)。根据上述各码位允许的特征数据范围,可作出该零件的码域表,如表7-3所示。如果有零件的编码为100300500、110301300和220201200,这3个零件的代码均落入码域内,故它们均可以归入该零件组。

四、成组加工工艺规程编制

成组加工工艺规程是实施成组工艺的指导性文件,相当于传统的机械加工用的工艺规程(包括工艺过程卡和工序卡等)。与传统工艺规程的区别在于,它不是针对某一特定零件编制的,而是针对工艺方法相似的一组零件编制的。它不但可以用于当前生产的零件,而且可用于未来新产品中与其工艺相似的零件。

编制工艺规程的方法有两种,即综合零件法和综合路线法。

表 7-3　零件的码域表

码值＼码位	1	2	3	4	5	6	7	8	9
0		×	×	×	×	×		×	×
1	×	×		×		×		×	×
2	×	×		×		×	×		
3		×		×		×	×		
4							×		
5							×		
6							×		
7									
8									
9									

1. 综合零件法

综合零件(复合零件)通常是指具有一类零件组全部结构特征的零件。它可能是零件组中的一个实际零件,但更多的情况是靠人工综合的假想零件。获得综合零件法常采用叠加方法,如图 7-5 所示为按综合零件法设计成组工艺,即从零件组中找出一个包含结构要素较多的零件,以此为基础,逐个比较其他零件,将不同的结构要素添加到此综合零件上,最终得到该零件组的综合零件。综合零件法常用于编制形状比较简单的回转零件的成组工艺过程。例如英国某工厂用这种方法,可减少 50% 的调整时间和 50 % 的总工时。

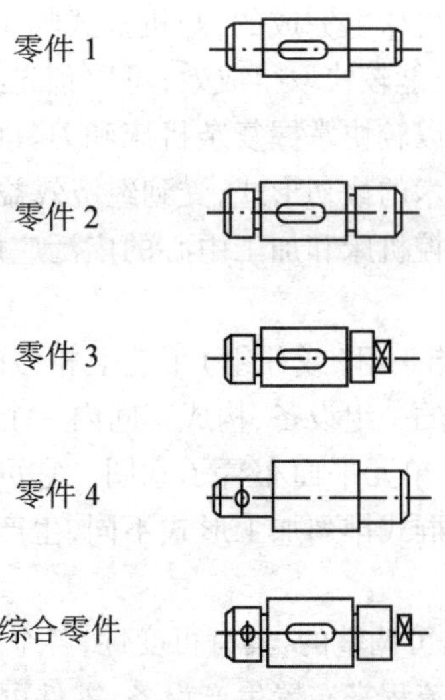

图 7-5　按综合零件法设计成组工艺

2. 综合路线法

当零件形状不规则,不易于绘制综合零件时,可以采用综合路线法确定综合零件。综合路线法是在零件分类成组的基础上,分析比较全组所有零件的工艺路线,通过叠加和整理,从中选出能够覆盖所有组内零件的代表性工艺路线,并以它为基础来编写详细的工艺规程。如图7-6所示为按综合路线法设计成组工艺。

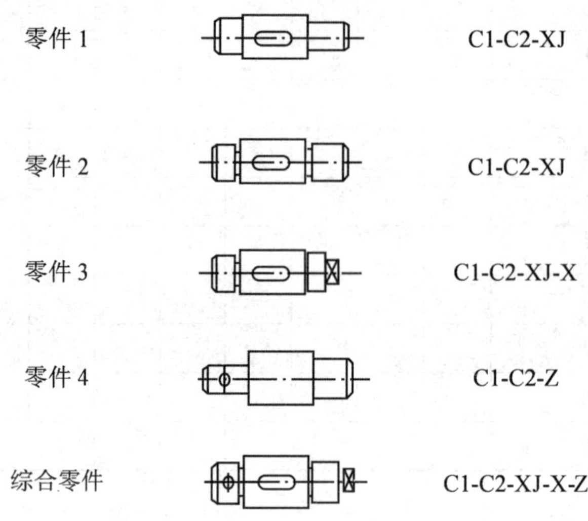

图 7-6　按综合路线法设计成组工艺

C1—车削一端外圆、端面、倒角;C2—掉头车外圆、端面、倒角;XJ—铣键槽;X—铣方头各平面;Z—钻径向辅助孔

五、成组生产的组织形式

(1)成组单机加工或多工位成组专用组合机床。成组单机加工是有一台设备完成零件组全部加工过程,例如在转塔车床或自动车床上成组加工小型回转体零件。成组单机加工零件时机床的布置,在形式上与机群式生产类似,在生产方式上则是用一个加工方式加工一个相似零件组并在一个工作地点或一张机床上完成的,与机群式加工有着本质的区别。采用成组单机加工的优点是:投资少、易实行;能较快取得成效;可以预先给工作地装备必要的专用工装、货架、工作箱等装置;操作人员可以较快掌握复杂机床和刀具的调整,而不需配备专用的调整工人。但成组单机加工是成组技术的最初形式,受到经济效益低的影响,而不能更大地发挥成组技术的突出功效。不过随着数控机床和加工中心的广泛应用,成组单机加工又有着较为广泛的前景。

(2)生产单元。生产单元是指一组(或几组)工艺上相似的零件,按其工艺流程合理排列出完成该组零件工艺过程所需要的一组设备,构成车间内一个小的封闭生产系统,这就形成一个生产单元,如图7-7所示为生产单元平面布置示意图。它可概括为与零件组全部工艺过程相对应的一组设备。与传统的机群式排列加工形式不同,生产单元加工形式可以完成具有相似性的零件组的全部工艺过程。

生产单元加工的工艺流程是可调整的,具有可变性,各个工序的生产节奏也不同,可以灵活安排各个加工顺序。根据工艺流程来布置生产设备,零件可以以件为单位在工序中输送,大大缩短了零件的在制时间和减少了在制品的数量。

生产单位是成组技术在加工应用中最典型的形式,尤其在多品种、中小批量的生产形式中被广泛使用。它具有的优点是:可以缩短工序的运输距离,减少在制品的库存量;缩短零件的

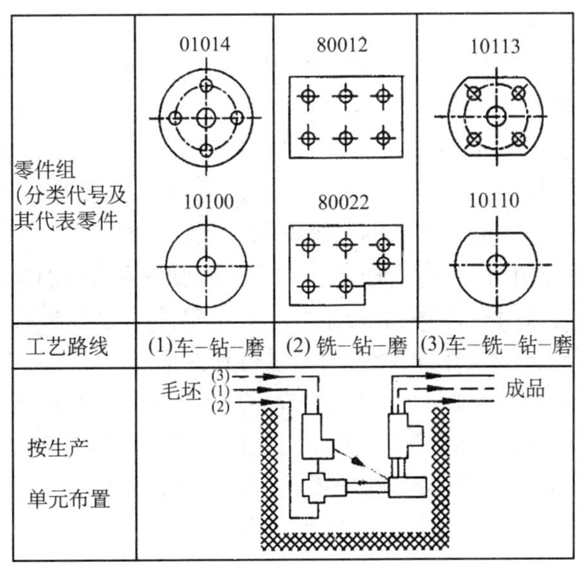

图 7-7　生产单元平面布置示意图

生产周期,提高设备利用率,降低生产成本;加工质量高,加工人员趋于专业化。但是生产单位主要利用普通机床,不能全面发挥出成组技术的潜力,生产单位内设备负荷的均衡性也受到生产任务的影响。

(3)成组加工流水线。成组加工流水线是在生产单位的基础上,将各工作设备安装具有相似性的零件组的加工顺序固定布置的生产形式,它是严格地按照零件组的工艺过程组织起来,其各工序的节拍是一致的,它的工作过程是连续而有节奏地进行。较生产单位而言,成组加工流水线是成组加工系统中实现加工过程合理性的较高的生产组织形式。

成组流水线与普通流水线的主要区别在于:生产线上流动的不是一种零件,而是一组相似的零件。成组流水线具有对大批量生产性质的合理性和优越性,它既可以用于形状复杂的零件组,如曲轴流水线,也可以用于形状简单的零件组,如法兰盘等盘类零件。

成组加工流水线的优点是:零件运输路线短;工艺具有较好的适应性。

(4)柔性制造系统。一般所指的柔性制造系统,是把若干个工区(或称加工站)用自动传动系统连接起来,并置于计算机的统一控制之下而形成一个制造系统的整体。它一方面允许自动化生产,另一方面又允许对相似零件组中不同零件,经过少量调整实现不同工序的加工。世界上已有三十多个各种不同形式的柔性制造系统在美国、日本、德国和俄罗斯运行。

(5)全盘无人化工厂。为了适应国际生产技术发展趋势,日本不仅在大力发展以成组技术为基础的柔性制造系统,同时在政府的协助下,还正在实施世界上第一个以成组技术为基础的全盘无人化工厂的宏伟规划。从毛坯制造到部件装配的全部工艺过程,都将采用成组技术。

六、成组技术的优越性

成组技术将针对单一零件的加工转化为对具有相似性的一类零件加工,是一种面向多品种、中小批量的生产方式的技术,因此它具有明显的优越性。

(1)提高了生产率,大大增加了零件的生产批量。由于扩大了同组零件的数量,在加工方面,使得中、小批量的生产可以采用更加先进且高生产率的设备和加工工艺,更加经济而有效;

在设计方面,通过利用原有产品的图纸和设计方案,使零件更加标准化、规格化,减少了零件品种的多样性;在机械装备的准备和布置过程中,相较于传统的加工方式,缩短了在制零件库存量和运输时间,大大提高了生产率。

(2)保证产品质量。利用成组技术,消除了相似零件工艺不必要的多样性,工艺方案更加合理,使得零件的质量更加稳定而可靠。对于加工人员而言,生产单位或流水线式的生产方式使得工序过程更加专业化,保证了工人的熟练度和专业性。对于生产管理而言,加工生产组的全体组员对零件质量完全负责,生产责任化。对于机械设备而言,使用成组技术更适合自动化程度高的装备,减少了人为因素,缩短了废品率。对于零件的库存和运输过程,降低了零件的磕碰和划伤机率。综合上述因素使得产品的质量得到保证。

(3)产品零部件标准化、合理化。传统的产品设计由专门人员负责,各种产品间少有传承性,复杂繁多的设计图纸难以查询记忆。而使用成组技术,将具有相似几何形状、结构和工艺的零件进行分类,并建立产品零件分类编码系统,新产品的设计可以根据分类编码系统有效参考老产品的设计,极大地减少了设计成本,降低了设计周期。

(4)有利于管理的现代化。传统多品种、中小批量生产企业存在生产杂乱、分散和落后的状况。利用成组技术,减少零件设计的不必要性,对生产单元和生产流水线生产带来了方便。利用零件分类编码系统,为计算机管理生产打下了基础。

(5)缩短了零件的生产周期。由于使用先进的生产形式,且管理方式更加合理,改变了中小批量生产中杂乱分散的生产状况。

(6)降低了零件的成本,提高了产品竞争力。

综上所述,成组技术凭借以上优点得到了迅速的发展。

第二节　计算机辅助工艺过程设计

一、计算机辅助工艺过程

1. 基本概念

工艺规程设计是一种需要大量时间和经验的工作。随着产品设计和产品制造中采用了计算机辅助手段如 CAD 和 CAM 技术,作为连接产品设计和制造的中间环节——工艺规程的设计也必须实现自动化才能与之相适应。

通过向计算机输入被加工零件的原始数据、加工条件和加工要求,由计算机自动地进行编码、编程直至最后输出经过优化的工艺规程卡片的过程,称为计算机辅助工艺规程设计(Computer Aided Process Planning,简称 CAPP),即 CAPP 是利用计算机来制定零件的加工工艺过程的技术。CAPP 的编制方式包括两种:一种是制定工艺路线,即加工方式和安排工序的顺序;另一种是工序设计,包括加工机床和刀、夹、量具的使用,切削参数的确定和计算工时定额。

2. 发展背景及趋势

在机械制造领域,由于工艺设计所涉及的因素多、随机性大,很难使用准确的数学模型来描述和分析,因此工艺设计长期处于手工操作、效率低下的状况。计算机辅助设计技术、数控技术直到20世纪60年代初才逐步应用于生产实践。

最早研究CAPP技术的国家是挪威。挪威于1969年正式推出第一个CAPP系统AUTO-PROS,并于1973年将其商业化。随后世界各国普遍重视CAPP技术。于1976年,国际组织CAM-1所开发的CAPP系统在CAPP的开发中具有举足轻重的作用。20世纪90年代中后期,世界各国又陆续推出了CS/CAPP、HMS-CAPP、MetCAPP、Tfxho等商业化CAPP系统。这些系统具有交互式设计并以数据化、模型化、集成化为基础,并且集成数据库技术、网络技术等为其主要特点。

20世纪90年代,中国开始了CAPP方面的研究和应用,最早开发的CAPP系统是同济大学的TOJICAP系统和西北工业大学的创成式CAOS系统。其后,CAD/CAPP/CAM智能集成化系统和FA-CAD/CAPP/CAM智能集成化系统分别被开发应用。

目前,CAPP技术的研发热点问题集中在:产品信息模型的生产与获取;CAPP体系结构研究及CAPP工具系统的开发;面向并行工程的CAPP;基于分布式人工智能技术的分布式CAPP;人工神经网络技术与专家系统在CAPP中的综合应用;面向企业的实用化CAPP;CAPP与自动生产调度系统的集成;基于Web技术的CAPP开发与研究。

CAPP的发展趋势主要是集成化、工具化、智能化、面向并行工程和网络化等方面。CAPP的集成化就是在并行工程思想的指导下实现CAD/CAPP/CAM的全面集成,进一步发挥CAPP在整个生产活动中的信息中枢和功能调整作用。CAPP的工具化具有应用面广、适应性强的特点。它具有先进的系统结构、功能强大且使用方便的信息获取表达与管理平台、灵活可靠的工艺决策推理控制策略等功能。具有智能算法的CAPP在获取、表达和处理知识上具有灵活性和有效性,并且具有大量累积的工艺数据和知识为具有智能决策功能的CAPP开发提供了良好的条件和基础。面向并行工程的CAPP是信息集成的中枢,同时也是并行环境下各个子系统功能调节的枢纽,它能根据自动化制造系统的制造环境、生产调度、质量检测和毛坯设计制造等模块的反馈信息生产适应性加工工艺,并及时对产品设计过程提供咨询信息,为产品提供可加工性、可装配性、可检测性、加工经济性等方面的评估。基于计算机网络技术、数据库技术的CAPP系统具有开发应用面广、实用性强的特点。

3. CAPP的意义

在生产实践中,工艺规程设计作为生产技术准备工作中的第一步,是属于工厂工艺部门的一种经常性的技术工作。由于工艺规程设计处于产品工艺设计和制造之间的环节,需要全面而周密地分析大量的信息,包括:产品设计方面的零件尺寸、形状、材料、公差、批量等内容;制造生产方面的加工方法、加工设备、生产条件、加工成本、工时定额等内容。

传统的手工工艺设计一般是由工艺人员根据自己多年的经验来制定,存在着以下的问题:

(1)工艺设计的效率低。设计信息无法直接使用,产品信息重复输入,绘制工艺简图烦琐;信息检索效率低;制造工艺数据计算速度难以提升。

(2)工艺设计资源利用率不高。机械装备和工艺参数的选择依赖手册;工艺资源不透明,难以查询。

(3)工艺信息汇总落后,产品设计难以直接利用。工艺清单依赖手工统计,效率低,不利于计算机管理;零部件工艺信息无法准确地提供给产品数据管理和企业资源计划部门。

而CAPP技术的利用,对于制造过程的影响是巨大的,包括以下方面:

(1)CAPP技术能缩短生产准备周期,提高工艺文件收录质量,提高工艺工程师的工作效率,避免了不必要的重复性工作,使工艺工程师从繁琐重复的编制工作中解脱出来,为以后的工艺工程师提供了可继承的宝贵经验。

(2)提高工艺过程设计质量。

(3)减少工艺过程设计费用及制造费用。

(4)在计算机集成制造系统中,CAPP 是连接 CAD 和 CAM 的桥梁。

(5)CAPP 技术使生产信息计算机化,为先进制造技术和科学管理技术提供了数据库,是生产过程中各环节信息集成和数据共享的必备条件和基础。

(6)CAPP 技术为并行工程各子系统之间实现各环节之间的双向信息通信提供了基础,使得设计环节可以考虑到产品整个生命周期的因素。

4. CAPP 系统的基本结构

在机械制造过程中,CAPP 系统作为 CAD 和 CAM 的桥梁,它从 CAD 中获取产品设计信息,包括几何形状、拓扑信息和机械特征信息等,将其转换为加工信息,包括工序安排、刀位文件和生产管理信息等。而 CAD/CAM 系统作为 CAD/CAPP/CAM 的集合系统也随着技术和理论的发展,向着集成化和智能化的方向发展。而工艺设计工作作为机械生产的前期工作,它的主要任务是为被加工零件合理选择加工方法、加工顺序和工/夹/量具,以及计算切削条件,使被加工零件可以按照设计要求成为合格的成品零件。工艺设计工作主要包括以下内容:(1)选择加工方法和采用合适的机床、刀具、夹具和其他设备;(2)合理安排加工顺序;(3)选择基准,确定加工余量和毛坯,计算工序尺寸和公差;(4)合理选择切削量;(5)计算时间定额和加工成本;(6)汇总设计内容,编制工艺文件。

根据以上工艺设计工作的内容,CAPP 系统一般由以下模块组成:(1)控制模块;(2)零件信息获取模块;(3)工艺过程设计模块;(4)工序决策模块;(5)NC 加工指令生产模块;(6)输出模块;(7)加工过程动态仿真。

5. 分类系统

(1)检索式 CAPP 系统

检索式 CAPP 系统是将企业现行的各类工艺文件,根据零件编码或图号存入计算机数据库中。进行工艺设计时,可根据零件编码或图号在工艺文件库中检索类似零件的工艺文件,由工艺人员采用人机交互方式进行修改、编辑,由计算机按工艺文件要求进行打印输出。检索式 CAPP 系统原理如图 7-8 所示。

检索式 CAPP 系统实际上是一个工艺文件数据库的管理系统,其功能较弱,自动决策能力差,工艺决策完全由工艺人员完成,由此有人认为它不是严格意义上的 CAPP 系统。但实际上,任何一个企业的产品或零部件都有很多的相似性,因而其工艺文件也有很多的相似性,因此在实际中采用检索式 CAPP 系统会大大提高工艺设计的效率和质量。此外,检索式 CAPP 系统的开发难度小、操作方便、实用性强,与企业现有的设计方式相一致,故具有很高的推广价值,已得到很多企业的认可。

(2)派生式 CAPP 系统

它是建立在成组技术基础上的 CAPP 系统。即利用成组技术的原理将零件分类成组,设计成组典型工艺,并将其存入计算机数据库中。在设计一个新的零件工艺规程时,只要输入零件的有关信息,计算机对零件进行编码(或直接输入零件代码),计算机软件自动按此代码检

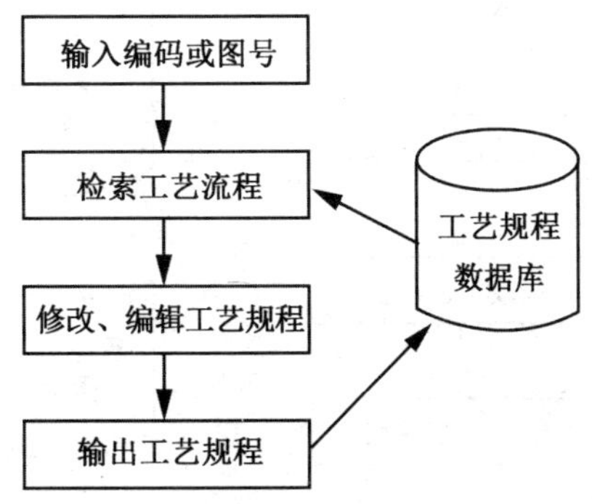

图 7-8　检索式 CAPP 系统原理

索出相应的零件组典型工艺。最后根据零件结构及工艺具体要求，进行适当修改编辑，从而派生出所需要的工艺规程。派生式 CAPP 系统结构原理如图 7-9 所示。这种系统结构简单、开发周期短、见效快，早期开发的 CAPP 系统多属于这一类型。目前派生法生成工艺规程的方法比较成熟，应用十分广泛。其缺点是柔性差，只针对企业具体零件产品的特点进行开发，移植不方便，不能用于全新结构零件的工艺设计。

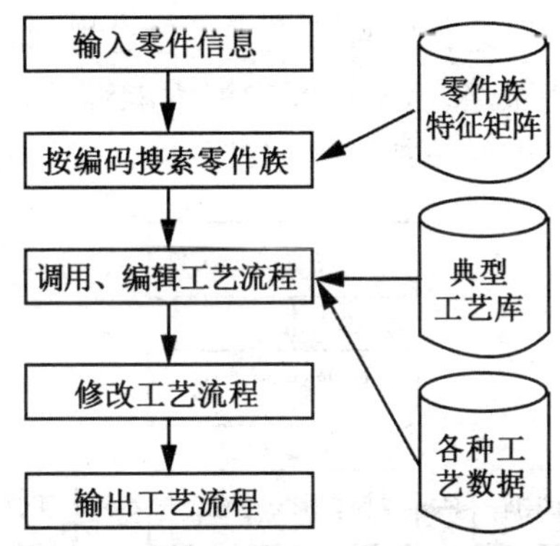

图 7-9　派生式 CAPP 系统结构原理

(3)创成式 CAPP 系统

这种系统中不存在派生式系统中的典型工艺，不能直接对相似零件的工艺文件进行检索和修改，其工艺规程是由软件中决策模型生成的，因此称为创成式系统。创成式 CAPP 系统结构原理如图 7-10 所示。首先工艺人员输入零件信息，然后系统根据输入的零件信息，依靠系统中工程数据(加工资源库)和决策模型自动生成零件的工艺过程，最后根据要求输出相应设计工艺文件。创成式系统从理论上讲是一种比较理想的方法，但系统复杂、开发量大，所以目前完全用于实践的这类系统还不多见。

(4)综合式 CAPP 系统

它将派生式和创成式 CAPP 系统结合起来(如工序设计中用派生式，工步设计中用创成式)，具有两种类型系统的优点，部分克服了它们的缺点，效果较好，所以应用十分广泛。如需对一个新零件进行工艺过程设计时，先通过计算机检索该零件所属的零件组的标准工艺，若存在，则根据零件的具体情况修改标准工艺；若不存在，则采用自动决策产生。中国研制的一些

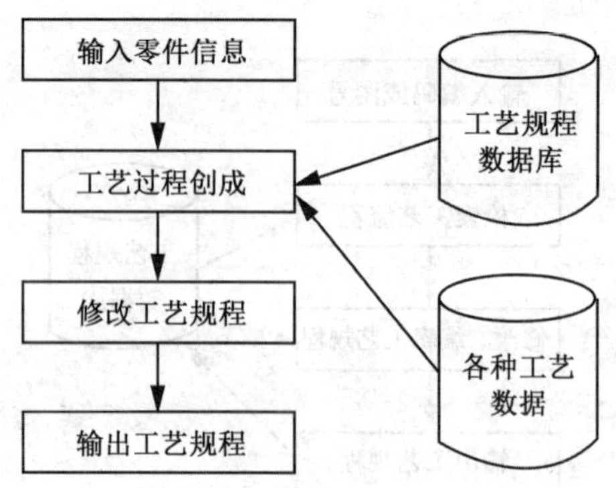

图 7-10　创成式 CAPP 系统结构原理

CAPP 系统大多采用这种类型。

(5) 专家式 CAPP 系统

专家式 CAPP 系统是一种基于人工智能技术的设计方法，也被称为智能式 CAPP 系统。它以结合推理机和知识库为特征，强调工艺设计系统中工艺知识的表达、处理机制，以及决策过程的自动化。专家式 CAPP 系统的核心是由专家知识库、工艺知识库和推理机组成的。专家式 CAPP 系统结构原理如图 7-11 所示。其中知识库和推理机是互相独立的。专家式 CAPP 系统不像一般 CAPP 系统，在程序运行中直接生成工艺过程，而是输入零件信息时频繁地访问知识库，并通过推理机中的控制策略，从知识库中搜索能够处理零件当前状态的规则，并执行规则，同时把每次执行规则得到的结论按顺序记录下来，最后得到零件的工艺过程。

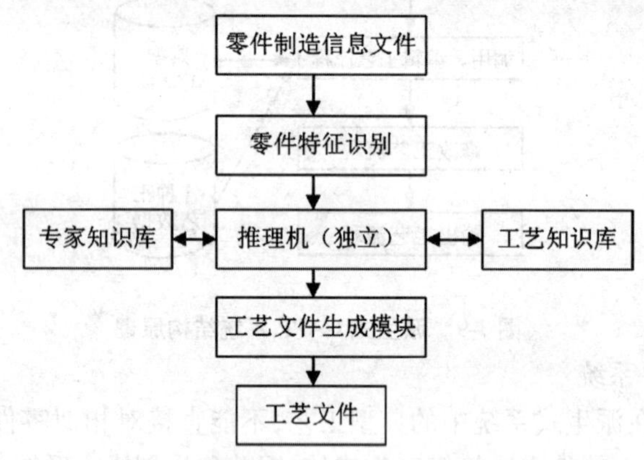

图 7-11　专家式 CAPP 系统结构原理

二、CAPP 的零件信息描述与输入方法

在生产过程中，零件信息主要包括几何信息和工艺信息两个部分，通常用图形、字母、数字以及特殊符号表示，难以原样地被计算机系统接收、识别和处理。零件信息的描述问题关键在于对零件特征信息的识别即代码化。零件信息的输入问题关键在于如何设计友好的人机互换界面和数据存储系统。

1. 零件信息描述方法

对于零件信息描述方法，国内外的 CAPP 系统常采用以下描述方法：

(1)零件分类编码描述法

零件分类编码描述法采用零件分类编码系统,对已有的零件进行编码,将零件图上的信息代码化,把零件属性数字化,便于计算机的识别。目前国内外主要的零件编码系统有德国的奥匹兹、日本的 KK-3 和我国的 JLBM-1 等。企业也可以根据自己的情况开发适合于自己产品的专用分类系统。

(2)零件形面要素描述法

零件形面要素描述法是将一个零件视为若干个基体的几何要素组成,并分为基本形面要素、复合形面要素和形面域要素,每一个形面口可以用一组特征参数进行描述。基本形面包括圆柱面、圆锥面和平面等。复合形面分为螺旋、花键、沟槽、滚花和齿轮等。型面域是指零件上那些功能、结构、工艺特点和精度要求类似的形面,例如退刀槽、箱体凸缘、台阶面和螺钉孔等。

(3)体素描述法

体素描述法是将零件看成所用表面或面积要素包围而成的最基本的三维几何体,通过用顶点来表示零件的几何表面要素,用边表示相邻表面的连接情况,零件的结构通过图加以描述。这种方法涉及零件表面元素的分解,对用户的技术要求较高。

当输入零件特征信息时,首先检索标准零件图形文件,寻求可供使用的标准零件图形,将标准图形调入内存后,对其输入各体素的具体尺寸信息,最后显示输入的实际零件图形。当检索不到标准零件图形时,可直接从体素模型中调用体素,按零件实际尺寸和相互位置关系进行拼接。这种方法适用于结构较为简单、形状较为规则的回转零件。

(4)拓扑描述法

拓扑学是一种定量处理图形的拓扑不变性的几何学。从拓扑学来看,三维的零件包括有限数量的元素,称为单元,即点、线、面、体。将一个零件用一组单元来表示,可以详尽地描述零件的结构形状。这种方法由于描述起来不方便,同时不能提供 CAPP 所需的高层工艺信息,故使用较少,一般用于 CAD 系统。

(5)特征识别法

由于现有的 CAD 系统主要基于几何和拓扑信息来定义零件,难以为 CAPP 提供零件的高层制造方法,其输出的信息无法直接被 CAPP 所用。为了解决这种问题,特征识别法是从通用 CAD 系统给出的信息提取特征信息。这种方法在 CAD 和 CAPP 之间通过特征识别模块提取特征信息,其运算复杂,同时无法提取 CAD 系统中不存在的工艺信息。

2. 零件信息输入方法

在确定了 CAPP 的零件描述方法后,据此可确定零件的输入方法,从而编制相应的输入模块程序。一般而言,CAPP 零件的输入方法有以下几种:

(1)人机交互式输入法

人机交互式输入法是通过友好的人机界面,根据显示屏显示,通过键盘或鼠标以人机对话的方式进行信息输入。这种方法存在过程较为繁琐、效率低下和出错率高等问题,一般用于零件的表头信息或部分总体信息的输入,而零件的几何信息通常不采用这种方法输入。

(2)CAD 系统直接输入法

CAD 系统直接输入法的各种信息来源于 CAD 系统。它具有避免繁琐的手工输入、效率高、出错率低等优点。在一般的集成系统环境中均采用这类方法,采用特征设计和基于产品数据交换标准的产品建模法来进行零件信息的描述。

三、CAPP 数据的管理方式

计算机辅助工艺规程系统的设计与开发是十分复杂的,它不仅要设计单纯的数值计算,还要处理图像、字符、表格等复杂数据。因此处理这种类型的数据需要进行正确有效的组织和管理。一般数据的主要管理方法有两种,分别是文件管理方式和数据库管理方式。

1. 文件管理方式

文件管理方式是将数据存放于一个独立于程序的数据文件中,将数据和程序独立开来。在程序运行时,通过打开数据文件进行检索。它的优点是应用程序简洁,占用的内存少,数据便于更改。它的缺点是文件之间相互孤立,无结构信息,因此数据共享范围有限,不便于维护。

2. 数据库管理方式

数据库管理方式是基于更高级的数据库技术。通过数据库管理系统对数据进行操作,可以从整体观点处理数据,具有冗余度小、易扩充、使用灵活、数据共享性好等特点。数据库管理对数据进行统一管理,保证了数据的正确性,而且用户可实现对多项数据的多条件查询,灵活性好。因此对于复杂的应用系统,数据库的设计是系统设计的核心内容。在 CAPP 系统中,工艺数据主要包括静态数据(工艺图表、线图等)和动态数据,如过程数据、工序图、数控(Numerical Control,简称 NC)代码等。这些工艺数据库的内容有:

(1)材料数据。各种材料规格及属性的数据,毛坯特性,刀具—工件组合特性等。

(2)刀具数据。刀具号、刀具成组分类信息,刀具尺寸及几何形状,刀具应用条件等。

(3)机床数据。各种机床名称、型号、规格、控制系统类型、用量范围、精度等。

(4)夹具和量具数据。各种夹具和量具类型、重要尺寸及精度等。

(5)加工标准数据。包括加工余量、切削用量及时间定额的有关要求。

(6)系统判别和决策数据。采用派生式系统,包括标准工艺规程及成组分类特征数据;采用创成式系统,包括各种逻辑原则和资料数据。

(7)动态工艺设计信息。包括零件图形数据、工序图形数据、最终工艺规程、NC 代码等。

第三节　现代机械制造系统和模式简介

一、计算机集成制造系统(CIMS)

计算机集成制造(Computer Integrity Manufacture,简称 CIM)是一种概念、一种哲理。CIM 是把人和经营知识及能力,与信息技术、制造技术综合应用,以提高制造企业的生产率和灵活性,由此将企业所有人员、功能、信息和组织诸方面集成为一个整体。

计算机集成制造系统是在 CIM 思想指导下,逐步实现企业全过程计算机化的综合人机系统。其特点包括:“全局集成规划指导”;“逐步实现”与“一种进程”;“人的集成”。

CIMS 的基本构成如图 7-12 所示,包括两个支撑系统:数据库(DB)和通信网络(NET);四个应用分系统:信息管理系统(MIS)、工程设计自动化系统(CAD/CAPP/CAM)、质量保证系统(QAS)和制造自动化系统(MAS)。

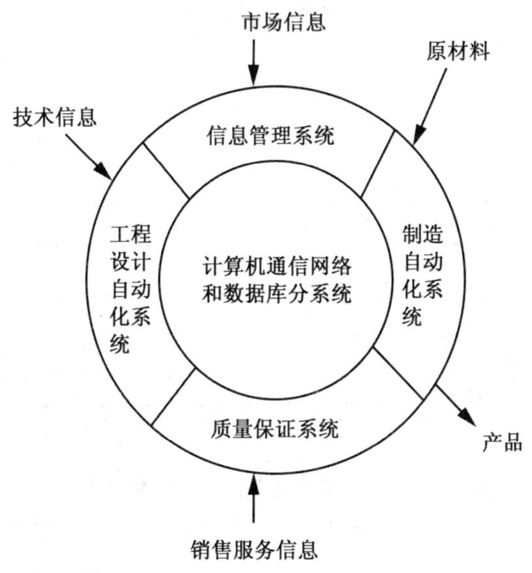

图 7-12　CIMS 的基本构成

二、柔性制造系统(FMS)

1968 年英国 Molins 公司研制成第一条柔性制造系统,1975 年日本建成第一条功能完备的柔性制造系统。柔性制造系统(Flexible Manufacture System,简称 FMS)指具有柔性且自动化程度高的制造系统,是集数控技术、计算机技术、机器人技术及前代生产管理技术为一体的现代制造系统。

按 FMS 规模划分为:柔性制造单元(FMC)、柔性制造系统、柔性制造线(FML)、柔性制造工厂(FMF)。FMS 主要由加工系统、运输系统、计算机控制系统和软件系统构成。

三、智能制造系统(IMS)

1989 年由日本东京大学 Yoshikawa 教授倡导提出的 21 世纪先进制造技术。智能制造系统(Intellectual Manufacture System,简称 IMS)指在制造工业的各个环节以高度柔性和高度集成的方式,通过计算及模拟人类专家的智能活动,并对人类专家的制造智能进行收集、存储、完善、共享、继承和发展,在制造中延伸人类的脑力劳动的智能系统。

"中国制造 2025"计划专门将智能化制造推广作为其主要方向,重点是新一代信息技术在制造业中的深度整合,包括智能化产品、智能化生产、智能化服务、智能化制造云和工业互联网及智能系统集成等。

智能制造系统的特征有:自律能力、人机一体化、虚拟现实(Virtual Reality)技术的使用、自组织能力与超柔性、学习能力与自我优化能力、自我修改能力和强大的适应能力。IMS 研究范围包括:智能设计、智能机器人、智能调度、智能办公系统、智能诊断和智能控制。

四、并行工程(CE)

并行工程(Concurrent Engineering,简称 CE)的概念于 20 世纪 80 年代被提出。它是指在新产品设计阶段就引进生产准备工作,并行地进行产品设计、工艺和生产准备,串行、并行工程时序的比较示意图如图 7-13 所示。

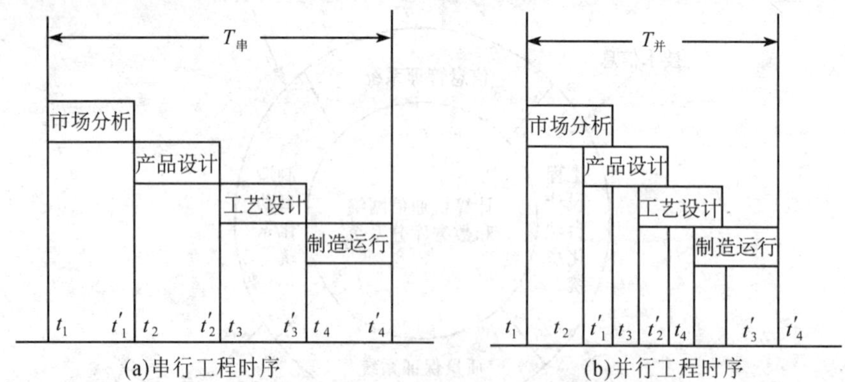

图 7-13 串行、并行工程时序的比较示意图

并行工程的运行特性有:(1)并行特性;(2)整体特性;(3)协同特性,多功能协同组织机构,协同的设计思想,协同的效率;(4)集成特性:人员集成,信息集成,功能集成,技术集成。

五、精良生产(LP)

精良生产(Lean Production,简称 LP)起源于日本,它提倡从生产操作、组织管理、经营方式等各方面,找出一切不能为产品增值(Value Adding)的活动和人员,予以革除。精良生产的观念认为,浪费包括资源、人力、时间、空间等。通过减少达到撤销非增值的人员、岗位,可以彻底消除各种浪费。

精良生产中还采用主查(shusa)大项目负责人制度,并实行集体协作,改变单调枯燥重复的工作方式,激发工人的工作主动性。从推动(push)方式转变为拉取(pull)方式,同时,在开发中广泛运用同步开发(Concurrent Engineering)、在企业间采用长期协作配套等手段,提高产品开发和生产效率。

六、敏捷制造(AM)技术

自从 20 世纪 80 年代以来,美国制造业的优势不断丧失。为恢复其在制造业中的领导地位,美国国防部资助里海(Lehigh)大学,组织百余家公司,耗资 50 万美元,花费 1 000 元/人·日,分析研究了 400 多篇优秀报告后,提出《21 世纪制造企业战略》的报告,提出敏捷制造(Agile Manufacture,简称 AM)新概念。

敏捷制造是一种结构,在这个结构中每一个公司都开发自己的产品和实施自己的经营战略,构成这个结构的基石是三种基本资源:有创新精神的管理结构和组织,有技术、有知识的高素质人员,先进制造技术(FMS 和 IMS)。AM 源于这三种制造资源的有效集成。

AM 的基本原理是:采用标准化和专业化的计算机网络和信息集成基础结构,以分布式结构连接各类企业构成虚拟制造环境;以竞争作为原则,在虚拟制造环境内动态选择成员,组成面向任务的虚拟公司进行快速生产;系统运行目标是最大限度地满足用户的需求。

七、绿色制造

制造业在为人类提供巨大财富的同时,也在不断地产生污染物,对环境造成严重的负面影响。日趋恶劣的环境与资源的匮乏,使得绿色制造越来越重要,它将是21世纪制造业的重要特征。

绿色制造的体系结构如图7-14所示,包括绿色生产技术和绿色商品。在生产过程中采用各种高新技术,使生产过程中尽可能少地消耗各种资源和减少对环境的污染(绿色生产技术)。对用于制造产品的原材料进行慎重的选择,使产品可回收再利用,不污染环境(绿色商品)。

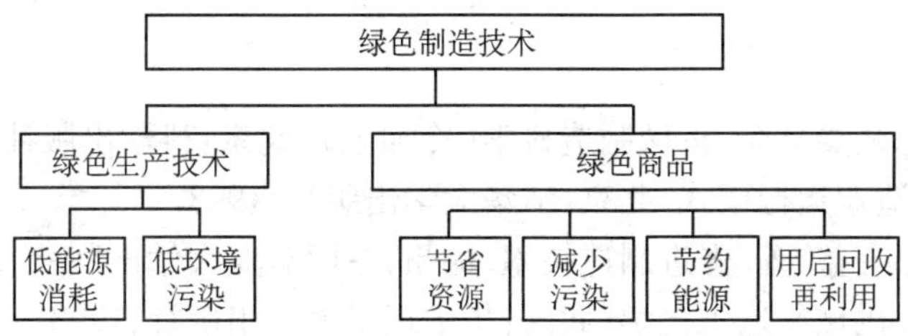

图7-14　绿色制造的体系结构

绿色生产技术包括:降低制造过程中的能量消耗;降低原材料的消耗;降低制造过程中对环境的污染。绿色商品包括:节省能源;节省资源;减少污染;用后回收再利用。

绿色制造不仅是一种制造模式,更是一种思想、理念。对企业来说,通过改善管理、降低物资和能源的消耗,提高资源的利用率,从而提高企业的经济效益。然而,绿色制造更多地是创造社会效益,保护地球环境,最终受益的还是人类。

参考文献

[1] 国家自然科学基金委员会. 机械制造科学(冷加工). 北京:科学出版社,1994.
[2] 陈禹六. 先进制造业运行模式. 北京:清华大学出版社,1998.
[3] 武良臣,李勇,郑有益,等. 先进制造技术. 徐州:中国矿业大学出版社,2001.
[4] 张福润,严晓光. 机械制造工艺学. 武汉:华中理工大学出版社,1998.
[5] 刘正林. 船舶机械制造工艺学. 北京:人民交通出版社,1999.
[6] 马经求. 柴油机制造工艺学. 大连:大连海事大学出版社,2000.
[7] 徐嘉元,曾家驹. 机械制造工艺学. 北京:机械工业出版社,2004.
[8] 陈明. 机械制造工艺学. 北京:机械工业出版社,2005.
[9] 周庆玲. 柴油机制造工艺学. 哈尔滨:哈尔滨工程大学出版社,2006.
[10] 吴中强. 船机制造工艺学. 北京:人民交通出版社,2007.
[11] 朱焕池,魏康民. 机械制造工艺学. 北京:机械工业出版社,2016.
[12] 郑修本. 机械制造工艺学. 北京:机械工业出版社,2011.
[13] 常同立,佟志忠. 机械制造工艺学. 北京:清华大学出版社,2018.
[14] 王庆明. 机械制造工艺学. 上海:华东理工大学出版社,2017.
[15] 张仕海. 现代制造技术与装备. 北京:机械工业出版社,2017.
[16] 牛同训. 现代制造技术. 北京:化学工业出版社,2018.
[17] 王细洋. 现代制造技术. 北京:国防工业出版社,2017.
[18] 杨沿平. 机械精度设计与检测技术基础. 北京:机械工业出版社,2010.
[19] 邓文英,郭晓鹏. 金属工艺学. 5 版. 北京:高等教育出版社,2008.
[20] 袁哲俊,王先逵. 精密和超精密加工技术. 2 版. 北京:机械工业出版社,2011.
[21] 王先逵,李庆祥,刘成颖. 精密加工技术实用手册. 北京:机械工业出版社,2001.
[22] 郑修本. 机械制造工艺学. 3 版. 北京:机械工业出版社,2012.
[23] 严志军,朱新河,程东. 船机制造工艺学教程. 大连:大连海事大学出版社,2011.